初级会计学

主　编　杨幼珠　郭　彦
副主编　傅再育　胡盛昌　王阿娜
　　　　李级民
参　编　李雄伟　许巧治　何福英
　　　　唐　倩　郑　莉

微信扫码　申请资源

南京大学出版社

图书在版编目(CIP)数据

初级会计学 / 杨幼珠,郭彦主编. —南京:南京
大学出版社,2019.7(2023.2重印)
ISBN 978-7-305-22554-3

Ⅰ.①初… Ⅱ.①杨… ②郭… Ⅲ.①会计学
Ⅳ.①F230

中国版本图书馆 CIP 数据核字(2019)第 158728 号

出版发行　南京大学出版社
社　　址　南京市汉口路 22 号　　　　邮编　210093
出 版 人　金鑫荣
书　　名　初级会计学
主　　编　杨幼珠　郭　彦
责任编辑　戚　敏　武　坦　　　　编辑热线 025-83592315
照　　排　南京开卷文化传媒有限公司
印　　刷　广东虎彩云印刷有限公司
开　　本　787×1 092　1/16　印张 17.25　字数 453 千
版　　次　2023 年 2 月第 1 版第 4 次印刷
ISBN 978-7-305-22554-3
定　　价　45.00 元

网　　址:http://www.njupco.com
官方微博:http://weibo.com/njupco
微信服务号:njuyuexue
销售咨询热线:(025)83594756

Q 前言
QIANYAN

    本书是根据国家教委高教司和财政部教育司审定的财务与会计专业主干课程教学大纲的要求,按照我国《企业会计准则、应用指南及解释》(截至 2019 年 5 月)、《增值税会计处理规定》(财会〔2016〕22 号)、《会计基础工作规范》(财办会〔2017〕24 号)、《关于深化增值税改革有关政策的公告》(财政部 税务总局 海关总署公告 2019 年第 39 号)和《关于修订印发 2019 年度一般企业财务报表格式的通知》(财会〔2019〕6 号)等进行编写,针对应用型本科院校会计学专业学生的学习特点,重点阐述会计的基本理论、基本方法和基本技能,强调学生对基本知识的熟悉、理解和应用,为学生掌握"三基"并进一步学习其他有关经济管理专业课程奠定基础。

    本书根据初学者的认知规律,在内容和结构安排上考虑了教学目的和教学效果,强调基本理论、方法及其在典型经济业务实例应用的联系和一致性;在编写方法上,贯彻"少而精""简而明"的原则,使用大量会计图表、T 型账户、简例加以说明等方法,使内容更加鲜活和直观,便于理解和记忆;通过本书的学习,初学者能够对会计有整体的认识,熟悉会计的基本程序和方法,处理企业的基本经济业务,编制简单的资产负债表和利润表,为后续会计课程打下坚实基础。

    本教材的主要特色:

    (1) 突出应用型人才培养的特点。

    本教材强调"理论与实践一体",突出实践性。每章开头从学习目标和案例导入入手,激发学生的学习兴趣,使读者能在本章学习之前对自己所要掌握的知识点以及需要达到的知识能力有清楚的认识。教材内容上融入经典基础会计实例,进行分析,让学生熟悉经济业务的分析、涉及哪些会计要素及其会计科目,将会计的复杂问题简单化。为了帮助读者概括总结每章的主要内容,同时考虑到会计学基础要接触大量的专业术语,每章后归纳了本章小结,提炼了每章的关键术语的中英文对照。

    (2) 按照最新的会计准则、新税法编写,体现最新的会计准则和最新的增值税政策。

    本教材根据最新的会计准则和税收政策编写(截至 2019 年 5 月 15 日),如根据 2017 年新修订的《企业会计准则第 14 号——收入》(财会〔2017〕22 号)增加了收入确认标准和收入确认五步法;根据《关于深化增值税改革有关政策的公告》(2019 年第 39 号)的规定,全书例题和习题使用最新的增值税税率13％、9％和6％；按照《关于修订印发2019年度一般企业财务报表格式的通知》(财会〔2019〕6号)，对财务报表格式及要求进行了相应的调整。

(3) 教学资源丰富。

为了让读者能够及时地检查自己的学习效果，把握自己的学习进度，本教材每章后面都附有丰富的、针对性强的案例、自测题和习题，有利于会计初学者对会计基本知识的复习和掌握。由于教材版面问题，一些相关的知识点和相关法规可以通过二维码扫描学习了解。

本书作为"高等院校'十三五'应用型规划教材"中的一部，是高等院校经济管理类各专业的会计学基础课程的教学用书，也可以作为社会在职人员学习会计学基础的参考书。

本教材由杨幼珠、郭彦担任主编，傅再育、胡盛昌、王阿娜、李级民担任副主编。参加撰稿的人员有：李级民(第一章)、许巧治(第二章)、郭彦(第三章)、李雄伟(第四章)、杨幼珠(第五章)、王阿娜(第六章)、唐倩(第七章)、郑莉(第八章)、何福英(第九章)、傅再育(第十章)、胡盛昌(第十一章)。教材的审稿工作由杨幼珠、李雄伟、胡慧琼、胡盛昌完成。在撰稿过程中，参阅了大量的文献资料，在此向原著作者表示感谢。由于水平有限，缺点和错误在所难免，恳请读者批评指正。

编　者

2019 年 5 月

目录

MULU

第一章

总 论

学习目标

本章主要学习会计学的基础知识。会计是一种经济管理活动,会计学是一门应用性、技术性很强的经济管理学科,它的产生与发展和社会生产力发展水平紧密相关。通过本章的学习,了解会计的历史变迁、熟悉会计学科体系,掌握会计的基本概念、会计职能、会计对象与目标;熟悉会计核算的基本方法。

导入案例

王先生准备开一家小超市,经营各种生活日用品,王先生负责日常的经营、进货和销售,同时招聘了 2 名员工小张和老李,小张为超市的会计,负责超市日常的收支核算和记账等,老李负责超市的货架及一些杂事。问题:① 王先生作为投资人,最关心的会计信息是什么? ② 小张作为超市的会计人员,应做哪些记录反映日常经营和收支情况? ③ 作为老李,他需要关注超市的经营信息吗? 他可以从哪里获得信息?

第一节 会计的产生和发展

一、会计的产生和发展

会计起源于经济活动,有了经济活动,无论有没有产品剩余,人们都需要记录、计量和核算。会计是人类社会发展到一定历史阶段的产物,会计史就是一部人类文明发展史。

(一) 中国会计发展史

在我国,早在原始社会,人们为了计算生产成果和生活所需,逐步产生了计数和计算的要求。最初,人类社会处于蒙昧时期,由于生产力水平极其低下,人们主要靠采集、狩猎等方式获取自然物充饥,劳动产品没有剩余,生活极为艰难,只能凭大脑记忆和简单计算。随着生产力的发展,人类社会进入野蛮时期,出现了人类社会的第一、第二次社会大分工,由于生产发展,劳动产品增多,交换也频繁起来,于是出现了伏羲时期的"结绳记事"方法。到了原始社会后期,出现了黄帝、尧舜时期的书契计量,即用文字、数码刻画的简单登记和计量方法。

随着生产力的进一步发展,原始社会解体,进入奴隶社会。西周王朝(公元前 1046—前 771 年)是奴隶社会鼎盛的时期,当时出现了"会计"一词,同时会计的职务也产生了。《周礼·天宫》中说:"司会掌邦之六典、八法、八则……而听其会计",零星算之,故为计;凡一旬之会计记录,由十日账目总合而成,故称之为"会","司会主天下之大计,计官之长,以参互考日成、月要考月成、岁会考岁成之事"。这里所说的"司会"就是西周朝廷中设置的专门管理全国钱粮赋税、从事会计工作的高级官吏,"月要"为总合算之,"日成"是零星算之,依此类推,"岁会"为总合算之,"月要"则为零星算之。而"参互""月要""岁会"则相当于现代的日报、月报、年报等会计报表。这时的会计,已有记录、计算、考核和监督的内容,并且还出现了会计制度的简略轮廓。可见,西周时期会计方法已有一定的发展。

到了封建社会,由于生产力发展到较高水平,在西汉时期,出现了名为"簿书"的账册,如西汉"官厅会计"(政府会计)设置的"钱谷簿"、地主私人设置的"田租簿"等,成为我国会计账簿的雏形。

唐宋时期,出现了"四柱清册"的会计核算方法,即在会计账册和报表中并列"旧管""新收""开除""实在"四柱,其含义分别相当于现代会计中的"期初结存""本期收入""本期支出""期末结存"。四柱之间的数量关系可用会计方程式表示,"旧管+新收-开除=实在"。"四柱"分别反映着一定的经济活动内容,它们之间相互联系,相互制约,形成统一的整体。"四柱清册"的创建和运用,是我国会计理论和技术的重大发展,它为我国其后通行数百年之久的收付记账法奠定了理论基础,同时也把账簿格式的设计以及结账、报账工作提高到一个新的水平,从而使中式记账得到进一步的完善。

明朝时期,开始以货币量度作为统一计量标准,即对一切实物都要按照规定折合成金额,这在会计的计算技术上是一显著的进步。继而又确定了年终盘点制度,并采用了一定形式的盘点表册,进一步充实和完善了会计的理论和方法。

明末清初,为适应商品货币经济迅速发展的需要,会计核算方法出现了"龙门账",即把全部账目分为"进""缴""存""该"四大类,其含义分别是收入、支出、资产(包括债权)、负债(包括业主投资),四者之间的数量关系可用会计方程式表示:"进-缴=存-该"。年终结账时,分别编制"进缴表"和"存该表",两表各自计算出的差额应该相等。"龙门账"中的"进缴表"和"存该表"分别与现代会计中的"损益表"和"资产负债表"的意义和作用相近似。

清朝中期以后,出现了定额管理制度。中式会计的发展,随着生产的发展,在原有基础上更加完善。此后,由于商品货币经济又有了进一步的发展和外国资本主义的侵入,我国产生了资本主义萌芽,封建制度开始崩溃瓦解,并传来了西方会计方法。

(二)西方会计发展史

在外国,会计同样有着悠久的历史。根据文献记载,远在古代就曾出现过在陶土、石头或木块上刻画符号记事的原始计量、记录行为。公元前4000年左右,埃及进入了奴隶社会,建立了以法老为中心的高度中央集权制的国家。设立了管理国家财政的官吏,其中有国库长官、出纳官、记录官、监督官等。考古发现的《帕勒摩石碑》碑文表明,古埃及第五王朝时期有会计记录与会计报告合为一体的特点。约公元前2113—前2006年,古巴比伦乌尔第三王朝时期的记录方式采用叙述式,语言和形式简化,运用整数、分数、汇总等数学技巧。公元前2000—前1500年,古希腊克里特文明时期已经出现了掌管簿记的官吏。12—13世纪,意大利的佛罗伦萨、热那亚、威尼斯等沿地中海城市,由于各国之间的贸易集中该地,商品货币经济比较发达,促使封建主义发生瓦解,资本主义开始萌芽,最早出现了借贷复式簿记。1211年意大利佛罗伦萨银行开始采用借贷记账法记账,当时人们把这种记账法称为"威尼斯簿记法"。

1494年意大利数学家卢卡·帕乔利在其所著的《算术、几何、比及比例概要》一书中，结合数学原理，将复式簿记从理论上加以系统论述和概括，这是借贷复式记账法形成的重要标志，是近代会计发展具有划时代意义的里程碑。

借贷复式记账法的产生，有着极为深远的意义和影响。在借贷复式记账法出现之前，会计账簿设置和记账方法缺乏科学性。会计作为一门科学，是在借贷复式记账法出现以后逐渐形成的。1581年威尼斯建立了"会计学院"。借贷复式记账法经过不断改进，形成一种科学的、系统的、全面的核算和监督生产过程的方法体系。它可以全面、系统地记录各项经济业务，也便于核对账簿记录是否正确，借以进行成本计算和编制会计报表，是近代会计广泛采用的一种记账方法。它把企业作为会计主体，在核算上把企业同企业所有者分离开来，对企业的经营成果进行单独的考核和评价。这对企业加强经营管理，促进生产发展起了很大作用。

19世纪中叶，由于英国产业革命的影响，生产规模日益社会化，竞争越来越激烈，股份公司纷纷成立，1854年苏格兰成立世界上第一个会计师协会——爱丁堡特许会计师协会，这是近代会计发展的又一里程碑，标志着"企业"这一职业的出现。会计师协会的成立，引起了会计的重大改革。首先，会计服务对象扩大了，会计由仅为某一个企业服务扩大为整个社会服务；其次，会计的内容发展了，会计由过去以记账和算账为重点，发展到以报账、用账（检查、分析）为重点；再次，账目公开了，原来会计账目是企业内部的私事，变成会计师协会可以接受委托去查账，而企业本身为了提高信誉、吸收投资、提高竞争能力，也主动请求具有公证人身份的会计师查账。

1929年开始的经济危机给西方经济带来重创，让人们发现会计缺乏统一规范的危害。1933年5月，美国颁布了《证券法》。1934年6月，美国颁布了《证券交易法》，并成立美国证券交易委员会。1937年，德国政府以法令的形式发布了西方国家第一套会计科目表。1937年，美国会计师协会与美国注册会计师公会合二为一。1938年年初，美国发生麦克森·罗宾斯案，该案件成为导致美国公认审计准则出台的催化剂，美国会计师协会下的会计程序委员会，从事会计原则的制定工作，从1939年至1959年该组织共发布了51份公报。1939年，英国注册会计师公会成立。1942年，法国注册会计师协会成立。1948年7月，日本政府颁布了《注册会计师法》，标志着站在独立立场对财务报表进行审计和证明的注册会计师在日本正式诞生。

二、会计学科的发展

20世纪中叶以后，随着电子技术的发展，电子计算机和会计相结合，促进了会计核算技术的重大改革。同时，随着竞争的加剧和股份公司这一企业组织形式的形成和发展，公司所有权与经营权日益分离，这种现象对企业会计产生了极为重大而深刻的影响。于是逐步形成了两个相对独立的分支，即财务会计与管理会计。财务会计主要是通过提供定期的财务报表，满足企业外部有关各方了解企业财务状况和经营成果的需要，它主要侧重于过去。管理会计主要为企业内部加强经营管理服务，它不仅重视过去和现在，更重视未来。管理会计的创立和发展，丰富了会计科学的内容，把现代会计科学推进到一个崭新的发展阶段，是近代会计发展的又一个重要标志。管理会计紧密结合着企业管理中计划、决策、控制和考核等环节，广泛运用数学方法，并在计算技术方面采用了电子计算机技术，为企业正确地进行经营决策提供有用资料，以适应现代管理的需要，对推动社会生产的发展起了重要的作用。

我国传统会计学科体系是在新中国成立之初学习苏联经验的基础上建立起来的，是与高度集中的计划经济体制相适应的。20世纪90年代，我国对会计进行了一系列的改革，采用制定所有企业都适用的会计准则来指导会计核算工作的模式。21世纪,在"互联网＋"的环境下,云计算(Cloud computing)、大数据(Big Data)、人工智能(Artificial Intelligence, AI)等新技术,将给会计、审计等行业带来诸多的变革。我国会计学科体系按不同划分标准有不同的区分。

(一) 按学科内容划分

按研究内容的不同可分为基础会计学、财务会计学、管理会计学、成本会计学、审计学、会计信息系统学等。

(1) 基础会计学,主要是研究会计的基本理论、基本知识、基本方法等,会计学各分支学科共同的基本问题的学科,是学习其他会计学科的基础。

(2) 财务会计学,是研究会计在核算和监督对象时所采用的专门理论和方法。它主要是研究如何通过对经济业务进行确认与计量、记录,经过加工处理后向信息需求者提供财务状况、经营成果和现金流量等会计信息。

(3) 管理会计学,主要研究如何利用财务会计提供的数据和其他相关资料,对企业生产经营的资金、成本和利润进行预测、决策、控制与考核的理论和方法。主要是为企业内部管理层加强管理提供服务,以求提高经济效益。

(4) 成本会计学,主要是研究成本计算的理论和方法,为成本预测、成本控制和成本分析提供依据。

(5) 审计学,主要是研究审计基本理论、技术方法及其应用,用来指导审计活动,促进经济发展。

(6) 会计信息系统学,主要是研究如何运用电子计算技术,进行会计的反映与控制的理论和方法。

(二) 按会计学科的形成过程分类

按会计学科的形成过程可分为传统会计学科、引进会计学科、新兴会计学科。传统会计学科包括基础会计学、财务会计、成本会计等;引进会计学科包括电算化会计、税务会计、实证会计、环境会计等;新兴会计学科包括会计哲学、会计逻辑学、会计伦理学、会计方法学、人力资源会计、物价变动会计、衍生金融工具会计等。

(三) 按会计学科研究的空间范围分类

按会计学科研究的空间范围可分为国际会计学科和国内会计学科。

会计学科体系并不是一成不变的,随着科学的发展和技术的进步。自然科学和社会科学相互渗透,边缘科学或交叉科学的出现,传统的会计理论将会被新的会计理论所替代。

第二节 会计的概念、职能

一、会计的概念

会计的本质就是要回答会计是什么的问题。会计的本质是会计本身所固有的、决定其性质和发展的根本属性。在微观经济中会计作为一种管理活动,是企业单位管理的重要组成部分;在宏观经济中,是国民经济管理的重要组成部分。随着社会经济的发展,会计的内涵和外延都在不断地丰富和发展。

会计名人

美国会计学会（AAA）认为会计是鉴定、衡量和传送经济信息的方法，并使经济信息的使用者能据以做出明智的判断与决策。美国注册会计师协会（AICPA）则认为会计是将有关财务性质的交易与事项，按照货币单位加以记录、分类及汇总表达，并将其结果予以分析与解释的一种实用学科。在我国，对会计本质的认识，主要有以下代表性观点。

（一）管理活动论

"管理活动论"代表人物是杨纪琬教授和阎达五教授，于 20 世纪 80 年代首次提出这种观点。他们认为会计不仅仅是通过记账、算账、报账来进行管理的经济工具，而更是一种管理活动。会计是随着社会生产的发展和由此产生的经济管理的需要而产生和发展起来的。人们为了达到预期的目的，取得较好的经济效益，必须随时掌握经济活动中的数量变化，对生产过程进行必要的组织管理，对生产过程中的劳动消耗及取得的劳动产品等经济现象进行观察、计量和记录，以便获得有关管理生产过程所必需的数据；同时根据所取得的资料，在生产活动之前、之中、之后进行必要调节、干预，使之不断降低劳动消耗，取得更多的劳动产品，从而提高生产活动的经济效益。会计本身就具有管理的职能，是人们基于特定目的、利用特定的方法对特定的内容进行管理的一种管理活动。

（二）信息系统论

"信息系统论"代表人物是葛家澍教授，认为会计的本质是一个经济信息系统，会计活动不生产产品或劳务，只生产信息特别是财务信息，会计生产并提供信息，需要一系列相互联系的加工步骤，形成一个数据输入和信息输出系统。

从信息系统角度考虑，会计是旨在提高微观经济效益、加强经济管理而于企业范围内建立的一个以提供财务信息为主的经济信息系统。

会计信息系统论源于 20 世纪 60 年代后期美国会计学会关于"会计本质上是一个信息系统"的论断。在 20 世纪 80 年代初，这一对会计本质的认识被引入我国之后，得到了包括我国著名的会计学家葛家澍教授和余绪缨教授等很多研究者的认同，它是西方信息论和系统论与我国会计实践相结合的产物，是目前会计理论界普遍认同的会计定义。

（三）控制系统论

"控制系统论"代表人物是杨时展教授和郭道扬教授，它是"管理活动论"和"信息系统论"之后在我国出现的一个新观点。杨时展教授认为："现代会计是一种以受托责任为目的，以决策为手段，对一个实体的经济事项按货币计量及公认原则与标准，进行分类、记录、汇总、传达的控制系统。"郭道扬教授认为："会计是管理者通过对会计信息系统与会计控制系统的协同动作，实现对市场经济中的产权关系、价值运动过程及其结果系统控制的一种具有社会意义的控制活动。"

"管理活动论"和"信息系统论"在我国会计理论研究方面占据着极为重要的位置，在会计实践中产生了深远的影响。随着人们认识的不断深化，"管理活动论"和"信息系统论"这两种观点日趋接近。"管理活动论"也承认信息系统的存在，只是强调这个系统的主要职能应是控制和监督，而不是反映；"信息系统论"同样承认会计系统是管理系统的一个部分，只是强调其主要职能是提供信息，为决策提供咨询服务，对决策起到支持的作用。其实，这两种观点虽然在表达上有一定的差异，但并无本质上的矛盾。"信息系统论"侧重于会计的目标，按照现代会计理论的基本观点，会计的目标就是向信息使用者提供决策有用的信息；"管理活动论"侧重于会计的内容和过程，会计在形成会计信息的过程中，要采用适当的手段对企业的经济活动过程进行控制和反映,这种控制和反映,本质上是一种管理活动。

综上所述,本书认为,现代会计是以货币为主要计量单位,以反映和监督各单位经济活动为内容,为用户提供决策有用信息的管理信息系统。

二、会计的职能

会计管理是通过会计的职能来实现的。会计的职能是指会计在企业经营管理过程中具有的客观功能,是会计本身所具有的能力。会计的职能不同于会计的任务,会计的任务带有主观色彩,是人们对会计提出的一种要求。会计的职能也不同于会计的作用,会计作用的大小既取决于会计系统的内部机制,也受到会计环境的影响。会计的职能是一种客观存在,它从诞生时就已具有这种功能,它既不能被创造,也不随着人们的主观意志而转移,但它能为人们所认识。

(一) 会计的基本职能

马克思在《资本论》一书中曾经指出:会计是对生产"过程的控制和观念总结",这是对会计职能的科学概括。所谓"观念总结"一般解释为"核算"(或反映),"过程的控制"一般解释为"监督"。会计的本质也表明:会计从产生的时候起就具有核算和监督的职能。

我国《会计法》第五条指出"会计机构、会计人员依照本法规定进行会计核算,实行会计监督"。核算和监督是会计的两项基本职能。

1. 核算(反映)职能

会计的核算职能,就是以货币为主要计量单位对每项经济业务进行确认、计量、记录和报告等环节,对特定主体的经济活动进行记账、算账、报账,为各有关方面提供信息的功能。会计的核算职能是会计最基本的职能,它贯穿于经济活动的全过程,既包括事后的核算,也包括事前、事中的核算。会计的核算职能主要是从数量方面反映企业单位已经发生或已经完成的各项经济活动,即事后核算,这是会计最基础的工作。记账、算账、报账是会计执行事后核算的主要形式。但是会计的核算职能不仅仅是对经济活动进行事后的反映,为了在经济管理上加强计划性和预见性,会计还要对经济活动进行事前核算和事中核算。事前核算的主要形式是进行预测、参与计划、参与决策;而事中核算的主要形式是在计划执行过程中,通过核算和监督相结合的方法,对经济活动进行控制,使过程按计划或预期的目标进行。

2. 监督职能

会计的监督职能,是会计人员在进行会计核算的同时,对特定主体经济活动的真实性、合法性和合理性进行审查。真实性审查,即以实际发生的交易或事项为依据确认、计量和报告。合法性审查,即经济业务要符合国家有关法律法规。合理性审查,即符合企业内部有关规定,如是否超支等。例如,公司行政部业务招待费报销,会计人员首先要对该项招待费进行审查,在发生前是否向管理部门提出申请,包括招待单位、人数、时间、地点、陪同人员等,是否为公司的业务而发生,如果不是,则不给于报销;如果是,则进入费用审核报销流程:第一步,辨认各种单据凭证的真伪(即真实性审查);第二步,根据规定对费用支出范围进行审查,确认所有合格凭证的合计金额(即合法性审查);第三步,根据公司业务费的支出标准核准同意报销的金额(即合理性审查);第四步,交于出纳支付现金或冲转借支款或补充备用金;第五步,会计人员根据单据等原始凭证编制记账凭证并据以入账。在整个过程中,相关人员必须在单据发票凭证等签名盖章,以示责任,备日后检查。

会计的监督职能是会计一项重要的职能。对经济活动进行会计核算的过程,也是实行会计监督的过程。会计监督主要是利用会计资料和信息对经济活动加以控制和指导。从本单位的经济效益出发，对每项经济活动的合理性、有效性进行事前、事中的控制、分析、审查，以防止损失、浪费。监督的依据是各种法规、制度、计划和预算。

会计的核算和监督两项基本职能的关系是十分密切的，两者相辅相成。会计核算是执行会计监督的前提，没有会计核算提供数据资料，会计监督就没有客观依据；如果只有会计核算而不进行会计监督，就不能发挥会计在管理经济过程中的作用。

（二）会计职能的发展

随着人们对会计管理的广泛运用和会计理论的提高，会计职能的内涵和外延也不断地丰富和拓展，使得传统的职能得到不断充实，新的职能不断显现。20 世纪 80 年代以后，会计界认为，会计除了核算和监督两项基本职能之外，还具有预测、决策、控制和分析等职能。可以认为这些职能是从基本职能中派生出来的，是会计职能的发展。

（1）预测职能。会计的预测职能，就是根据会计信息和其他信息资料，运用一定的方法，对未来经济活动的发展趋势和可能性进行的推测和估计。

（2）决策职能。就是按照财务指标的一定目标，在会计预测的基础上，从若干个方案中，选择最优方案的过程。

（3）控制职能。就是通过会计工作，对经济活动或资金运动所进行的干预或施加的影响，使之达到预期目标的过程。会计控制可以分为事前控制和事中控制。

（4）分析职能。就是以会计核算资料为依据，结合统计和其他有关资料，采用专门的方法，对经济活动的过程和财务成果，计划、预算执行情况的分析研究。会计分析的目的在于查明影响目标实现或计划、预算完成的主要原因，从而总结经验，提出措施，挖掘潜力，以改进经营管理，提高经济效益。

第三节 会计的对象与目标

一、会计的对象

会计的对象是会计主体核算和监督的内容，即会计主要反映和监督的客体。会计并不能核算和监督社会再生产过程中的所有经济活动，而只能核算和监督社会再生产过程中能够用货币表现的各项经济活动，即凡是特定主体能够以货币表现的经济活动，都是会计核算和监督的内容，也就是会计的对象，以货币表现的经济活动通常又称为价值运动或资金运动。

资金运动一般包括特定对象的资金的投入、资金运用和资金退出等过程，而具体到企业，由于各单位性质不同，经济活动的内容也不尽相同，因此，会计的具体对象也不同，其中以工业企业最具有代表性。下面以工业企业为例来说明企业会计的具体对象。

（一）资金投入

企业要进行生产经营，就必须拥有一定数量的资金，资金来源包括所有者投入的资金和债权人投入的资金两部分，前者属于所有者权益，后者属于债权人权益（即负债）。投入企业的资金要用于购买机器设备和原材料、支付员工的工资等，进入资金的使用或循环过程。

(二) 资金的循环和周转

工业企业的经营过程包括供应、生产、销售三个阶段。

(1) 供应阶段。企业需要购建厂房、购买机器设备和原材料、辅助材料、燃料、支付采购费用、计算采购成本等,这时企业的资金从货币形态转为储备资金形态。

(2) 生产阶段。在生产过程中,劳动者借助于劳动手段将劳动对象加工成特定的产品,同时发生原材料消耗、固定资产折旧费、生产工人的人工费以及其他费用等,这时企业的资金形态从材料形态、货币形态和固定资产形态转化为生产资金形态。随着产品完工验收入库,生产资金形态转化为成品资金形态。

(3) 销售阶段。在销售过程中,将生产的产品销售出去,发生销售费用、收回货款、补偿产品成本、缴纳税金等业务。企业销售收入扣除各项费用后的利润,提取盈余公积金、向投资者分配利润。企业的资金从成品资金形态又重新回到货币资金形态。资金循环就是从货币资金开始依次转化为储备资金、生产资金、产品资金,最后又回到货币资金的这一运动过程,资金这样周而复始的循环即称为资金周转。

(三) 资金退出

资金退出包括偿还债务、上缴各种税金、按法定程序向投资者分配利润等,这部分资金离开本企业,退出企业的资金循环与周转。

资金的投入、运用和退出是资金运动的三个阶段,三者相互支撑,构成一个统一体。没有资金的投入,也就没有资金的循环和周转;没有资金的循环和周转,就没有资金的退出。工业企业资金运动过程如图 1-1 所示。

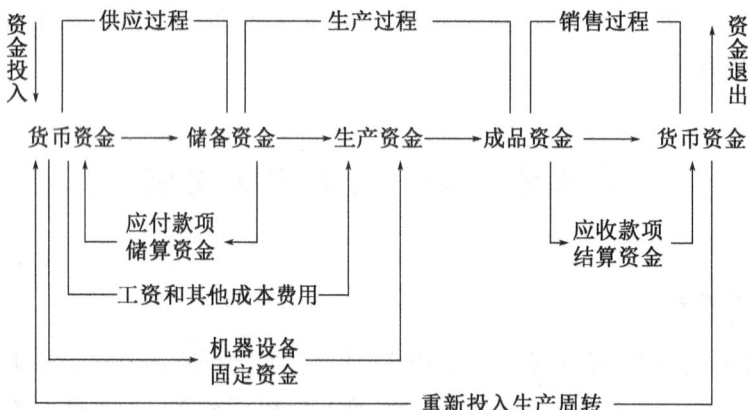

图 1-1 工业企业资金循环与周转

二、会计的目标

会计目标是指会计工作所要达到的最终目的。会计目标是会计理论和会计工作的核心和出发点。会计目标主要是指财务会计报告的目标。

我国《企业会计准则——基本准则》第四条,财务会计报告的目标是向财务会计报告使用者提供与企业财务状况、经营成果和现金流量等有关的会计信息,反映企业管理层受托责任履行情况,有助于财务会计报告使用者做出经济决策。

财务报告目标要求满足投资者等财务报告使用者决策的需要,体现为财务报告的决策有用观,财务报告目标要求反映企业管理层受托责任的履行情况,体现为财务报告的受托责任观。学术上将这两种观点概括为决策有用观和受托责任观。

(一) 决策有用观

决策有用观,就是指会计的目标是向信息使用者提供对其进行决策有用的信息,主要包括的内容:一是关于企业现金流量的信息;二是关于经济业绩及资源变动的信息。决策有用观适用于所有权与经营权分离的经济环境,且资源的分配是通过资本市场进行的。一方面,拥有资金寻找机会的人们会对各种投资机会进行评估;另一方面,企业为了能在资本市场融到资金则要提供能帮助投资者进行投资决策的信息。证券市场逐渐成为连接所有者和经营者之间的中介,所有者与经营者之间的控制关系变得模糊和不固定。

(二) 受托责任观

受托责任观是以企业所有权与经营权相分离为前提,并且投资人与经营者之间有明确的委托与受托关系。资源的提供方与作为经营方的管理当局形成了委托与受托关系,受托者接受委托,管理所交付的资源,有效管理与应用受托资源,使其尽可能地履行保值、增值的责任;并如实地向委托者报告财务状况和经营成果,显示其受托责任履行情况,委托方据此做出有关的投资与借贷决策以及是否更换受托方。受托责任观认为,财务会计的目标就是向股东反映企业管理层履行资源受托管理责任的事情。

财务报告的决策有用观和其受托责任观是统一的,投资者出资委托企业管理层经营,希望获得更多的投资回报,实现股东财富的最大化,从而进行可持续投资;企业管理层接受投资者的委托从事生产经营活动,努力实现资产安全完整,保值增值,防范风险,促进企业可持续发展,就能够更好地持续履行受托责任,以为投资者提供回报,为社会创造价值,从而构成企业经营者的目标。可见,财务报告的决策有用观和受托责任观是有机统一的。

第四节 会计方法

一、会计方法

会计方法是指用来核算和监督会计对象、执行会计职能、实现会计目标的手段。会计方法包括会计核算、会计分析、会计考核、会计预测和会计决策等。其中会计核算方法是最基本、最主要的方法。它是初学者学习会计必须掌握的基础知识。

二、会计核算方法

会计核算方法是指从事会计工作所使用的各种技术方法,对已经发生的经济活动进行连续、系统和全面地反映和监督所运用的方法,是用来核算和监督会计对象,实现会计目标的手段。会计核算方法主要包括以下方法:设置会计科目和账户、复式记账、填制和审核凭证、登记账簿、成本计算、财产清查、编制会计报表。

(一) 设置会计科目和账户

设置会计科目和账户是对会计对象的具体内容进行分类核算和监督的一种专门方法。

会计对象的具体内容包括资产、负债、所有者权益、收入、费用和利润六项会计要素。为了对会计对象的具体内容系统地进行核算和经常监督,就要对它们进行科学的分类。会计科目就是根据会计对象的具体内容,也就是会计要素进行分类核算的项目。会计科目是在账簿中开设账户的依据。账户的名称也就是会计科目。通过账户企业可以分类、连续记录各项经济业务,为经营管理提供各种不同性质的核算指标。

(二)复式记账

复式记账是对发生的每一项经济业务,都要以相等的金额,在两个或两个以上相互联系的账户中进行登记的一种专门方法。

各单位的经济业务发生后在账户中进行登记,需要运用一定的记账方法。复式记账是一种科学的记账方法。通过复式记账,可以了解每笔经济业务的来龙去脉及其相互联系。

(三)填制和审核凭证

填制和审核凭证是通过会计凭证对每一项经济业务进行反映和监督,以保证会计记录(数据资料)完整、可靠的一种专门方法。

会计记账必须有凭有据,会计记账的凭据就是会计凭证。会计凭证是用来记录经济业务,明确经济责任,并作为登记账簿的书面证明。会计凭证分为原始凭证和记账凭证。会计对发生的每一项经济业务,都应取得或填制原始凭证,经过审核无误后,应用复式记账原理,将经济业务涉及的会计科目填列在记账凭证上,作为登记账簿的依据、通过凭证的填制和审核,可以提供真实可靠、合法合理的记账依据。它是保证核算质量的必要手段,也是实行会计监督的重要内容。

(四)登记账簿

登记账簿是根据会计凭证在账簿上连续、完整、系统地记录和反映经济业务,提供各项数据资料的一种专门方法。

登记账簿必须以会计凭证为依据,利用账户和复式记账的方法,把经济业务分门别类地登记到账簿中去,并定期进行结账和对账,以便据以编制会计报表,提供完整而又系统的会计数据资料。

(五)成本计算

成本计算是按照一定对象归集和分配生产经营各阶段中所发生的各项费用,确定各对象的总成本和单位成本的一种专门方法。

进行成本计算,可以确定材料采购、产品生产和销售成本。通过成本计算,可以核算和监督生产经营过程中所发生的各项费用是否节约和超支,并据以确定企业盈亏。成本计算主要应用于工业生产部门,但随着加强经营管理和提高经济效益的需要,其范围也逐渐扩大到非工业生产部门。

(六)财产清查

财产清查是通过盘点实物、核对账面数额以保持账实相符的一种专门方法。

为了保证核算资料的客观、真实和正确性,必须定期或不定期地对各项财产物资、货币资金和债权债务进行盘点、核对,以便发现问题,分析原因,明确责任,调整账簿记录,保持账实一致。

(七)编制会计报表

编制会计报表是定期总括地反映经济活动和财务收支情况,以考核计划、预算执行结果的一种专门方法。

　　会计报表主要是根据账簿记录,经过加工整理而产生的一套表格形式的指标体系。会计报表所提供的各项指标,不仅是考核、分析财务计划执行情况,确定经营决策的重要依据,而且也是国家进行综合平衡,加强宏观调控的必要参考资料。

　　以上会计核算的各种方法相互联系,密切配合,构成一个完整的会计核算方法体系。在会计核算工作中,必须按照一定的程序,相互配合地运用这些方法。会计核算各种方法的相互联系和运用程序,一般可归纳如下:在日常经济业务发生后,首先应填制和审核原始凭证,然后按照规定的会计科目和设置的账户对经济业务进行分类核算,并运用复式记账法,填制记账凭证据以登记有关账簿。运用成本计算方法,计算各有关成本对象的实际成本。一定时期终了,对账簿记录要通过财产清查加以核实,最后在保证账实相符的基础上,根据账簿记录编制会计报表。

案 例

　　[案例1-1]　A先生出差回来到财务人员处报销费用,发现飞机票丢失,A先生提出自己写个证明,但是财务人员不给办理,双方发生争吵。这段时间飞机票打折比较多,机票原价1 500元,折扣一般包括6~9折,财务人员因此要求必须有航空公司的证明才能报销。你认为这件事应该如何处理?

　　[案例1-2]　A先生在企业创办1年之后,面临一个非常棘手的问题,工商局、税务局的人员都指责他的企业没有遵守我国会计准则的要求建立会计制度,记账随意性很大,财政局的人员又提出企业的财会人员没有经过资格认证。A先生觉得非常委屈。因为公司是自己的,企业应该有自主权,为什么会计非要按照国家规定的会计准则去做? 会计人员为什么要有资格认证? 你认为A先生的说法是否有道理?

本章小结

　　初级会计学是管理类专业学生学习会计的入门课,第一章总论是学习初级会计学的基础知识。本章主要介绍了会计的产生与发展、会计的概念、会计的职能、会计对象与目标、会计方法。

　　会计是经济管理的重要组成部分,是以货币为主要计量单位,以反映和监督各单位经济活动为内容,为用户提供决策有用信息的管理信息系统。

　　会计的基本职能包括核算职能和监督职能。核算职能是以货币为主要计量单位对经济活动进行确认、计量、记录和报告等环节,对特定主体的经济活动进行记账、算账、报账,为各有关方面提供信息的功能。监督职能是会计人员在进行会计核算的同时,对特定主体经济活动的真实性、合法性和合理性进行审查,促使经济活动按照规定的要求运行,以达到预期的目的。此外还有预测、决策、控制和分析等职能,这些职能是从基本职能中派生出来的,是会计职能的发展。

　　会计的对象是会计主体核算和监督的内容,即会计客体。会计只能核算和监督社会再生产过程中能够用货币表现的各项经济活动,即凡是特定主体能够以货币表现的经济活动,都是会计核算和监督的内容,也就是会计的对象。

　　会计方法,主要包括设置会计科目和账户、复式记账、填制和审核凭证、登记账簿、成本计算、财产清查和编制会计报表等七种方法。

关键术语

会计 accounting

会计对象 accounting object

会计方法 accounting method

会计职能 functions of accounting

会计监督 accounting supervision

会计预测 accounting forecast

思考题

1. 会计工作在经济管理过程中能够发挥什么作用？
2. 会计的职能有哪些？
3. 会计的对象是什么？
4. 会计方法包括哪些内容？
5. 会计的目标是什么？会计的作用有哪些？

自测题

一、单项选择题

1. 会计以( )为主要计量单位。

   A. 货币　　　　　　　　　　　B. 实物

   C. 数量　　　　　　　　　　　D. 劳动耗费

2. 会计的基本职能是( )。

   A. 控制与监督　　　　　　　　B. 反映与监督

   C. 反映与核算　　　　　　　　D. 反映与分析

3. 下列不属于会计核算专门方法的是( )。

   A. 成本计算与复式记账　　　　B. 错账更正与评估预测

   C. 设置账户与填制、审核会计凭证　　D. 编制报表与登记账簿

4. 近代会计史中的两个里程碑是( )。

   A. 帕乔利复式簿记著作的出版和会计职业的出现

   B. 生产活动中出现了剩余产品和会计萌芽阶段的产生

   C. 会计学基础理论的创立和会计理论与方法的逐渐分化

   D. 首次出现"会计"二字构词连用和设置了"司会"官职

5. 会计人员在进行会计核算的同时,对特定主体经济活动的合法性、合理性进行审查称为( )。

   A. 会计控制职能　　　　　　　B. 会计核算职能

   C. 会计监督职能　　　　　　　D. 会计分析职能

6. 会计核算和监督的内容是特定主体的( )。

   A. 经济活动　　　　　　　　　B. 实物运动

   C. 资金运动　　　　　　　　　D. 经济资源

7. 我国古代会计的一大杰出成就是( )。

    A. 龙门账   B. 天地合账

    C. 四柱清册   D. 复式记账法

8. 会计目标主要有两种学术观点( )。

    A. 决策有用观与受托责任观   B. 决策有用观与信息系统观

    C. 信息系统观与管理活动观   D. 管理活动观与决策有用观

9. 下列项目中,不属于会计核算方法的是( )。

    A. 复式记账   B. 成本计算

    C. 财产清查   D. 编制财务预算

10. 以下属于资金退出的是( )。

    A. 接受投资   B. 采购原材料

    C. 销售商品   D. 上缴税费

二、多项选择题

1. 下列说法正确的有( )。

    A. 会计是适应生产活动发展的需要而产生的

    B. 会计是生产活动发展到一定阶段的产物

    C. 会计从产生、发展到现在经历了一个漫长的发展历史

    D. 近代会计史,将复式簿记著作的出版和会计职业的出现视为两个里程碑

    E. 经济越发展,会计越重要

2. 下列各项中,属于会计基本职能的有( )。

    A. 进行会计核算   B. 预测经济前景

    C. 评价未来业绩   D. 实施会计监督

3. 会计职能的“六职能”论认为会计的职能包括( )。

    A. 反映经济情况、监督经济活动   B. 核算经济状况、描述经济成果

    C. 控制经济过程、分析经济效益   D. 计算产品成本、评价财务成果

    E. 预测经济前景、参与经济决策

4. 会计核算方法包括( )。

    A. 成本计算和财产清查   B. 设置会计科目和复式记账

    C. 填制和审核会计凭证   D. 登记账簿和编制会计报表

    E. 试算平衡

5. 会计的具体任务包括( )。

    A. 反映和监督法规、准则、制度的执行情况,维护财经纪律

    B. 提供会计信息,加强经营管理

    C. 计算产品成本,评价财务成果

    D. 预测经济前景,参与经营决策

    E. 反映和监督经营活动和财务收支

6. 下列各项中,属于会计对象的有( )。

    A. 资金运动

    B. 价值运动

  C. 社会再生产过程中的所有经济活动

  D. 社会再生产过程中能以货币表现的经济活动

7. 下列关于会计特征的表述中,正确的有(　　)。

  A. 会计是一种经济管理活动

  B. 会计是一个经济信息系统

  C. 会计采用一系列专门的方法

  D. 会计以货币为主要计量单位

8. 下列属于资金投入的有(　　)。

  A. 股东投入资本金   B. 从银行借入的款项

  C. 偿还债务   D. 收回货款

9. 在企业外部,会计信息主要是提供给(　　)决策使用。

  A. 管理层   B. 投资者

  C. 债权人   D. 银行金融机构

10. 会计核算的内容是指特定主体的资金活动,包括(　　)等阶段。

  A. 资金的投入   B. 资金的循环与周转

  C. 资金的储存   D. 资金的退出

三、判断题

1. 会计在产生的初期,只是作为"生产职能的附带部分",之后随着剩余产品的规模的缩小,会计逐渐从生产职能中分离出来,成为独立的职能。(　　)

2. 会计是对经济活动进行连续、系统、全面的反映和监督的一个经济管理工具。(　　)

3. 会计可反映过去已经发生的经济活动,也可反映未来可能发生的经济活动。(　　)

4. 会计反映具有连续性,而会计监督只具有强制性。(　　)

5. 会计目标的决策有用观要求两权分离必须通过资本市场进行。(　　)

6. 从职能属性看,核算和监督本身是一种管理活动,从本质属性看,会计本身就是一种管理活动。(　　)

7. 单位的会计核算要以货币作为记账本位币。(　　)

8. 各单位必须按照国家统一会计制度的要求设置会计科目和账户、复式记账、填制会计凭证、登记会计账簿、进行成本计算、财产清查和编制财务预算。(　　)

9.《企业会计准则—基本准则》明确了我国财务的目标是向财务报告使用者提供决策有用的信息,不需要反映企业管理层受托责任的履行情况。(　　)

10. 会计监督包括事前监督、事中监督和事后监督。(　　)

第二章

会计核算基础

学习目标

本章主要介绍会计核算基础,包括会计核算基本前提、会计信息质量特征,以及会计记账基础。通过本章的学习,掌握会计核算的前提条件、会计信息质量特征、权责发生制和收付实现制的区别。

导入案例

20×9年5月,王先生投资300万元注册了有限责任公司,并且购买电子计算机2台共计18 000元,打印机等办公设备8 000元,同时还购买了生产设备,价值150万元。会计按照相应的规章制度进行了记账。到了12月份,市场上计算机以及办公设备分别降价3 000元和1 000元,生产设备则上涨了15万元。王先生以真实性原则为依据,要求会计人员分别按照下降和上涨的金额调整账簿记录。会计人员指出,这样违反有关会计准则和规定。你认为王先生的说法是否有道理?

第一节　会计核算基本前提

会计核算的基本前提是对会计核算所处的时间、空间环境所做的合理假定。会计面对的是一个现实复杂多变的社会环境,要使会计核算工作具有一定的稳定性和规律性,有必要对会计核算经济环境事先做出判断或限定。例如,会计是为谁核算,核算谁的经济活动:是本企业的,还是发生经济往来的对方企业的;是业主自身的,或者兼而有之。又如,企业经济活动的延续时间有两种可能:一种是在不久的将来即将清算歇业;另一种是无限期地持续下去,不同的情况其账务处理要采取不同的方法。如果是持续下去,如何编报报表;是最后一次编报,还是分期编报,分期又是多长。再如,会计的计量单位有多种,又如何选择。会计核算对象的确定、会计政策的选择、会计数据的收集都要以基本前提为依据。

会计核算的基本前提,是指为了保证会计工作的正常进行和会计信息的质量,对会计核算的范围、内容、基本程序和方法所做的合理设定。会计核算基本前提(假设)包括会计主体假设、持续经营假设、会计分期假设、货币计量假设四个方面的内容。这些基本前提都影响会计核算工作的组织,进而影响会计报告,并最终影响信息使用者的信息分析和使用。

一、会计主体假设

《企业会计准则——基本准则》第五条规定："企业应当对其本身发生的交易或者事项进行会计确认、计量和报告。"

会计主体是指会计信息所反映的特定单位或组织，即实行会计核算的单位。也就是说会计核算应当以会计主体发生的各项经济业务为对象，记录和反映会计主体本身的经济活动。它明确了会计工作的空间范围。会计主体假设是最基本的一项前提。

会计主体亦称会计个体、会计单位，也就是会计为之服务的单位，或者说是开展会计工作的单位。作为一个会计主体，必须具有独立的资金，独立地进行经济活动和独立地进行经济核算。会计主体可以是营利性的独资、合资企业或公司，也可以是具有特定经济业务的非营利性组织。会计主体可以是法律主体（即法人），如公司、事业单位或政府机构，它们既是会计主体，同时也是法律主体；也可以不是法律主体，如独资企业和合伙企业，它们在会计核算中须作为独立的会计主体来处理账务，但不是法律主体。

会计主体假设概念的确立，首先要求在会计核算时划清各个会计主体经济活动的界限。例如，甲企业（一个会计主体）向乙企业（另一个会计主体）购进原材料，作为甲企业的会计，所记录和反映的是材料的收进和货款的支付，而不能记录和反映材料的发出和货款的收入。其次要求在会计核算时划清会计主体经济活动和业主、员工个人财务活动的界限，如业主、员工的家庭收支就不能记录和反映在会计主体的账表上面。此外，还要求应从一个独立整体出发去反映和处理会计主体的经济活动。例如，在一个企业集团中，母、子公司都是法人，都是法律主体，日常也分别作为独立的会计主体进行会计核算，但为了完整地反映企业集团整体的财务状况、经营成果和现金流量，则应由母公司编制该企业集团的合并报表，此时，企业集团是一个会计主体，但不是一个法律主体。再如，会计主体不仅仅局限于企业，也可以是企业内部的车间、部门、项目等，只要它们是实行独立核算的，也是一个会计主体，但它们不是法律主体。

会计主体假设为会计工作限定了活动的空间范围和核算的对象。只有确立会计主体假设，企业才能正确地计算其拥有的财产和对外担负的债务，正确反映其财务状况和经营成果，为决策者提供有用的会计信息。

二、持续经营假设

《企业会计准则——基本准则》第六条规定："企业会计确认、计量和报告应当以持续经营为前提。"

持续经营假设是指会计主体的生产经营活动将无限期地延续下去。也就是说，在可预见的未来，不会面临破产和清算。

企业经济活动的延续与否，有两种可能：一是在不久的未来即将停止，二是会无限期地继续下去。这两种可能，涉及会计处理方法和程序的不同。例如，企业在持续经营的前提下，对于所使用的机器设备、厂房建筑等资产的价值，可以按成本记账，并可拟按预计的受益期限分期摊销，转为费用；对于负担的债务，可以按原定的条件、时间加以清偿。而在即将清算停业的情况下，资产的价值必须按照实际变现的价值计算；负债则必须按照资产变现后的实际负担能力清偿。一般情况下，如果没有充分的证据，在时间上，应假定企业的生产经营活动将按照既定的经营方针、目标继续正常地进行下去，并按持续基础处理账务。但如果企业确已出现无法继续经营的情况,则必须采用相反的前提,即按清算基础进行会计处理。

持续经营假设是对会计核算时间无限性的规定,是确立公认会计原则和公认会计处理方法的基础。它使企业在会计信息的收集和会计账务的处理上都能保持一定的稳定性,达到正确记载和呈报的要求,为决策的制定提供可靠的信息。持续经营假设,为会计核算明确了时间范围,从而使会计核算有一个稳定的基础。

三、会计分期假设

《企业会计准则——基本准则》第七条规定:"企业应当划分会计期间,分期结算账目和编制财务会计报告。"

会计分期假设是指将企业连续不断的生产经营活动人为地划分为若干个连续的、时间间隔相等的期间,据以结算账目和编制报表,从而及时地提供有关财务状况和经营成果的会计信息,它是持续经营假设的必要补充。

企业的生产经营活动在时间上是连续不断的,为了及时提供会计信息,就必须将连续不断的生产经营活动,划分为一个个首尾相接、同等间距的会计期间,以便确定每一个会计期间的收入、费用和利润,确定每一个会计期间期初、期末的资产、负债和所有者权益的数额,进行结账和编制会计报表。所谓会计期间,就是在会计工作中,为了及时总结会计主体的生产经营活动所规定的起讫时间。会计期间有年度、季度、月份三种,但以年度为主,称为会计年度。世界各国会计年度有"日历年制"和"营业年制"之分,前者以公历元月1日至12月31日为一个会计年度,后者以每年中企业生产经营活动的最低点作为起讫日期。例如,从4月1日至次年3月31日,从7月1日至次年6月30日等。会计年度的起讫日期可以和国家财政年度相一致,也可以不相一致。我国会计准则规定,企业的会计年度采用日历年度,我国的会计年度与财政年度是互为一致的。有了会计分期假设,才有了企业"某年盈利多少""某年亏损多少"等说法。

会计分期假设的确立,对于制定会计原则和会计处理方法、程序具有极为重要的意义。由于有了会计期间,才有本期和非本期的区别,从而产生了收付实现制和权责发生制,才使不同类型的会计主体有了记账基准,进而出现应收、应付、计提等会计处理方法。会计分期假设是有关收入与费用配比、权责发生制、划分收益性支出与资本性支出等会计原则的理论基础。

会计分期假设能够定期反映企业的经营成果和财务状况,总结计划的执行过程及其结果,向有关各方提供会计信息。

四、货币计量假设

《企业会计准则——基本准则》第八条规定:"企业会计应当以货币计量。"

货币计量假设是指企业的生产经营活动及其成果,必须采用统一的货币计量单位来予以综合反映。货币计量假设是一项重要的会计基本假设。

货币计量假设实际上包含三个方面的内容:一是会计以货币作为统一的计量单位。会计对经济业务的计量,可以采用不同的计量单位,如实物量度的公斤、公尺、平方、只、件;劳动量度的月、日、小时;货币量度的元、角、分;等等。但由于货币是衡量其他一切有价物的共同尺度,是唯一可以用来获得综合、可比财务信息的计量标准,因此,会计必须以货币作为统一的计量单位。二是以某一种货币作为记账的本位币。在我国,规定以人民币作为记账本位币。在多种货币并存的情况下,或某些业务是用外币结算时,还需要确定某一种货币作为记账本位币,但在编制的财务会计报告应当折算为人民币。在境外设立的中国企业向国内报送的财务会计报告,应当折算为人民币。三是假定币值是稳定不变的(货币计量前提亦称货币计量和币值不变前提)。作为会计统一计量单位的货币,其本身的价值应是稳定不变的,否则,前后期资产的综合、成本的比较和分析也就失去应有的意义。

货币计量假设限定了会计以货币作为统一的计量单位,会计的内容是可以用货币计量的经济活动,而且币值是稳定不变的,这就为会计核算连续、系统、全面地记录、汇总、分析和揭示企业的生产经营过程和结果创造了条件。但必须指出的是,这项前提也暴露了它的局限性或不可靠性,如企业人力资源的成长、社会成本的发生都不能从财务报告中反映出来。另外,币值不变假设,也受到了现实的挑战。第二次世界大战以后,许多国家都经历了严重的通货膨胀,我国近年来通货膨胀现象也比较严重,在这种情况下,根据这一前提所编制的财务报告必然不能真实、公允地反映企业的财务状况和经营成果。根据国际会计惯例,如年通货膨胀率达26%,或三年的通货膨胀率达到了100%,就需要采用特殊的会计准则来加以处理。

第二节 会计信息质量特征

财务报告的目标就是向财务会计报告使用者提供与企业财务状况,经营成果和现金流量等有关的会计信息。会计信息质量要求是对企业财务报告中所提供会计信息质量的基本要求,是使财务报告中所提供会计信息对投资者等使用者决策有用应具备的基本特征,它主要包括可靠性、相关性、可理解性、可比性、实质重于形式、重要性、谨慎性和及时性等。

一、可靠性

《企业会计准则——基本准则》第二十二条规定:"企业应当以实际发生的交易或者事项为依据进行会计确认、计量和报告,如实反映符合确认和计量要求的各项会计要素及其他相关信息,保证会计信息真实可靠,内容完整。"可靠性要求企业提供的会计信息,应做到内容真实、数字准确、项目完整、手续齐备、资料可靠。

可靠性是会计信息对信息使用者有用的基本前提,如果财务报告所提供的会计信息是不可靠的,就会给投资者等使用者的决策产生误导,导致经济决策的失误。为了贯彻可靠性要求,企业应当做到以下几点:

(1) 以实际发生的交易或者事项为依据进行确认、计量,不得根据虚构的、没有发生的或者尚未发生的交易或者事项进行确认、计量和报告。

(2) 在符合重要性和成本效益原则的前提下,保证会计信息的完整性,不能随意遗漏或者减少应予披露的信息,与使用者决策相关的有用信息都应当充分披露。

(3) 在财务报告中的会计信息应当是中立的、无偏的。如果企业在财务报告中为了达到事先设定的结果或效果,通过选择或列示有关会计信息以影响决策和判断,这样的财务报告信息就不是中立的。

二、相关性

《企业会计准则——基本准则》第十三条规定:"企业提供的会计信息应当与财务会计报告

使用者的经济决策需要相关,有助于财务会计报告使用者对企业过去、现在或者未来的情况做出评价或者预测。"一项信息是否具有相关性取决于其预测价值和反馈价值。

(1)预测价值。如果一项信息能帮助决策者对过去、现在和未来事项的可能结果进行预测,则该项信息具有预测价值。预测价值是构成相关性的重要因素,具有影响决策者决策的作用。

(2)反馈价值。一项信息如果能有助于决策者验证或修正过去的决策和实施方案,即具有反馈价值。反馈价值有助于未来决策。

会计信息质量的相关性要求,需要企业在确认、计量和报告会计信息的过程中,充分考虑使用者的决策模式和信息需要。但是,相关性是以可靠性为基础的,两者之间并不矛盾,不应将两者对立起来。也就是说,会计信息在可靠性前提下,尽可能地做到相关性,以满足投资者等财务报告使用者的决策需要。例如,投资者要了解企业盈利能力的信息,以决定是否投资或继续投资;银行等金融机构要了解企业的偿债能力,以决定是否对企业发放货款;税务部门要了解企业的盈利及生产经营情况,以确定企业的纳税情况是否真实等。

三、可理解性

《企业会计准则——基本准则》第十四条规定:"企业提供的会计信息应当清晰明了,便于财务会计报告使用者理解和使用。"

提供会计信息的目的在于信息的利用,而要利用会计信息,首先必须了解会计信息的内容。这就要求会计核算所提供的信息简明、易懂,能清晰、明了地反映企业财务状况和经营成果。

会计信息是否被使用者理解,取决于两个方面,一方面信息本身是否易懂,另一方面也取决于使用者理解信息的能力。会计信息毕竟是一种专业性较强的信息产品,在强调会计信息的可理解性要求的同时,还应假定使用者具有一定的有关企业经营活动和会计方面的知识,并且愿意付出努力去研究这些信息。对于某些复杂的信息,如交易本身较为复杂或者会计处理较为复杂,但其与使用者的经济决策相关的,企业就应当在财务报告中予以充分披露。

四、可比性

《企业会计准则——基本准则》第十五条规定:"企业提供的会计信息应当具有可比性。"

可比性一般包括两层含义:

(1)横向可比性,即不同企业相同会计期间可比。为了便于投资者等财务报告使用者评价不同企业的财务状况、经营成果和现金流量及其变动情况,会计信息质量的可比性要求不同企业同一会计期间发生的相同或者相似的交易或者事项,应当采用规定的会计政策,确保会计信息口径一致、相互可比,以使不同企业按照一致的确认、计量和报告要求提供有关会计信息。

(2)纵向可比性,即同一企业不同时期可比。为了便于投资者等财务报告使用者了解企业财务状况、经营成果和现金流量的变化趋势,比较企业在不同时期的财务报告信息,全面、客观地评价过去、预测未来,从而做出决策。会计信息质量的可比性要求,同一企业不同时期发生的相同或者相似的交易或者事项应当采用一致的会计政策,不得随意变更。但是,满足会计信息可比性要求,并非表明企业不得变更会计政策,如果按照规定或者在会计政策变更后可以提供更可靠、更相关的会计信息,可以变更会计政策。有关会计政策变更的情况,应当在附注中予以说明。

五、实质重于形式

《企业会计准则——基本准则》第十六条规定:"企业应当按照交易或者事项的经济实质进行会计确认、计量和报告,不应仅以交易或者事项的法律形式为依据。"会计核算时应按交易或事项的经济实质进行核算,而不能按照其法律形式进行核算。实质是指交易或事项的经济实质,形式是指会计核算依据的法律形式。会计核算时应按照交易或事项的经济实质进行核算,而不能按照其法律形式进行核算。

企业发生的交易或事项在多数情况下,其经济实质和法律形式是一致的。但在有些情况下,会出现不一致。例如,新收入准则中采用统一的"五步法"收入确认模型来规范所有与客户之间的合同产生的收入,要求企业应当在履行了合同中的履约义务,即在客户取得相关商品控制权时确认收入,而不考虑形式上的所有权是否转移,是"实质重于形式"原则在具体准则中的体现。

六、重要性

《企业会计准则——基本准则》第十七条规定:"企业提供的会计信息应当反映与企业财务状况、经营成果和现金流量等有关的所有重要交易或者事项。"

重要性有两层含意:一是为了简化会计核算方法和程序,对于一些金额不大的经济业务,在会计处理上可采用较为简捷的方法。例如,对那些使用年限虽长,但单位价值较低的财产物资,可以不作为固定资产计提折旧,而将其视作收益性支出处理。二是对决策有较大影响的项目,在会计报表中应单独列示,分项反映,并加以重点说明,而对一些金额较小的项目则可以相互合并,汇总反映。

重要性的标准是相对的,因不同部门、行业、企业和经营规模而异。一般可以从数量金额或性质意义两个方面加以综合考虑。在实务中,如果会计信息的省略或者错报会影响投资者等财务报告使用者据此做出决策的,该信息就具有重要性。重要性的应用需要依赖职业判断,企业应当根据其所处环境和实际情况,从项目的性质和金额大小两方面加以判断。

七、谨慎性

《企业会计准则——基本准则》第十八条规定:"企业对交易或者事项进行会计确认、计量和报告应保持应有的谨慎,不应高估资产或者收益,低估负债或者费用。"

一项经济业务在有多种会计方法可供选择的情况下,尽量选择不高估资产和收益、不低估负债和费用的方法。因为在市场经济体制下,企业在经营中不可避免地会遇到各种风险,所以遵循谨慎性原则,可以合理核算可能发生的损失和费用。

例如,企业应收账款因为债务人破产或死亡而不能收回;固定资产因为技术进步而提前报废;售出存货可能发生的退货或者返修等。为了避免一旦发生损失给企业正常生产经营造成严重的影响,在会计处理上,应当遵守谨慎性原则,即不预计可能发生的收益,但可以合理地预计可能发生的损失和费用;对企业期末的资产的估价宁可低估,不能高估。我国会计准则规定,对可能发生的资产减值损失计提资产减值准备;选择加速折旧法提取固定资产折旧费用;对售出商品可能发生的保修义务等确认预计负债等,就体现了会计信息质量的谨慎性要求。

八、及时性

《企业会计准则——基本准则》第十九条规定:"企业对于已经发生的交易或者事项,应当及时进行会计确认、计量和报告,不得提前或者延后。"处理会计事项要讲求时效包括两个方面:一是经济业务账务处理应当在当期内进行,不得拖延积压;二是会计报表应当在会计期间结束后规定的日期内报送有关部门。会计信息的及时性是有用性的保证。

第三节 会计记账基础

企业生产经营活动在时间上持续不断地取得收入,不断地发生各种成本、费用,将收入和相关的费用相配比,就可以计算和确定企业生产经营活动所产生的利润(或亏损)。由于企业的经营活动是连续的,而会计期间是人为划分的,不可避免地有一部分收入和费用出现收支期间和应归属期间不相一致的情况。例如,预收货款,款项已经收到,但产品的所有权还未转移;或预付费用,款项已经支付,但并不是为本期生产经营活动而发生等。在处理这类业务时,应正确选择合适的会计记账基础,即以何种标准确认、计量、报告会计要素的基础。记账基础有权责发生制和收付实现制两种。也就是说,在进行会计处理之前,必须明确是采用权责发生制还是收付实现制,否则无法进行会计处理。

一、权责发生制

为了正确划分并确定各个会计期间的财务成果,《企业会计准则——基本准则》第九条规定,企业应以权责发生制作为基础进行确认、计量和报告。

权责发生制,又称应计制,它是以收入和费用是否已经发生为标准来确认本期收入和费用的一种账务处理方法。其主要内容包括,凡是当期已经实现的收入和已经发生或应当负担的费用,不论款项是否收付,都应当作为本期的收入和费用处理;凡是不属于当期的收入和费用,即使款项已经在当期收付,也不应作为当期的收入和费用。

例如,企业于8月15日预收客户的货款,存入银行,合同约定产品于9月5日发给购买方。按照权责发生制,8月份企业收到的货款只能作为预收账款来处理,9月份才能确认收入。

二、收付实现制

收付实现制,也称现金制,它是以款项实际收付为标准来确认本期收入和费用的一种账务处理方法。其主要内容包括,凡是在本期收到的收入和付出的费用,不论是否属于本期,都应作为本期的收入和费用。反之,凡本期没有实际收到款项或付出款项,即使应归属于本期,也不作为本期收入和费用处理。这种账务处理方法比较简单,但对各期损益的确定不够合理,因此,企业一般不采用收付实现制。

例如,企业于8月15日预收客户的货款,存入银行,合同约定产品于9月5日发给购买方。由于在8月份企业收到了货款,按照收付实现制的处理标准,应作为8月份的收入入账。

三、权责发生制和收付实现制的比较

权责发生制是与收付实现制相对的一种记账基础,它主要是从时间选择上确定会计确认的基础,其核心是根据权责关系的实际发生和影响期间来确认企业的收支和损益。因此,能比较真实地反映企业财务状况和经营成果。

采用权责发生制作为记账基础时,要考虑收入与费用的配比。收入与费用配比是指企业在进行会计核算时,收入与其相关的成本费用应当配比,同一会计期间的各项收入与该收入相关的成本、费用,应当在该会计期间内确认。当确定某一个会计期间已经实现收入之后,就必须确定与该收入有关的已经发生了的费用,这样才能正确确定该期间的损益。如果企业销售商品实现了收入,同时应确认为取得该项销售收入付出了多少代价,即该批销售商品的制造成本。

但权责发生制也存在一定的局限性,如一个企业的利润表上显示本期净利润很高,但很可能因为资产负债表上缺乏足够的变现资金而陷入财务危机,因此,企业还需要编制以收付实现制为基础的现金流量表来弥补其不足。下面举例说明权责发生制和收付实现制的区别,如表2-1所示。

表2-1 会计记账基础例题

业务内容		举 例	权责发生制	收付实现制
收 入	本期实现本期收款的收入	8月12日,销售甲产品,货款50 000元,当日收到款项存入银行	将50 000元确认为8月份的收入	将50 000元确认为8月份的收入
	前期预收本期实现的收入	1月份一次性收讫上半年的出租厂房租金60 000元	1月份确认租金的1/6,即10 000元租金收入,其余视为1月份的预收款	1月份确认租金收入60 000元
	前期实现本期收款的收入	8月5日,收到6月份销售的乙产品货款20 000元,存入银行	20 000元确认为6月份的收入	20 000元确认为8月份的收入
费 用	本期发生本期支付的费用	3月25日,用银行存款支付本月水电费1 000元	1 000元确认为3月份的费用	1 000元确认为3月份的费用
	前期预付本期负担的费用	1月份预付上半年的财产保险费6 000元	1月份确认费用1/6,即1 000元,其余视为1月份的预付费用	1月份确认费用6 000元
	前期发生本期支付的费用	10月20日购入办公用品一批,价款8 000元,12月5日支付	8 000元确认为10月份的费用	8 000元确认为12月份的费用

可见,两种不同的处理方法,将影响到各个期间收入、费用和盈亏的确认。而由于权责发生制比较真实,合理地反映企业的财务状况和经营成果,故广泛用于经营性企业,而收付实现制处理方法相对简单,显然对各期收益的确定不够合理,主要用于行政事业单位。为了正确划分并确定各个会计期间的财务成果,《企业会计制度》规定,企业必须以权责发生制作为记账的基础。

本章小结

　　本章主要介绍了会计核算的基本前提、会计信息质量特征和会计记账基础，这三方面内容都是进行会计核算的基础。

　　会计核算的基本前提是对会计核算所处的经济环境在时间、空间范围所作的合理假定，包括会计主体、持续经营、会计分期、货币计量。会计信息质量特征是会计核算的基本规范，也是会计核算的基本要求，包括可靠性、相关性、可理解性、可比性、实质重于形式、重要性、谨慎性、及时性。会计核算的记账基础包括权责发生制和收付实现制，企业应当以权责发生制为基础进行会计计量、确认和报告。

国外财务会计概念框架

关键术语

会计基本前提 basic premise of accounting

持续经营假设 continuity going-concern

货币计量 unit-of-measure

相关性 relevant

谨慎性 conservatism

会计信息质量 accounting information quality

权责发生制 accrual basis

会计主体 accounting entity

会计分期 accounting period

可靠性 reliability

实质重于形式 substance over form

可比性 comparability

会计准则 accounting standard

收付实现制 cash basis

思考题

　　1. 什么是会计核算的基本前提？它们的具体内容是什么？

　　2. 会计信息质量特征具体包括哪些内容？

　　3. 权责发生制与收付实现制的具体内容是什么？如果一个企业同时使用这两种核算基础行不行？如果一个企业每年都采用不同的核算基础行不行？

　　4. 权责发生制与收付实现制的优缺点有哪些？

　　5. 如何划分收益性支出和资本性支出？在确认与计量中对其界限混淆对企业的损益计算有何影响？

　　6. 在会计上为什么要设定会计主体？会计主体与企业法人主体有何异同？

　　7. 什么是会计信息质量特征？它包括哪些内容？

　　8. 企业进行会计确认、计量和报告的基础是什么？

自测题

一、单项选择题

　　1. 会计核算的基本前提是（　　　）。

　　A. 会计目标　　　　B. 会计任务　　　　C. 会计职能　　　　D. 会计假定

2. 会计分期是指(　　　)。

    A. 将持续正常的生产经营活动人为地划分成一个间断、相等的期间

    B. 将持续正常的生产经营活动人为地划分成一个间断、不等的期间

    C. 将持续正常的生产经营活动人为地划分成一个连续、相等的期间

    D. 将持续正常的生产经营活动人为地划分成一个连续、不等的期间

3. 确定会计核算工作空间范围的前提条件是(　　　)。

    A. 会计主体　　　　　　　　　　B. 持续经营

    C. 会计分期　　　　　　　　　　D. 货币计量

4. "除法律、行政法规和国家统一的会计制度另有规定外,企业不得自行调整其账面价值。"该规定所遵守的会计计量属性是(　　　)。

    A. 公允价值　　　　　　　　　　B. 重置成本

    C. 可变现净值　　　　　　　　　D. 历史成本

5. 实质重于形式原则是指(　　　)。

    A. 企业应当按照交易或事项的法律形式作为会计核算的依据

    B. 企业应当按照交易或事项的人为形式作为会计核算的依据

    C. 企业应当按照交易或事项的经济实质进行核算

    D. 企业应当按照交易或事项的法律形式或人为形式进行核算

6. 对应收账款在会计期末提取坏账准备金这一做法体现的原则是(　　　)。

    A. 重要性原则　　　　　　　　　B. 可靠性原则

    C. 谨慎性原则　　　　　　　　　D. 配比性原则

7. 配比性原则是指(　　　)。

    A. 收入与产品成本相配比

    B. 收入与其相关的成本费用相配比

    C. 收入与支出相配比

    D. 收入与营销费用相配比

8. 财产物资的计价原则是(　　　)。

    A. 历史成本原则　　　　　　　　B. 权责发生制原则

    C. 收付实现制原则　　　　　　　D. 配比原则

9. 下列支出不属于收益性支出的有(　　　)。

    A. 支付当月办公费　　　　　　　B. 支付职工工资

    C. 支付固定资产的买价　　　　　D. 支付本季度房屋租金

10. 下列各项会计信息质量要求中,对相关性和可靠性起制约条件的是(　　　)。

    A. 谨慎性　　　　B. 实质重于形式　　　　C. 及时性　　　　D. 重要性

二、多项选择题

1. 会计基本假设包括(　　　)。

    A. 会计主体假设　　　　　　　　B. 持续经营假设

    C. 会计分期假设　　　　　　　　D. 货币计量假设

2. 下列事项中不属于反映会计信息质量特征的是(　　　)。

    A. 客观性　　　　B. 可比性　　　　C. 可理解性　　　　D. 历史成本

3. 权责发生制核算基础是以收付应归属期间为标准,确定本期收入和费用的处理方法,即( )。

    A. 凡是属于本期应获得的收入,不管款项是否已收到,都应作为本期收入处理

    B. 凡是属于本期应获得的收入,只有款项已经收到,才能作为本期收入处理

    C. 凡属本期应当负担的费用,不管款项是否已经付出,都应作为本期费用处理

    D. 凡属本期应当负担的费用,只有款项已经付出,才能作为本期费用处理

4. 根据谨慎性会计信息质量要求,下列说法正确的是( )。

    A. 会计核算对尚未取得的收益,不得估记入账

    B. 会计核算对可能发生的费用、损失,不得估记入账

    C. 会计核算对可能取得的收益,可以估记入账

    D. 会计核算对可能发生的费用、损失,应按国家规定估记入账

5. 历史成本计价原则的优点有( )。

    A. 交易确定的金额比较客观   B. 存货成本接近市价

    C. 有原始凭证作证明可随时查证   D. 可防止企业随意改动

    E. 会计核算手续简化,不必经常调整账目

6. 下列项目中,属于资本性支出的内容是( )。

    A. 支付当月办公费

    B. 固定资产达到预定使用状态前的利息支出

    C. 购置固定资产支出

    D. 销售产品的运费支出

7. 下列属于会计确认与计量过程中遵循的要求有( )。

    A. 划分收益性支出与资本性支出   B. 收入与费用配比

    C. 历史成本计量   D. 权责发生制

8. 下列组织中既是一个会计主体又是一个法律主体的有( )。

    A. 合营企业   B. 有限责任公司   C. 母子集团   D. 合伙企业

9. 会计信息的外部使用者包括( )。

    A. 债权人   B. 政府   C. 投资者   D. 企业管理者

10. 会计计量的属性包括( )。

    A. 历史成本   B. 重置成本   C. 可变现净值   D. 公允价值

三、判断题

1. 会计主体必然是一个法律主体,而法律主体不一定是会计主体。   ( )

2. 可靠性是指在会计核算中应尽量低估企业的资产和可能发生的损失、费用。   ( )

3. 在会计核算中没有主体的会计是不存在的。   ( )

4. 填制和审核会计凭证是会计核算的一个重要方法。   ( )

5. 货币计量为会计核算提供了必要的手段。   ( )

6. 重要性要求企业在会计确认、计量过程中对交易或事项应当区别其重要程度,采用不同的核算方式。   ( )

7. 会计分期是产生权责发生制和收付实现制等不同记账基础的前提。   ( )

8. 可理解性是指会计信息与信息使用者所要解决的问题相关联,即与使用者进行的决策

有关,并具有影响决策的能力。　　　　　　　　　　　　　　　　（　　）

9. 谨慎性要求企业允许计提秘密准备。　　　　　　　　　　　　（　　）

10. 一项信息是否可靠取决于三个因素,即真实性、可预测性和中立性。　（　　）

练习题

一、根据某企业 9 月份发生的下列经济业务确定本月收入、费用:

(1) 销售产品收到现款 1 200 元。

(2) 销售产品 12 000 元,购买单位 A 交来现款 500 元,余款暂欠。

(3) 收到购买单位 A 前欠货款 11 500 元。

(4) 收到购买单位 B 预交货款 10 000 元。

(5) 收到 C 单位交来 9—12 月仓库租金 15 000 元。

(6) 本月已销售产品的生产成本 8 000 元。

(7) 本月应缴所得税 1 600 元,未缴。

(8) 本月缴纳上月所欠办公电话费 1 000 元。

(9) 本月财产保险费 1 800 元,已缴纳 500 元,余款暂欠。

(10) 支付管理部门 10—12 月份报纸订阅费 300 元。

要求:分别按权责发生制和收付实现制确认 9 月份的收入和费用的金额。

业务号	权责发生制		收付实现制	
	收入	费用	收入	费用
(1)				
(2)				
(3)				
(4)				
(5)				
(6)				
(7)				
(8)				
(9)				
(10)				

第三章

会计要素与会计等式

学习目标

通过本章的学习,了解会计要素的定义,初步认识掌握企业的资产、负债、所有者权益、收入、费用、利润六大会计要素的定义、主要内容,掌握会计等式及其变化规律,正确理解和运用这一平衡关系,掌握会计确认和计量的定义和标准,初步了解会计报告。

导入案例

张先生准备创办一家咨询公司,自有资金 100 000 元,向银行借款 50 000 元。租了一间办公室,花费 10 000 元交付一年的租金,支付各种办公费用 6 000 元,用银行存款购入 80 000 元商品,商品全部卖出收到货款 99 000 元,货款已经存入银行。请问王先生的公司在经过这些经济活动以后是否还符合会计等式?

第一节 会计要素

一、会计要素的含义

会计对象是指会计主体所要反映和监督的内容,是社会再生产过程中的资金运动。但是,这一概念的涉及面过于广泛且比较抽象。在会计实践中,为了进行分类核算,提供各种分门别类的会计信息,就必须对会计对象的具体内容进行适当的分类。

会计要素就是对会计对象的基本分类,是会计对象的具体化,即根据会计主体所发生的交易或者事项的经济特征,对财务会计核算内容的基本分类。它是设计财务会计报告结构和内容的依据,也是进行会计确认和计量的依据。

我国《企业会计准则——基本准则》严格定义了资产、负债、所有者权益、收入、费用和利润等六大会计要素。这六大会计要素按照内容可以划分为两大类:反映会计主体财务状况的会计要素,包括资产、负债、所有者权益;反映会计主体经营成果的会计要素,包括收入、费用、利润。

二、会计要素的内容

(一) 反映企业财务状况的会计要素

1. 资产

(1) 资产的含义。

资产是指企业过去的交易或者事项形成的、企业拥有或者控制的、预期会给企业带来经济利益的资源。

这个定义决定了资产的以下几个特征：

① 必须由企业过去的交易或者事项所形成。只有过去发生的交易、事项才能增加或者减少企业的资产。不能根据谈判中的或者计划中的经济业务来确认一笔资产。例如，A 企业和 B 企业达成了交易意向，A 企业准备在下个月中旬购买一批 B 企业的某种产品。对于 A 企业而言，这笔交易尚未完成，属于未来的经济事项，不符合资产的定义，A 企业不能将这批产品作为企业的资产。

② 必须由企业拥有或者控制。拥有是指企业对某项资产拥有所有权，或者即使不能为企业所拥有，也应该是企业所能控制的。

企业拥有资产，从而就能够从资产运用中获得经济利益；有些资产虽然不为企业所拥有，但是企业能够控制并支配这些资产，同样能够从资产的使用中获得经济利益。如甲企业需要一台价值 10 万元的设备，从乙企业中以租赁方式获得，租期 2 年，并投入使用，请问该设备是否为甲企业的资产？ 租赁，是指在一定期间内，出租人将资产的使用权让与承租人以获取对价的合同。甲企业获得在使用期间内（2 年）因使用该设备所产生的几乎全部经济利益，即拥有对该设备在一定时期内（2 年）的控制权，虽然没有拥有所有权，但根据《企业会计准则第 21 号——租赁》规定，则应分别确认使用权资产和租赁负债，按照企业自有资产的管理方式，计提折旧和分摊租赁费用，记入相应的资产负债表和利润表中。

③ 预期能够为企业带来经济利益。所谓带来经济利益也就是能够在未来直接或间接流入企业的现金或现金等价物。比如货币资金可以用于购买所需要的商品或用于支付投资者的利润；购买的厂房、设备、原材料等用于生产经营过程，制造出的产品出售后收回货款，货款即为企业所获得经济利益。因此，这里的货币资金、厂房、设备、原材料都可以确认为企业的资产。

不能给企业带来未来经济利益的资源，不能确认为企业的资产，如制药企业生产的药品，属于库存商品（资产），但如果药品过期了，则不属于资产。

(2) 资产的分类。

资产可以具有实物形态，如房屋、机器设备、现金、商品、材料等，也可以不具备实物形态，如以债权形态出现的各种应收款项，以特殊权利形态出现的专利权、商标权等无形资产。

资产按其流动性可分为流动资产和非流动资产。

① 流动资产。流动资产是指在一年或者超过一年的一个营业周期（如大型造船业所制造的船舶产品，一个营业周期往往超过一年）内变现或耗用的资产，包括库存现金、银行存款、应收账款、其他应收款、预付账款、存货等。

库存现金是指存放于企业持有的现款，由出纳人员经管的货币，包括人民币和外币。主要用于支付日常的零星开支。

银行存款是指指企业存放在某一银行的货币资金。按照国家现金管理和结算制度的规定，每个企业都要在银行开立账户，用来办理存款、取款和转账结算。

应收款及预付款是指企业在日常生产经营过程中发生的各项债权，包括应收款项和预付款项。应收款项包括应收票据、应收账款和其他应收款等。

存货企业在日常活动中持有以备出售的产成品或商品、处在生产过程中的在产品、在生产过程或提供劳务过程中耗用的材料或物料等，包括原材料、低值易耗品、包装物、在产品、库存商品等。

② 非流动资产。非流动资产是指耗用或变现时间在一年或超过一年的一个营业周期以上的资产，具体包括长期股权投资、长期应收款、固定资产、在建工程、无形资产及长期待摊费用等。

长期股权投资是指通过投资取得被投资单位的股份，持有时间超过一年以上的，不能变现或不准备随时变现。企业对其他单位的股权投资的目的，是为了获得较为稳定的投资收益或被投资单位实施控制或影响。

长期应收款是指企业融资租赁产生的应收款项、具有融资性质的销售商品和提供劳务等经营活动产生的应收款项，收款期超过一年的。

固定资产是指是指企业为生产产品、提供劳务等而持有的、使用时间超过一年的，的房屋、建筑物、机器、机械、运输工具以及其他与生产经营活动有关的设备、器具、工具等。

在建工程是指企业固定资产的新建、改建、扩建，或技术改造、设备更新和大修理工程等尚未完工的工程支出。

无形资产是指企业拥有或者控制的没有实物形态的可辨认非货币性资产，包括专利权、费专利技术、商标权、土地使用权、著作权等。

长期待摊费用是用于核算企业已经支出，但摊销期限在一年以上（不含一年）的各项费用，包括固定资产修理支出、租入固定资产的改良支出以及摊销期限在一年以上的其他待摊费用。

2. 负债

（1）负债的含义。

负债是指企业过去的交易或者事项形成的、预期会导致经济利益流出企业的现时义务。

负债的具体特征如下：

① 负债是企业由过去的交易或者事项形成的现时义务。例如，A 企业上个月向银行借入一笔款项，贷款期限为半年，这项借款发生在“上个月”，表示为过去发生的事项。再如，甲企业本月月初向乙企业购进一批材料，款项尚未支付，这样甲企业就欠乙企业一笔货款，“本月月初”基于当前，也属于过去。因此，例中 A 企业和甲企业就分别形成了对银行和乙企业的一项负债。这项负债对于 A 企业和甲企业而言，是一项现时的义务——归还贷款和货款的义务。

如果 A 企业准备下个月才向银行贷款或者说甲企业仅与乙企业签订了购销合同而没有发生实质的购销活动，则对于 A 企业和甲企业来说，就不存在负债的产生，当然也就没有归还贷款和货款的义务了。因此，企业预期在将来要发生的交易或者事项可能产生的债务不能作为负债。

② 企业偿还负债会导致经济利益流出企业，且未来流出的经济利益的金额能够可靠的计量。为了清偿债务，企业往往需要在将来用资产，比如库存现金、银行存款偿还，也可以用实物资产进行偿还，或者通过提供劳务来偿还。所有这些业务都会导致企业经济利益的流出。

（2）负债的分类。

负债按照偿还期限的长短，一般分为流动负债和非流动负债。

① 流动负债。流动负债是指将在一年或者超过一年的一个营业周期内偿还的债务，包括短期借款、应付账款、预收账款、应付职工薪酬、应交税费、应付股利、其他应付款等。

短期借款是指企业根据生产经营的需要，从银行或其他金融机构借入的偿还期在一年以内的各种借款，包括生产周转借款、临时借款等。

应付及预收款项是指企业在日常生产经营过程中发生的各项债务，包括应付款项（应付账款、预收账款、应付职工薪酬、应交税费、应付股利、其他应付款等）和预收账款。

② 非流动负债。非流动负债是指偿还期在一年或者超过一年的一个营业周期以上的债务，包括长期借款、应付债券、长期应付款等。

长期借款是指企业向银行或其他金融机构借入的期限在一年以上（不含一年）或超过一年的一个营业周期以上的的各项借款。

应付债券是指企业为筹集长期资金而对外发行的期限在一年以上的长期债券。

长期应付款是指除长期借款和应付债券以外的其他各种长期应付款项，包括应付融资租入固定资产的租赁费、以分期付款方式购入固定资产等发生的应付账款等。

3. 所有者权益

（1）所有者权益的含义。

所有者权益是指企业资产扣除负债后由所有者享有的剩余权益。公司的所有者权益又称为股东权益。

所有者权益有如下具体特点：

① 所有者权益不同于负债需要偿还，除非发生减值、清算，否则企业不需要偿还所有者权益。

② 企业清算时，负债往往优先清偿，而所有者的投资只有在清偿所有的负债之后才会返还给所有者。债权人和投资者虽然对企业的资产都拥有要求权，但两者在企业中享有的权利是不同的。按照法律规定，为了保证债权人的利益不受损害，负债具有优先偿还权，如有剩余，再返还给投资者。

③ 所有者权益能够分享利润，而利润不能参与利润分配。债权人无权过问企业的生产经营，也无权参与企业的利润分配，只享有到期收回债权本金和利息的权利；而所有者不但能够参与企业的利润分配，还有权利参与企业的经营决策及其他权利。

（2）所有者权益的构成。

所有者权益按其来源可分为所有者投入的资本、直接记入所有者权益的利得和损失、留存收益等，通常由实收资本（或股本）、资本公积、其他综合收益、盈余公积和未分配利润构成。

实收资本（或股本）是指投资者按照企业章程或合同实际投入企业的资本。

资本公积也称准资本，是指归企业所有者共有的资本，主要来源于投入资本超过注册资本或股本部分的金额，即资本溢价或股本溢价。资本公积主要用于转增资本。

其他综合收益是指根据企业会计准则规定未在损益中确认的各项利得和损失扣除所得税影响后的净额。

盈余公积是指企业按照法律、法规的规定在税后利润中提取的留存收益，包括法定盈余公积金和任意盈余公积。

未分配利润是指企业留待以后年度分配的利润，这部分也属于留存收益。

（二）反映企业经营成果的会计要素

1. 收入

（1）收入的含义。

收入是指企业在日常活动中形成的、会导致所有者权益增加的、与所有者投入资本无关的经济利益的总流入，是企业销售商品、提供劳务或者让渡资产使用权等所形成的经济利益的总流入。

收入具有以下特征：

① 收入是企业在日常活动中形成的。企业的日常活动主要包括企业销售商品、提供劳务

以及让渡资产使用权、出售不需用的材料等,这些活动会导致企业收入的产生。

有些交易或事项尽管也能为企业带来经济利益,但由于不是从企业的日常活动中产生的,就不属于企业的收入,而作为利得。例如,出售固定资产、处置无形资产等所取得收益就不能作为企业的收入,应当确认为营业外收入。

② 收入可以导致所有者权益的增加。企业有收入产生,意味着资产的增加或负债的减少,或二者兼而有之,会导致企业产生利润。企业是所有者的企业,因此产生的利润也是属于所有者的,这样就会导致所有者权益的增加。

③ 收入取得的利益与所有者投入资本无关。所有者对企业投入资本可以导致企业经济利益增加。但是,这里提到的收入与所有者投入资本无关,它纯粹是指日常经营活动所产生的利益流入。

④ 收入只包括本企业经济利益的流入,不包括为第三方或客户代收的款项。

(2) 收入的分类。

收入有广义和狭义之分。我国《企业会计准则》采用的是狭义的收入。

① 广义的收入。广义的收入是指那些能导致企业经济利益流入的所有收入。广义的收入包括营业收入和营业外收入。

② 狭义的收入。狭义的收入仅指企业在销售商品、提供劳务及让渡资产使用权等日常活动中所形成的经济利益的总流入,也就是人们习惯上所指的营业收入。营业收入按照在企业盈利中的重要性,可以分为主营业务收入和其他业务收入和投资收益。

收入不包括为他人代收的款项。

主营业务收入是指企业经常性发生,主要经营业务活动中所获得的收入,如制造业的产品销售收入、服务性企业的劳务收入。

其他业务收入则是指企业主营业务以外的其他日常活动所取得的收入,如工业企业出售不需用的材料、出租包装物、对外转让无形资产使用权等。

投资收益是指企业对外投资取得的收益减去发生的投资损失后的净额。

营业外收入是指与企业生产经营活动无关的各项收入,包括固定资产处置利得、政府补助、捐赠利得、债务重组利得、罚没收入等,直接记入当期利润。

2. 费用

(1) 费用的含义。

费用是指企业在日常活动中发生的、会导致所有者权益减少的、与向所有者分配利润无关的经济利益的总流出。

费用有如下特点:

① 费用是企业日常活动中发生的经济利益的流出。这里的企业日常活动是指企业发生的销售商品、提供劳务的行为。费用与收入是相对应的概念,也可以说是企业为取得收入而付出的代价。费用是企业在日常活动中所发生的一种利益流出,表现为企业收入的一种扣除。

② 费用会导致企业所有者权益的减少。与费用相关的经济利益流出会导致企业所有者权益的减少,不会导致所有者权益减少的经济利益的流出不符合费用的定义,不应该确认为费用,如用银行存款购买原材料。

③ 费用是与向所有者分配利润无关的经济利益的总流出。费用的发生会导致企业经济利益的流出,从而导致资产的减少或者负债的增加,其表现形式包括现金或现金等价物的流

出。鉴于企业向股东分配股利,分配股利会导致经济利益流出企业,但是这种经济利益的流出,是不能作为费用的,因为它不是企业为取得收入而付出的代价。

费用也有广义与狭义之分,狭义的费用仅指为取得营业收入而发生的各种耗费。广义的费用除了包括狭义的费用外还包括直接记入当期利润损失和所得税费用。直接记入当期利润损失即营业外支出,是指与企业的生产经营活动无直接关系的各项支出,如固定资产盘亏、处置固定资产净损失、处置无形资产净损失、罚款支出、捐赠支出和非常损失等。

(2) 费用的分类。

从利润表中可以看出,费用包括两方面的内容,即成本和费用。

① 成本是指企业为生产产品或提供劳务而发生的各种耗费,如直接材料、直接人工和各种间接费用。它按照所销售商品或提供劳务在企业日常活动中所处的地位可以分为主营业务成本和其他业务成本。

主营业务成本是指与本期主营业务收入直接相关的销售商品或提供劳务所发生的成本。主营业务成本和主营业务收入是相对应的一个概念。

其他业务成本是指除主营业务活动以外的其他经营活动所发生的支出,包括销售材料、出租固定资产的累计折旧、出租包装物的成本等。

② 费用是指企业日常活动中发生的税金及附加、管理费用、销售费用、财务费用、资产减值损失等。

税金及附加是指企业经营活动中应承担的各种税费和教育费附加,包括消费税、城市维护建设税、房产税、车船使用税、印花税等。

管理费用是指企业行政管理部门为组织和管理生产经营活动所发生的各项费用,如行政管理人员的工资和福利费、行政管理部门领用的材料、管理部门的固定资产折旧费、修理费和办公费、业务招待费、咨询费、诉讼费、开办费摊销等。

销售费用是指企业在销售产品、自制半成品和提供劳务等过程中发生的各项费用,包括由企业负担包装费、运输费、装卸费、展览费、广告费、以及为销售本企业的产品而专设的销售机构的职工薪酬、福利费、差旅费、办公费、折旧费、维修费、物料消耗等经营费用。

财务费用是指企业为筹集生产经营所需资金等而发生的筹资费用,包括利息支出(减利息收入)、汇兑差额以及相关的手续费等。

3. 利润

(1) 利润的含义。

利润是指企业在一定会计期间的经营成果。利润包括收入减去费用后的净额、直接记入当期利润的利得和损失等。利润的实现,会相应地表现为资产的增加或负债的减少,其结果是所有者权益的增加。

利润有如下特点:

① 利润是企业在一定会计期间的经营成果。利润的计算是以一定的会计期间(如月度、季度或者年度)作为计算时段的。企业的产出与投入之间的对比所获得的结果也就是经营成果,就是利润。

② 利润是收入减去费用后的净额。利润在会计上可以用"收入－费用"来计算,即"利润＝收入－费用"。这个结果可以为正数,也有可能为负数,若为正数,就表示盈利;若为负数,就表示亏损。

③ 直接记入当期利润的利得和损失。利得是指由企业非日常活动所形成的、会导致所有者权益增加的、与所有者投入资本无关的经济利益的流入;损失是指由企业非日常活动所发生的、会导致所有者权益减少的、与向所有者分配利润无关的经济利益的流出。利得和损失直接记入当期利润或抵减当期利润。

(2)利润的分类。

利润主要包括营业利润、利润总额和净利润。

① 营业利润。营业利润是企业在日常活动中产生的经营成果。其计算公式如下:

$$营业利润=营业收入-营业成本-税金及附加-销售费用-管理费用-$$
$$财务费用-资产减值损失-信用减值损失+公允价值变动损益+$$
$$投资净收益+资产处置收益+其他收益。$$

② 利润总额。利润总额是指企业在一定会计期间内取得的各种经营成果的总额。其计算公式如下:

$$利润总额=营业利润+营业外收入-营业外支出$$

③ 净利润。净利润是指利润总额减去所得税费用后的金额。其计算公式如下:

$$净利润=利润总额-所得税费用$$

净利润是广义的收入与广义的费用配比后的结果。

第二节 会计等式

一、会计等式

会计等式又称为会计恒等式、会计方程式或平衡公式,是表明各会计要素之间基本关系的恒等式。会计要素是对会计对象的具体分类,每一笔经济业务的发生就是资金运动的一个具体过程,必然涉及相应的会计要素,从而使所涉及的会计要素之间存在一定的相互联系,会计要素之间的这种内在联系,可以用会计等式来表达。正确理解和运用这一平衡关系,对于加强会计日常的核算和监督,充分发挥会计的作用,有着十分重要的意义。

(一)基本会计等式

任何企业要进行生产经营,都必须拥有一定的资产,这些资产分布在企业经济活动的各个方面,有不同的表现形态,如货币资金、原材料、机器设备等。

企业运营需要的资金从哪里来呢?一部分来源于投资者(或股东)投入,形成企业的所有者权益;一部分来源于债权人,形成企业的债权人权益,即企业的负债。因此,资产、负债和所有者权益实际上是同一价值运动的两个方面,两者必然相等。从数量上看,有一定数额的资产,就相对应有一定数额的权益(包括债权人权益和所有者权益);有一定数额的权益,就有一定数额的资产。资产和权益之间的这种相互依存的关系,决定了资产总额必然等于权益总额。这一基本平衡关系可以用公式来表示:

$$资产=负债+所有者权益$$

这一会计等式是最基本的会计等式,也称会计恒等式、静态会计等式,表明某一会计主体在某一特定时点所拥有的各种资产,同时也表明了这些资产的来源关系。

任何时点,企业的所有资产,无论其处于何种状态(如库存现金、银行存款、固定资产等),都必须有相应的来源。这样,"资产=负债+所有者权益"这一等式,在任何情况下,其左右平衡的关系都不会被破坏。

基本会计等式是设置账户、复式记账及编制资产负债表等会计方法的理论依据。

但如果将企业生产经营过程中产生的收入、费用和利润考虑进去,这会计等式是否仍然保持平衡呢?

(二) 扩展的会计等式

企业从其生产经营活动中获取各种收入,同时为获取收入必然发生相应的费用。如果一定期间(如月或年)的收入大于费用,其差额为利润;反之,收入小于费用,其差额为亏损。因此,企业的收入、费用和利润之间的关系可用下面这个等式表示:

$$利润=收入-费用$$

这一等式表明企业在某一会计期间取得的经营成果,是编制利润表的理论依据。

从企业一定时期的资金运动分析,企业在经营活动中,一方面会取得收入,收入的增加表现为资产的增加,另一方面会发生相应的费用,费用的增加会带来资产的减少。收入与费用的有利差额(利润)将使企业的所有者权益增加,资产也随之增加;收入与费用的不利差额(亏损)将使企业的所有者权益减少,资产也随之减少。因此,基本的会计等式可表示为:

$$资产=负债+(所有者权益+利润),$$

或: $$资产=负债+所有者权益+(收入-费用)$$

这就是扩展的会计等式,即动态会计等式。该等式也可表示如下:

$$资产+费用=负债+所有者权益+收入$$

到了会计期末,实现的利润进行分配或亏损进行弥补后,扩展的会计等式又回到基本的会计等式,即"资产=负债+所有者权益"。

二、经济业务的发生对会计等式的影响

企业在生产经营活动中,不断发生各种经济业务,内容千差万别,但从它们引起会计要素变动的情况来看,不外乎以下几种类型,如表 3-1 所示。

表 3-1 各种经济业务的发生对会计等式的影响

经济业务	资产	=	负债	+	所有者权益	变动类型	
1	增加		增加			类型 1	同时增加
2	增加				增加		
3	减少		减少			类型 2	同时减少
4	减少				减少		

经济业务	资产	=	负债	+	所有者权益	变动类型	
5	有增有减					类型3	
6			有增有减				
7					有增有减	类型4	有增有减
8	增加		减少				
9	减少		增加				

下面根据企业经营过程中发生的经济业务类型,举例说明各种经济业务对会计等式的影响。

【例3-1】 假定某企业在20×9年年初的资产总额为376 000元,其资产和权益各项目的分布状况如表3-2所示。

表3-2 某企业资产和权益项目分布状况

资 产	金额(元)	权 益	金额(元)
库存现金	1 000	短期借款	43 000
银行存款	50 800	应付账款	57 000
应收账款	20 200	实收资本	200 000
原材料	40 000	资本公积	50 000
生产成本	20 000	盈余公积	12 000
库存商品	38 000	未分配利润	14 000
固定资产	206 000		
资产总额	376 000	权益总额	376 000

假定企业在20×9年1月份发生了以下业务:

(1)资产增加,权益等额增加。

业务1:1月2日,企业的某投资者追加投资20 000元,投资款存入银行。

这项经济业务,使企业的资产项目银行存款增加20 000元;同时使企业的所有者权益项目实收资本增加20 000元,如表3-3所示。

表3-3

业 务	资 产		负 债	所有者权益	
1月1日	376 000		100 000	276 000	
业务1	银行存款	20 000		实收资本	20 000

结果:资产总额(396 000)=负债(100 000)+所有者权益(296 000)

业务2:1月10日从银行取得为期6个月的贷款50 000元,已办妥手续,款项已划入本企业账户。

这项经济业务,使企业的资产项目银行存款增加 50 000 元;同时使企业的债权人权益,即负债项目中短期借款增加 50 000 元,如表 3-4 所示。

表 3-4

业　务	资　产		负　债		所有者权益	
1 月 1 日	376 000		100 000		276 000	
业务 1	银行存款	20 000			实收资本	20 000
业务 2	银行存款	50 000	短期借款	50 000		

结果:资产总额(446 000)=负债(150 000)+所有者权益(296 000)

(2) 资产减少,权益等额减少。

业务 3:1 月 13 日,企业以银行存款 30 000 元,归还短期借款。

这项经济业务,使企业的资产项目银行存款减少 30 000 元;同时使企业的债权人权益项目短期借款减少 30 000 元,如表 3-5 所示。

表 3-5

业　务	资　产		负　债		所有者权益	
1 月 1 日	376 000		100 000		276 000	
业务 1	银行存款	20 000			实收资本	20 000
业务 2	银行存款	50 000	短期借款	50 000		
业务 3	银行存款	-30 000	短期借款	-30 000		

结果:资产总额(416 000)=负债(120 000)+所有者权益(296 000)

业务 4:1 月 18 日,投资者撤出资本金 6 000 元,企业以银行存款支付。

这项经济业务,使企业的资产项目银行存款减少 6 000 元;同时使企业的所有者权益项目实收资本减少 6 000 元,如表 3-6 所示。

表 3-6

业　务	资　产		负　债		所有者权益	
1 月 1 日	376 000		100 000		276 000	
业务 1	银行存款	20 000			实收资本	20 000
业务 2	银行存款	50 000	短期借款	50 000		
业务 3	银行存款	-30 000	短期借款	-30 000		
业务 4	银行存款	-6 000			实收资本	-6 000

结果:资产总额(410 000)=负债(120 000)+所有者权益(290 000)

(3) 资产有关项目之间发生等额增减。

业务 5:1 月 19 日,企业因生产产品领用原材料一批,计 5 000 元。

这项经济业务,使企业的资产项目原材料减少 5 000 元,材料投入生产,转化为生产费用,使生产成本增加 5 000 元,如表 3-7 所示。

表 3-7

业 务	资 产		负 债		所有者权益	
1月1日	376 000		100 000		276 000	
业务 1	银行存款	20 000			实收资本	20 000
业务 2	银行存款	50 000	短期借款	50 000		
业务 3	银行存款	−30 000	短期借款	−30 000		
业务 4	银行存款	−6 000			实收资本	−6 000
业务 5	生产成本	5 000				
	原材料	−5 000				

结果:资产总额(410 000)=负债(120 000)+所有者权益(290 000)

(4) 权益有关项目之间发生等额增减。

业务 6:1月21日,向某银行借入短期借款 15 000 元,直接归还以前欠其他单位的货款。

这项经济业务,使企业的权益项目短期借款增加 15 000 元,用以归还以前欠其他单位的货款,从而使应付账款减少 15 000 元,如表 3-8 所示。

表 3-8

业 务	资 产		负 债		所有者权益	
1月1日	376 000		100 000		276 000	
业务 1	银行存款	20 000			实收资本	20 000
业务 2	银行存款	50 000	短期借款	50 000		
业务 3	银行存款	−30 000	短期借款	−30 000		
业务 4	银行存款	−6 000			实收资本	−6 000
业务 5	生产成本	5 000				
	原材料	−5 000				
业务 6			应付账款	−15 000		
			短期借款	15 000		

结果:资产总额(410 000)=负债(120 000)+所有者权益(290 000)

业务 7:1月23日,经董事会研究决定,将资本公积 20 000 元转增资本。

这项经济业务,使企业的所有者权益项目实收资本增加 20 000 元,资本公积减少 20 000 元,如表 3-9 所示。

表 3 - 9

业 务	资 产		负 债		所有者权益	
1月1日	376 000		100 000		276 000	
业务 1	银行存款	20 000			实收资本	20 000
业务 2	银行存款	50 000	短期借款	50 000		
业务 3	银行存款	−30 000	短期借款	−30 000		
业务 4	银行存款	−6 000			实收资本	−6 000
业务 5	生产成本	5 000				
	原材料	−5 000				
业务 6			应付账款	−5 000		
			短期借款	5 000		
业务 7					资本公积	−20 000
					实收资本	20 000

结果:资产总额(410 000)=负债(120 000)+所有者权益(290 000)

业务 8:1 月 25 日,经董事会决定,派发现金股利 5 000 元,尚未支付。

这项经济业务,使企业的负债项目的应付股利增加 5 000 元,所有者权益项目未分配利润减少 5 000 元,如表 3 - 10 所示。

表 3 - 10

业 务	资 产		负 债		所有者权益	
1月1日	376 000		100 000		276 000	
业务 1	银行存款	20 000			实收资本	20 000
业务 2	银行存款	50 000	短期借款	50 000		
业务 3	银行存款	−30 000	短期借款	−30 000		
业务 4	银行存款	−6 000			实收资本	−6 000
业务 5	生产成本	5 000				
	原材料	−5 000				
业务 6			应付账款	−5 000		
			短期借款	5 000		
业务 7					资本公积	−20 000
					实收资本	20 000
业务 8			应付股利	5 000	未分配利润	−5 000

结果:资产总额(410 000)=负债(125 000)+所有者权益(285 000)

业务 9:1 月 28 日,经与材料供应商甲公司协商,同意将所欠的材料款 40 000 元转为对本公司的投资。

这项经济业务,使企业的所有者权益项目实收资本增加 40 000 元,负债项目应付账款减少 40 000 元,如表 3-11 所示。

表 3-11

业　务	资　产		负　债		所有者权益	
1月1日	376 000		100 000		276 000	
业务1	银行存款	20 000			实收资本	20 000
业务2	银行存款	50 000	短期借款	50 000		
业务3	银行存款	−30 000	短期借款	−30 000		
业务4	银行存款	−6 000			实收资本	−6 000
业务5	生产成本	5 000				
	原材料	−5 000				
业务6			应付账款	−15 000		
			短期借款	15 000		
业务7					资本公积	−20 000
					实收资本	20 000
业务8			应付股利	5 000	未分配利润	−5 000
业务9			应付账款	−40 000	实收资本	40 000

结果:资产总额(410 000)=负债(85 000)+所有者权益(325 000)

通过上面的业务分析,我们发现企业经济业务的发生,资金运动的变化,会引起资产和权益(包括负债和所有者权益)不断地发生增减变动。但是,不论发生怎样的变化,都不会破坏会计恒等式等号两边资产和权益项目的平衡关系,会计等式依然恒等。

以上各经济业务所引起的资产和权益增减变动的情况见表 3-12。

表 3-12 资产和权益增减变动情况

资　产	初始金额	增加额	减少额	变动后的金额	权　益	初始金额	增加额	减少额	变动后的金额
库存现金	1 000			1 000	短期借款	43 000	② 50 000 ⑥ 15 000	③ 30 000	68 000
银行存款	50 800	① 20 000 ② 50 000	③ 30 000 ④ 6 000	84 000	应付账款	57 000		⑥ 15 000 ⑨ 40 000	2 000
应收账款	20 200			20 200	应付股利			⑧ 5 000	5 000
原材料	40 000		⑤ 5 000	35 000	实收资本	200 000	① 20 000 ⑦ 20 000 ⑨ 40 000	④ 6 000	284 000
生产成本	20 000	⑤ 5 000		25 000	资本公积	50 000		⑦ 20 000	30 000
库存商品	38 000			38 000	盈余公积	12 000			12 000
固定资产	206 000			206 000	未分配利润	14 000		⑧ 5 000	9 000
资产总额	376 000	75 000	41 000	410 000	权益总额	376 000	150 000	116 000	410 000

以上 9 项经济业务,代表了企业资金运动引起资产和权益增减变化的四种类型。其中1、2 两种类型引起会计等式两边等额同增或等额同减;3、4 两种类型引起会计等式某一边的等额增减。不论发生何种经济业务,在任何时点上"资产＝负债＋所有者权益"这个会计等式都成立。

第三节 会计要素确认、计量和报告

一、会计要素确认

(一) 会计要素确认的标准

会计确认是指将某一会计事项作为资产、负债、所有者权益、收入、费用或利润等会计要素正式加以记录和列入报表的过程。会计确认主要解决的是:某一业务是否符合会计要素的定义、业务应在何时进行确认、确认的金额及在报表的列示方式。它包括在会计记录中的初始确认和在会计报告中的再确认。

我国《企业会计准则——基本准则》明确会计要素的确认条件如下。

1. 初始确认条件

初始确认是对交易或事项进行正式的会计记录的行为,关注的是企业发生的交易或事项是否应该被记录,应在何时、以多少金额、通过哪些会计要素在会计账簿中予以记录的问题。

(1) 可定义性,即符合某个会计要素的定义,即被确认的项目应符合财务报表某一要素的定义,其中尤为重要是确定与该项目有关的未来经济利益将会流入或流出企业。

(2) 可计量性,即确认的项目能够以货币为计量单位进行计量,有关的价值及流入流出的经济利益能够可行地计量。

(3) 相关性,即确认的项必须与会计报表使用者的决策有关。

(4) 可靠性,即确认的项目纳入会计系统的信息是真实可靠可核实的。

2. 再确认的条件

再确认是指从会计账簿的会计信息到财务报告信息,是财务会计加工信息的第二阶段,再确认的主要任务是编制和分析财务报表。资产、负债、所有者权益在资产负债表中列示,收入、费用、利润在利润表中列示。

根据《企业会计准则——基本准则》规定,在报表中列示的条件是:符合会计要素的定义和要素确认条件的项目,才能在报表中列示,如果仅符合会计要素定义但不符合会计要素确认条件的,不能再报表中列示。

(二) 会计要素的确认

根据《企业会计准则——基本准则》(2014 年修订),六大会计要素确认标准如下。

1. 资产的确认

我国《企业会计准则》规定:凡是符合资产定义并且满足以下两个条件的资源,均可以确认为是属于该企业的资产:① 与该资源有关的经济利益很可能流入企业;② 该资源的成本或者价值能够可靠地计量。

会计准则改革

《企业会计准则——基本准则》第二十二条规定:符合资产定义和资产确认条件的项目,应当列入资产负债表;符合资产定义、但不符合资产确认条件的项目,不应当列入资产负债表。

2. 负债的确认

我国《企业会计准则》规定:凡符合本准则规定之负债定义的义务、在同时满足以下条件时,应该确认为该企业的负债:① 与该义务有关的经济利益很可能流出企业;② 未来流出的经济利益的金额能够可靠地计量。

《企业会计准则——基本准则》第二十五条规定:符合负债定义和负债确认条件的项目,应当列入资产负债表;符合负债定义、但不符合负债确认条件的项目,不应当列入资产负债表。

3. 所有者权益的确认

根据所有者权益的定义,所有者权益就是所有者在企业资产中享有的经济利益,也就是企业的所有者对企业净资产享有所有权。净资产就是资产总额减去负债以后的余额,它不能像资产、负债那样可以单独确认,其确认须依附于资产、负债的确认,资产、负债的确认标准即为所有者权益的确认标准。

4. 收入的确认

我国《企业会计准则》规定:除了符合收入的基本定义以外,还必须满足下面两个条件才能够确认为收入:① 该经济利益很可能流入企业,从而导致企业资产增加或者负债减少;② 经济利益的流入额能够可靠计量。

由于收入确认是个复杂的问题,本教材只针对收入的确认标准和确认步骤做简单的说明。

(1) 收入确认标准。

《企业会计准则第 14 号——收入》(2017 年修订)第四条规定:企业应当在履行了合同中的履约义务,即在客户取得相关商品控制权时确认收入。取得相关商品控制权,是指能够主导该商品的使用并从中获得几乎全部的经济利益。

(2) 收入确认五步法。

第一步:识别与客户订立的合同。企业与客户之间的合同需要同时满足以下条件:

① 合同各方已经批准该合同,并且承诺履行。说明有执行下去的意愿的。

② 该合同明确了双方的权利与义务。

③ 支付条款明确。

④ 具有商业实质,即履行该合同将会改变企业未来现金流风险、时间分布和金额。

⑤ 因转让商品获取的对价很可能收回。

例如,企业购买一设备,购买时最重要的是签订合同。合同中会明确合同双方及卖方公司将要提供的服务,这是收入确认的第一步"识别与客户订立的合同"。

第二步:识别合同中的单项履约义务。

履约义务,是指合同中企业向客户转让可明确区分商品的承诺。例如,上述合同约定:公司在提供设备之后会提供初始安装及调试以及后续一年的服务费,其中:购买设备价款 100 万元,初始安装及调试服务价款 1 万元,后续一年的服务价款 1 万元。

第三步:确定交易价格。

如上述合同,确定的交易价格为 102 万元。

第四步:将交易价格分摊到各单项履约义务。

如上述合同约定,识别出来的单项履约义务有三个:第一,购买的设备产品交易价格 100

万元;第二,初始安装及调试服务价格1万元;第三,后续一年设备服务价格1万元。

第五,履行每一单项履约义务时确认收入。

如上述合同,分别为:第一,销售设备产品时确认收入100万元;第二,完成初始安装及调试服务后确认收入1万元;第三,完成后续一年服务后确认收入1万元。

5. 费用的确认

我国《企业会计准则》规定:除了符合费用的基本定义以外,还必须满足下面两个条件才能够确认为费用:① 该经济利益很可能流出企业,从而导致企业资产减少或者负债增加;② 经济利益的流出额能够可靠计量。

6. 利润的确认

利润是企业的各项收入抵减各项耗费后的余额。利润也不能像收入、费用那样单独确认,它的确认只能依附于一定期间的收入和费用的确认,收入、费用的确认标准,即为利润的确认标准。

二、会计要素计量

会计计量是根据被计量对象的计量属性,选择运用一定的计量基础和计量单位,确定应记录项目金额的会计处理过程。

计量属性是指所要计量的某一要素的特性,如长度、重量、高度等。从会计角度,计量属性反映的是会计要素金额的确定基础。我国《企业会计准则》第四十一条明确规定:企业在将符合确认条件的会计要素登记入账并列报于会计报表及其附注时,应当按照规定的会计计量属性进行计量,确定其金额。

会计计量属性主要包括历史成本、重置成本、可变现净值、现值和公允价值五种。

(一) 历史成本

历史成本是指按照形成某项会计要素时所付出的实际成本。在历史成本计量下,资产按照购置时支付的现金或者现金等价物的金额,或者按照购置资产时所付出的对价的公允价值计量。负债按照因承担现时义务而实际收到的款项或者资产的金额,或者承担现时义务的合同金额、或者按照日常活动中为偿还负债预期需要支付的现金或者现金等价物的金额计量。

(二) 重置成本

重置成本也称现行成本,是指按照当前市场价格条件,重新取得同样一项资产所需支付的现金或现金等价物的金额。在重置成本计量下,资产按照现在购买相同或者相似资产所需支付的现金或者现金等价物的金额计量。负债按照现在偿付该项债务所需支付的现金或者现金等价物的金额计量。

(三) 可变现净值

可变现净值也称可收回金额,是指在正常生产经营过程中以预计售价减去进一步加工成本和销售所必需的预计税金、费用后的净值。在可变现净值计量下,资产按照其正常对外销售所能收到现金或者现金等价物的金额扣减该资产至完工时估计将要发生的成本、估计的销售费用以及相关税费后的金额计量。

(四) 现值

现值是指对未来现金流量以恰当的折现率进行折现后的价值,是充分考虑货币时间价值因素的一种计量属性。在现值计量下,资产按照预计从其持续使用和最终处置中所产生的未来净现金流入量的折现金额计量。负债按照预计期限内需要偿还的未来净现金流出量的折现金额计量。

(五) 公允价值

公允价值,是指市场参与者在计量日发生的有序交易中,出售一项资产所能收到或者转移一项负债所需支付的价格。有序交易,是指在计量日前一段时期内相关资产或负债具有惯常市场活动的交易。清算等被迫交易不属于有序交易。主要市场,是指相关资产或负债交易量最大和交易活跃程度最高的市场。《企业会计准则第 39 号——公允价值计量》(2014 年修订)第十四条规定:企业以公允价值计量相关资产或负债,应当采用市场参与者在对该资产或负债定价时为实现其经济利益最大化所使用的假设。

企业在对会计要素进行计量时,一般应当采用历史成本。采用重置成本、可变现净值、现值、公允价值计量的,应当保证所确定的会计要素金额能够取得并可靠计量。

三、会计报告

会计报告是指企业对外提供的反映企业某一特定时期的财务状况和某一会计期间的经营成果、现金流量等会计信息的文件。

根据《企业会计准则——基本准则》(2014 年修订)的规定,会计信息披露的内容如下:

(1) 符合资产定义和资产确认条件的项目,应当列入资产负债表;符合资产定义,但不符合资产确认条件的项目,不应当列入资产负债表。

(2) 符合负债定义和负债确认条件的项目,应当列入资产负债表;符合负债定义,但不符合负债确认条件的项目,不应当列入资产负债表。

(3) 所有者权益项目应当列入资产负债表。

(4) 符合收入定义和收入确认条件的项目,应当列入利润表。

(5) 符合费用定义和费用确认条件的项目,应当列入利润表。

(6) 利润项目应当列入利润表。

案 例

[案例 3-1] 王先生创办了一家生产运动鞋的工厂,会计人员建议要依照国家会计制度严格建账,核算制度要完整。王先生不以为然地说:"没有那个必要。我这个企业过去就是开了一个应收款项记录本、一个应付款项记录本,不是也一样赚了钱吗? 隔壁那些会计核算很规范的企业,效益还没有我们企业好。没有必要建立完整的核算制度。"请谈谈你的观点。

[案例 3-2] 光大公司与银行达成了 3 个月后从该银行贷款 50 万元的意向书。请问该交易为什么不构成企业的负债?

本章小结

本章主要介绍了会计六要素的分类及内容、六要素之间的相互关系及会计计量属性。会计要素包括资产、负债、所有者权益、收入、费用和利润;会计要素之间不是相互独立的,而是存在一定的数量关系,最基本的关系表现为:资产=负债+所有者权益,即会计恒等式;四种类型经济业务的发生对会计等式的影响。

关键术语

会计要素 accounting elements　　　会计等式 accounting equation

会计确认 accounting recognition　　会计报告 accounting reports

历史成本 historical cost　　　　　重置成本 replacement cost

可变现净值 net realizable value　　现值 current value

公允价值 fair value

思考题

1. 会计有哪六个要素？各会计要素有哪些特征？它们之间存在什么样的关系？

2. 会计等式的含义？会计等式的基本公式是什么？它反映了什么关系？

3. 会计要素的计量属性有哪些？企业在对会计要素进行计量时，一般应当采用哪个计量属性？

4. 收入和费用的发生对资产、负债及所有者权益会产生哪些影响？

5. 负债与所有者权益有哪些区别与联系？

自测题

一、单项选择题

1. 下列经济业务中，会引起资产与负债同时增加的业务是（　　）。

　　A. 从银行提取现金　　　　　　　B. 从银行取得短期借款

　　C. 用银行存款偿还应付货款　　　D. 接受投资人的投资

2. 会计要素中的资产、负债和所有者权益是企业财务状况的（　　）。

　　A. 动态反映　　　B. 直接反映　　　C. 静态反映　　　D. 一般反映

3. 广义的权益一般包括（　　）。

　　A. 资产和所有者权益　　　　　　B. 资产和债权人权益

　　C. 所有者权益　　　　　　　　　D. 债权人权益和所有者权益

4. 下列项目中属于负债内容的是（　　）。

　　A. 预付账款　　　B. 预收账款　　　C. 实收资本　　　D. 投资收益

5. 未分配利润属于会计要素中（　　）要素。

　　A. 负债　　　　　B. 所有者权益　　C. 收入　　　　　D. 利润

6. （　　）既反映了会计对象要素间的基本数量关系，同时也是复式记账法的理论依据。

　　A. 会计科目　　　B. 会计等式　　　C. 记账符号　　　D. 账户

7. 对于在合同中规定了买方有权退货条款的销售，如无法合理确定退货的可能性，则符合商品销售收入确认条件的时点是（　　）。

　　A. 发出商品时　　　　　　　　　B. 收到货款时

　　C. 签订合同时　　　　　　　　　D. 买方正式接受商品或退货期满时

8. 一个企业的资产总额与权益总额(　　)。

　　A. 必然相等　　　　　　　　　　B. 有时相等

　　C. 不会相等　　　　　　　　　　D. 只有在期末时相等

9. 一项资产增加,一项负债增加的经济业务发生后,都会使资产与权益原来的总额(　　)。

　　A. 发生同增的变动　　　　　　　B. 发生同减的变动

　　C. 不会变动　　　　　　　　　　D. 发生不等额的变动

10. 某企业刚刚建立时,权益总额为 90 万元,现发生一笔以银行存款 20 万元偿还银行借款的经济业务,此时,该企业的资产总额为(　　)。

　　A. 80 万元　　　　B. 90 万元　　　　C. 100 万元　　　　D. 70 万元

二、多项选择题

1. 下列公式中,属于会计等式的是(　　)。

　　A. 资产－负债＝所有者权益

　　B. 收入－费用＝利润

　　C. 本期借方发生额＝本期贷方发生额

　　D. 期末余额＝期初余额＋本期增加额－本期减少额

2. 下列只能引起资产内部项目发生增减变动的经济业务有(　　)。

　　A. 将现金 2 000 元存入银行

　　B. 用银行存款 15 000 元购入一辆汽车

　　C. 从银行取得短期借款 200 000 元存入银行

　　D. 接受某外商投入人民币 50 000 元存入银行

3. 下列说法正确的有(　　)。

　　A. 过去的交易或事项形成的现时义务可以确认为负债

　　B. 未来的交易或事项形成的义务可以确认为负债

　　C. 未来的交易或事项形成的义务不应当确认为负债

　　D. 企业的负债都是企业的现时义务

4. 企业的收入具体可表现为(　　)。

　　A. 资产的增加

　　B. 负债的减少

　　C. 部分资产的增加和部分负债的减少

　　D. 负债的增加

5. 影响会计等式总额发生变化的经济业务是(　　)。

　　A. 以银行存款 50 000 元购买材料

　　B. 结转完工产品成本 40 000 元

　　C. 购买机器设备 20 000 元,货款未付

　　D. 收回客户所欠的货款 30 000 元

6. 属于引起会计等式左右两边会计要素变动的经济业务有(　　)。

　　A. 收到某单位前欠货款 10 万元存入银行

　　B. 利润分配未支付 5 万元

　　C. 收到某单位投资款 100 万元

　　D. 以银行存款偿还前欠货款 20 万元

　　E. 购买材料 5 000 元以银行存款支付

7. 所有者权益与负债有着本质的不同,即( )。

　　A. 两者偿还期不同 　　　　　　　　B. 两者对企业资产有要求权的先后顺序不同

　　C. 两者享受的权利不同 　　　　　　D. 两者风险程度不同

8. 企业费用具体表现为一定期间( )。

　　A. 现金或银行存款的流出 　　　　　B. 企业其他资产的减少

　　C. 企业负债的减少 　　　　　　　　D. 企业负债的增加

9. 企业日常经营活动中取得的收入包括( )。

　　A. 出售固定资产的收入 　　　　　　B. 销售产品的收入

　　C. 提供劳务的收入 　　　　　　　　D. 出租固定资产的租金收入

10. 下列各项中,属于与收入确认有关的步骤的有( )。

　　A. 识别与客户订立的合同 　　　　　B. 识别合同中的单项履约义务

　　C. 将交易价格分摊至各单项履约义务 D. 履行各单项履约义务时确认收入

三、判断题

1. 无论企业发生怎样的经济业务,都不会破坏资产与权益的平衡关系。　　　　　( )

2. 制造费用属于期间费用,应记入当期损益。　　　　　　　　　　　　　　　　( )

3. 资产是一种经济资源,具体表现为具有各种实物形态的财产。　　　　　　　　( )

4. 企业与供应单位签订了 100 000 元的购货合同,因此可确认企业资产和负债同时增加 10 万元。　　　　　　　　　　　　　　　　　　　　　　　　　　　　　　　　( )

5. 企业的资产来源于所有者和债权人,所有者和债权人都同时有权要求企业偿还他们所提供的资产。　　　　　　　　　　　　　　　　　　　　　　　　　　　　　　　( )

6. 主营业务收入和营业外收入均属于收入。　　　　　　　　　　　　　　　　　( )

7. 会计要素中既有反映财务状况的要素,又有反映经营成果的要素。　　　　　　( )

8. 资产只有与权益项目一一对应,才能保持数量上的平衡。　　　　　　　　　　( )

9. 费用就是成本。　　　　　　　　　　　　　　　　　　　　　　　　　　　　( )

10. 对于某一会计主体来说,收入必然表现为一定时间内的现金流入,费用必然表现为一定时间内的现金流出。　　　　　　　　　　　　　　　　　　　　　　　　　( )

练习题

一、判断下面的经济业务内容分别属于哪个会计要素,请在对应的栏目内打"√"

序　号	经济业务	资　产	负　债	所有者权益	收　入	费　用	利　润
1	银行里的存款						
2	仓库中的待售产品						
3	职工的工资						

序 号	经济业务	资 产	负 债	所有者权益	收 入	费 用	利 润
4	银行借入的长期借款						
5	尚未缴纳的税金						
6	企业收到的投入资本						
7	向银行借入半年期的借款						
8	仓库里存放的原材料						
9	应付外单位货款						
10	企业的房屋及建筑物						
11	应收外单位货款						
12	正在加工中的产品						
13	尚未分配的利润						
14	对外长期投资						
15	企业销售产品的收入						
16	销售产品发生的广告费						
17	本年实现的净利润						
18	发生的借款利息费用						

二、目的:练习会计要素之间的相互关系。

资料:

假设某企业 20×9 年 12 月 31 日的资产、负债和所有者权益的状况如下表所示:

资 产	金 额	负债及所有者权益	金 额
库存现金	1 000	短期借款	10 000
银行存款	26 000	应付账款	32 000
应收账款	35 000	应交税费	9 000
原材料	52 000	长期借款	B
长期股权投资	A	实收资本	230 000
固定资产	200 000	资本公积	23 000
合 计	385 000	合 计	C

要求:

根据上表回答:

1. 表中应填的数据为:

A. _____ B. _____ C. _____

2. 计算该企业的流动资产总额。

3. 计算该企业的负债总额。

4. 计算该企业的净资产总额。

三、目的：掌握经济业务的类型及其对会计等式的影响。

资料：

海通公司 20×9 年 7 月 31 日的资产负债表显示资产总计 375 000 元,负债总计 112 000 元,该公司 20×9 年 8 月份发生如下经济业务：

(1) 用银行存款购入全新机器一台,价值 60 000 元。

(2) 投资者投入原材料,价值 50 000 元。

(3) 以银行存款偿还所欠供应单位账款 8 000 元。

(4) 收到购货单位所欠账款 10 000 元,收存银行。

(5) 将一笔长期负债 80 000 元转化为对企业的投资。

(6) 按规定将 20 000 元资本公积金转增资本金。

要求：

1. 根据 8 月份发生的经济业务,分析说明引起会计要素情况的影响。

2. 计算 8 月末海通公司的资产总额、负债总额和所有者权益总额。

四、京海公司有下列各项资料：

(1) 20×9 年度实现收入 480 000 元。

(2) 20×9 年 12 月 31 日负债总额 500 000 元。

(3) 20×9 年度投资者张三追加投资 80 000 元。

(4) 20×9 年度投资者李四撤回投资 100 000 元。

(5) 20×9 年 1 月 1 日所有者权益 540 000 元。

(6) 20×9 年 12 月 31 日所有者权益 700 000 元。

要求：

1. 计算 20×9 年 12 月 31 日的资产总额。

2. 计算 20×9 年度实现的利润。

3. 计算 20×9 年度的费用总额。

第四章

会计账户与复式记账

学习目标

本章主要阐述会计科目、账户和复式记账法的基本概念和基本理论。

通过本章的学习,了解会计科目的作用和设置原则、复式记账法的种类;熟悉会计科目和账户的概念及两者之间的关系;掌握会计账户的内容和结构、复式记账法的原理及其点、借贷记账法的记账规则,并能结合简单经济业务加以初步运用;掌握总分类账户与明细分类账的平行登记的要点和方法。

导入案例

王先生开设了一家公司,投资 100 000 元,因为公司业务较少,再加上为了减少办公费用,他决定不请会计,自己记账。20×7 年年末设立时没有发生业务,除了记录银行存款 100 000 元之外,没有其他项目记录。20×8 年支付了各种办公费 28 000 元,取得收入 88 000 元,购置了计算机等设备 20 000 元,房屋租金 15 000 元,支付工资 25 000 元,王先生只是记了银行存款日记账,企业现在的账面余额是 100 000 元。他认为没有赚钱所以没有缴税,20×9 年 1 月 15 日税务局检查认为该公司账目混乱,有偷税嫌疑。请问你如何看待这件事? 王先生在什么地方错了? 应该如何改进?

第一节 会计科目与账户

一、会计科目

(一) 会计科目的概念

会计要素是对会计对象的基本分类,但会计要素的内容是多种多样、错综复杂的,仅划分为六个会计要素显得过于粗略,难以满足各相关方对会计信息的需要。因而有必要将会计要素做进一步划分,即设置会计科目。

会计科目是对会计要素的具体内容进行科学分类的项目,也就是按照经济内容对各项会计要素所做的进一步分类,是事先规定分类核算的项目和标志的一种专门方法。例如,为了核算和监督企业各项资产的增减变动情况,需要设置"库存现金""银行存款""应收票据""应收账款""预付账款""原材料""固定资产"等会计科目;为了核算和监督企业的负债和所有者权益的增减变动情况,需要设置"短期借款""应付账款""应付票据""应付职工薪酬""长期借款"和"实收资本""资本公积""盈余公积"等会计科目;为了核算和监督企业的收入、费用和利润及其分配的增减变动情况,需要设置"主营业务收入""主营业务成本""销售费用""管理费用"和"本年利润""利润分配"等会计科目。

会计科目的设置是会计核算和管理的基础。利用会计科目不仅可以分类反映企业的资金运动,而且会计科目还是组织会计核算、设置会计账户和进行账务处理的依据和手段,所以会计科目的设置必须遵循一定的原则。

(二) 会计科目的设置原则

各单位应根据《企业会计准则》中的统一规定为基准设置和使用会计科目。在不影响企业的会计核算、报表汇总及对外提供统一报表的前提下,企业可自行增设、减少、合并一些会计科目。设置会计科目,企业应遵循以下几点原则。

1. 全面、系统反映会计要素的内容和特点

会计科目作为对会计要素的具体内容进行进一步分类的项目,其设置应该能够全面、系统地反映各项会计要素的内容,不能有任何遗漏。同时,企业在设置会计科目时,一定要结合其所处的行业和自身生产经营的特点进行相应的设置。例如,制造业企业的主要经营活动是制造产品,因此必须要设置核算产品成本的"生产成本""制造费用""库存商品"等科目,商品流通企业的主要经营业务是购销商品,需要设置"库存商品"和"商品进销差价"等科目进行核算,不需设置"生产成本"科目。

2. 满足各方会计信息使用者的需要

会计核算的基本目标是为有关各方提供相关有用的会计信息。不同的信息使用者对企业提供会计信息的要求不同,所以,在设置会计科目时,必须充分考虑各方面对企业财务状况、经营成果和现金流量信息的需求,并根据需要数据的详细程度,分设总分类科目和明细分类科目。总分类科目提供总括性信息,如"固定资产""实收资本"等科目,满足对外报告的需要;明细分类科目是对总分类科目的进一步分类,如在"原材料"总分类科目下按照材料的类别再设置,满足内部管理经营管理的需要。

3. 能够适应经济业务发展的同时,保持相对稳定

会计科目的设置,要适应经济环境的变化和本单位业务发展的需要,随着会计准则和会计业务的发展而进行适当调整。例如,随着证券市场的发展,企业持有金融工具的增多,要求企业根据持有目的的不同,将所持有的其他单位发行的股票或债券划分为"交易性金融资产""债券投资""其他债券投资""长期股权投资"等分别予以核算,以提高会计信息的有用性。

但是,为使企业提供的会计信息具有可比性,要求企业会计科目的设置应尽可能保持稳定,以便于在一定范围内综合汇总和在不同时期对比分析其所提供的核算指标。

4. 统一性和灵活性相结合

统一性是指在设置会计科目时,要按照企业会计准则对一些科目的设置及其核算内容所做的统一规定,保证会计核算指标核算口径一致,相互可比。我国《企业会计准则·应用指南》的附录部分有统一的"会计科目和主要账务处理"的规定,有助于企业会计科目的设置。

灵活性是指在保证提供统一核算指标的前提下,各个单位根据自身的实际情况和经济管理要求,灵活地设置一些满足本企业特色和管理要求的会计科目。《企业会计准则·应用指南》附录部分"会计科目和主要账务处理"中规定:"企业在不违反会计准则中确认、计量和报告规定的前提下,可以根据本单位的实际情况自行增设、分拆、合并会计科目。企业不存在的交易或者事项,可不设置相关会计科目。对于明细科目,企业可以比照本附录中的规定自行设置。"例如,在途材料按实际成本核算收发的企业,可以不设置"材料采购"和"材料成本差异"科目。因为"材料采购"科目核算企业采用计划成本进行材料日常核算而购入材料的采购成本,而采用实际成本进行材料日常核算的企业,购入材料的采购成本,则通过"在途物资"科目核算。

5. 会计科目名称规范,简明适用

每一个会计科目都是对会计要素分类核算的具体项目,都有其特定的核算内容。在确定会计科目时,既要对每一个会计科目核算的具体内容严格地、明确地界定,又要力求会计科目的名称含义准确、简明适用、通俗易懂,如"库存现金""银行存款"等科目。

(三)会计科目的分类

会计科目是对会计要素所作的进一步分类的项目,各会计科目并非彼此独立,而是相互联系,并组成一个完整的会计科目体系。为了准确把握和使用各会计科目,可以将会计科目按不同的标准进行适当的分类。

1. 会计科目按经济内容分类

会计科目按其经济内容进行分类,也就是按照会计对象的具体内容进行分类。会计科目按经济内容的不同,可以划分为资产类科目、负债类科目、所有者权益类科目、损益类科目和成本类科目五大类。

(1)资产类科目反映的是企业拥有或控制的全部资产的状况,包括"库存现金""银行存款""应收账款""原材料""库存商品""长期股权投资""固定资产""无形资产"等科目。

(2)负债类科目反映的是企业承担的未来需要偿还的各种负债的状况,包括"短期借款""应付账款""应付职工薪酬""应交税费""应付股利""长期借款""应付债券"等科目。

(3)所有者权益类科目反映的是企业所有者权益的状况,包括"实收资本""资本公积""盈余公积"等科目。

(4)损益类科目反映的是企业生产经营过程中取得的各种收入和各种耗费的状况,包括"主营业务收入""其他业务收入""主营业务成本""税金及附加""销售费用""管理费用""财务费用""资产减值损失"等科目。

(5)成本类科目是用来反映企业产品生产成本和提供劳务成本的状况,包括"生产成本""制造费用""劳务成本"等科目。

2. 会计科目按提供指标的详细程度分类

会计科目按提供指标的详细程度及其统驭关系不同,可分为总分类科目和明细分类科目。

(1)总分类科目。总分类科目,也称总账科目或一级科目,是对会计要素具体内容进行总括分类,用以提供总括核算指标的会计科目。总分类科目原则上由国家财政部统一制定,我国《企业会计准则·应用指南》中对企业应设置的总分类科目进行了规范和设定,见表4-1。

表4-1 常用会计科目名称及编号

编 号	会计科目名称	编 号	会计科目名称
	一、资产类	1012	其他货币资金
1001	库存现金	1101	交易性金融资产
1002	银行存款	1121	应收票据

编 号	会计科目名称	编 号	会计科目名称
1122	应收账款	1701	无形资产
1123	预付账款	1702	累计摊销
1131	应收股利	1703	无形资产减值准备
1132	应收利息	1711	商誉
1221	其他应收款	1801	长期待摊费用
1231	坏账准备	1811	递延所得税资产
1321	代理业务资产	1901	待处理财产损溢
1401	材料采购		二、负债类
1402	在途物资	2001	短期借款
1403	原材料	2101	交易性金融负债
1404	材料成本差异	2201	应付票据
1405	库存商品	2202	应付账款
1406	发出商品	2203	预收账款
1407	商品进销差价	2211	应付职工薪酬
1408	委托加工物资	2221	应交税费
1411	周转材料	2231	应付利息
1471	存货跌价准备	2232	应付股利
1505	债券投资	2241	其他应付款
1507	其他债权投资	2314	代理业务负债
1511	长期股权投资	2401	递延收益
1512	长期股权投资减值准备	2501	长期借款
1521	投资性房地产	2502	应付债券
1528	其他权益工具投资	2701	长期应付款
1531	长期应收款	2702	未确认融资费用
1532	未实现融资收益	2711	专项应付款
1601	固定资产	2801	预计负债
1602	累计折旧	2901	递延所得税负债
1603	固定资产减值准备		三、共同类
1604	在建工程	3101	衍生工具
1605	工程物资	3201	套期工具
1606	固定资产清理	3202	被套期项目

编 号	会计科目名称	编 号	会计科目名称
	四、所有者权益类	6051	其他业务收入
4001	实收资本（或股本）	6101	公允价值变动损益
4002	资本公积	6111	投资收益
4101	盈余公积	6301	营业外收入
4103	本年利润	6401	主营业务成本
4104	利润分配	6402	其他业务成本
4201	库存股	6403	税金及附加
	五、成本类	6601	销售费用
5001	生产成本	6602	管理费用
5101	制造费用	6603	财务费用
5201	劳务成本	6701	资产减值损失
5301	研发支出	6711	营业外支出
	六、损益类	6801	所得税费用
6001	主营业务收入	6901	以前年度损益调整

（2）明细分类科目。明细分类科目,也称明细科目,是对总分类科目所含内容再做进一步分类,反映核算指标详细、具体情况的科目。企业可以在总分类科目卜,根据本单位实际情况和经营管理的需要,自行设置明细科目。例如,在"原材料"总分类科目下再按各种材料的种类分设明细科目,具体反映各种材料的数量、单价和金额等信息。

在实际工作中,当某一总分类科目下属的明细分类科目较多时,为满足管理的需要,可在总分类科目和明细分类科目之间增设二级科目或多级科目,二级科目或多级科目所提供的指标或信息介于总分类科目与明细分类科目之间。例如,对于"原材料"总分类科目下,可以首先按材料的类别设置二级科目:"原料及主要材料""辅助材料""燃料"等,再按材料种类设置三级科目,最后在各三级科目下按材料的具体型号进行明细核算。

现以"原材料""生产成本"两个为例,将会计科目按提供指标的详细程度的分类列示,如表4-2所示。

表4-2 "原材料""生产成本"科目按提供指标的详细程度分类

总分类科目 （一级科目）	明细分类科目		
	二级科目	三级科目	明细科目
原材料	原料及主要材料	圆钢	Φ10
			Φ20
		生铁	L08-L10
	辅助材料	润滑油	
		防锈剂	

续　表

总分类科目 (一级科目)	明细分类科目		
	二级科目	三级科目	明细科目
原材料	燃料	汽油	
		柴油	
生产成本	第一车间	甲产品	直接材料 直接人工 制造费用
		乙产品	直接材料 直接人工 制造费用
	第二车间	丙产品	直接材料 直接人工 制造费用

总分类科目、二级科目(三级科目)和明细科目共同对某类会计要素的有关项目进行详细程度不同的分类核算,它们之间的关系是前者统驭后者,后者从属于前者。

需要说明的是,尽管明细分类科目是在某个总分类科目下设置的,但不一定每个总分类科目均需要设置明细分类科目,如"累计折旧""本年利润"等科目。

二、账户

如前所述,会计科目的设置解决了为会计信息使用者提供科学、详细的分类指标的问题,使会计系统能够将复杂的经济信息转化为有规律的、易识别的会计信息。但会计科目只是一种对会计要素的具体内容进行分类的项目,它并不能反映会计事项发生所引起的各项会计要素的增减变动情况及其结果。为了将经济业务连续地、系统地、分门别类地登记到会计账簿中去,就必须在账簿中开设账户。

(一)账户的概念和作用

所谓账户,是对会计要素的具体内容所做的进一步分类,是依据会计科目开设的,具有一定格式和结构,用来序时、连续、系统地记录和汇总各项经济业务,反映各项会计要素具体内容的增减变化情况及其结果的一种记账载体。

账户与会计科目既相互联系,又有所区别。账户是对会计事项进行分类核算的工具,每个账户都应反映一定的经济内容,账户的名称就是会计科目。会计科目与账户的共同点在于,它们都分门别类地反映某项经济内容,即两者所反映的经济内容是相同的。会计科目与账户的主要区别是,会计科目通常由国家统一规定,是各单位设置账户、处理账务所必须遵循的依据,而账户则由各会计主体自行设置,是会计核算的重要工具;会计科目只表明某项经济内容,而账户不仅表明相同的经济内容,而且还具有一定的结构、格式,并通过其结构反映某项经济内容的增减变动情况。由于账户是根据会计科目设置的,并按照会计科目命名,即会计科目是账户的名称,两者的称谓及核算内容完全一致,因而在实际工作中,会计科目与账户常被作为同义语理解,互相通用,不加区别。

设置账户是会计核算的一种专门方法,是会计核算的重要环节,也是运用复式记账的前提条件,各单位在会计核算工作中必须依据会计科目开设账户。设置会计账户在企业的会计工作中有着重要的意义,主要表现如下:

第一,企业运用所设置的账户,可以分类地、连续地记录各项经济业务增减变动情况,再通过整理和汇总等方法,反映会计要素的增减变动及其结果,按会计准则的规定计算资金的取得及使用情况等。

第二,企业运用所设置的账户,将所涉及的分散的、单个的、缺乏有机联系的原始数据进行分类、归并、汇总、整理和加工,转化为较为集中的具有一定层次和联系的会计数据,在一定程度上提高了会计信息的质量。

第三,企业运用所设置的账户,可以对发生的经济业务在账簿中进行登记,而账簿是编制会计报告的依据,也是向利益相关者提供信息的主要手段。会计人员可以随时根据账户记录,将其加工成各种有用的会计信息,保证会计信息的及时性。

(二) 账户的基本结构

账户是对会计要素具体分类的基础上登记经济业务事项的工具和载体,这就决定了它必须具有合理的结构。对于一个会计主体来说,尽管经济业务种类繁多,但从数量上不外乎两种情况:"增加"和"减少"。因此,账户也需要相应地分为两方,即左方和右方。一方用于登记增加额,另一方用于登记减少额。这就是账户的基本结构。

一个完整的账户结构应包括:① 账户名称,即会计科目;② 会计事项发生的日期;③ 摘要,即经济业务的简要说明;④ 凭证号数,即表明账户记录的依据;⑤ 金额,即增加额、减少额和余额。具体结构如表 4-3 所示。

表 4-3 账户基本结构

年		凭证号数	摘要	增加额	减少额	余额方向	余额
月	日						

为了便于理解和学习,会计教学中,我们通常用一条水平线和一条将水平线平分的垂直线来表示账户,称为 T 型账户(亦称丁字型账户),其格式如图 4-1 所示。

左方 　　　　　　　　　　　　账户名称(会计科目)　　　　　　　　　　　　右方

图 4-1 T 型账户结构

账户左、右两方的金额栏,一方登记增加额,另一方登记减少额。也就是说,如果规定在左方记录增加额,那么就应该在右方记录减少额;反之,如果在右方记录增加额,则就应该在左方记录减少额。具体账户的左、右两个方向中究竟哪一方记录增加额,哪一方记录减少额,一般取决于账户所记录的经济业务内容和所采用的记账方法。每个账户一般有四个金额要素,即期初余额、本期增加发生额、本期减少发生额、期末余额。账户的余额一般与记录的增加额在同一方向。账户中记录的四个要素之间的关系如下：

$$期末余额＝期初余额＋本期增加发生额－本期减少发生额$$

账户本期的期末余额转入下期，即为下期的期初余额。

下面通过一个具体实例说明账户结构及其金额要素的内容。

【例4-1】 假设甲公司在20×9年1月"库存现金"账户的记录见图4-2。

左方		库存现金	右方	
期初余额	3 000			
本期发生额(本期增加额)	15 000	本期发生额(本期减少额)		16 000
期末余额	2 000			

图4-2 "库存现金"账户记录

根据"库存现金"账户的记录可知，甲公司20×9年1月期初的库存现金为3 000元，本月库存现金增加了15 000元，本月库存现金减少了16 000元，到1月末公司还有库存现金2 000元。这就意味着2月初"库存现金"账户的期初余额为2 000元。

第二节　复式记账原理和借贷记账法

一、复式记账的原理

企业发生的经济业务需要在账户中进行登记，而在账户中应如何记录经济业务，则取决于记账方法。复式记账是会计核算最重要的方法之一，是目前各国通用的记账方法。

(一)记账方法的意义

记账方法是指根据会计的一定原理、记账符号、记账规则，采用统一的货币计量单位，利用文字与数字将经济业务记到账簿中的一种专门方法。经济业务的发生会引起各有关会计要素的增减变动，按照会计科目开设的账户，将发生的经济业务如实地在相关账簿中进行登记，这就是记账方法的意义所在。在会计的发展进程中，记账方法经历了从简单到复杂，从单式到复式，从不完善到完善和科学的发展过程。记账方法可分为单式记账和复式记账两种类型。

(二)记账方法的种类

1. 单式记账法

单式记账法是指对发生的经济业务只在一个账户中进行单方面记录的一种记账方法。单式记账法比较简单，这种方法的主要特征是：对于每项经济业务，通常只考虑货币资金和债权债务的发生情况，只设置库存现金、银行存款、应收账款和应付账款等账户，其余事项则不设置账户进行记录。例如，用现金1 000元支付办公费用，在记账时，只在"库存现金"账户中做减少1 000元的登记，至于费用增加了1 000元则不进行登记。又如企业向某厂购入价值50 000元的固定资产，货已收到，款尚未支付。对于这项经济务，采用单式记账法，就只在结算债务账户("应付账款"账户)中做增加50 000元的登记，而固定资产的增加，则不予登记。

由此可见，对支付费用以及采用付现或赊购方式购买实物性资产的经济业务，只核算货币资金的减少或债务的增加，而对费用的发生或实物性资产的取得，一般不设置账户进行核算，仅仅是做非正规的备忘登记或干脆不予记录。单式记账法的记账手续虽简单，但账户之间不能形成互相对应的关系，因此，不能反映各项经济业务的来龙去脉，难以保证账户记录的正确性，也不能形成一套完整的账户体系，不便于对记账结果进行核对检查。随着社会生产的发展和经济活动的日趋复杂，单式记账法逐渐被复式记账法所取代。

2. 复式记账法

复式记账法是在单式记账法的基础上演变而来的，是指对任何一项经济业务，都必须以相等的金额在相互对应的两个或两个以上的账户中进行记录的记账方法。例如，用现金 1 000 元支付办公费用这笔经济业务，一方面应记录在"库存现金"账户中，反映现金减少 1 000 元，另一方面还要记录在"管理费用"账户中，反映费用增加 1 000 元。又如企业向某厂购入价值 50 000 元的固定资产，货已收到，款尚未支付，这笔经济业务除了要在结算债务账户（"应付账款"账户）中记录增加 50 000 元外，还要在"固定资产"账户中记录增加 50 000 元。通过账户之间的这种对应关系，全面、清晰地反映经济业务的来龙去脉，从而能够了解经济业务的具体内容。

与单式记账法相比，复式记账法有以下两个明显的优点：

（1）复式记账法能更有效、更完整地反映经济业务的全貌。

（2）复式记账法对每项经济业务，都以相等的金额分别在相互联系的两个或两个以上对应账户中进行登记，所以各账户之间存在着一种数字的平衡关系，因而便于用试算平衡的原理来检查账户记录的正确性。

（三）复式记账的理论依据

复式记账的理论依据是"资产＝负债＋所有者权益"这一平衡原理。如前所述，企业发生的所有经济业务无非就是涉及资金的增加和减少两个方面，并且某项资金的增加或减少，总是会同时引起另一项资金的增加或减少。换言之，企业经营过程中所发生的每一项经济业务，都是资金运动的具体过程，在资金运动中，任何一项经济业务的发生，都会引起资产、负债和所有者权益等会计要素及其具体项目的增减变动。有些经济业务会引起会计等式两边的会计要素有关项目发生增减变动，或同时增加，或同时减少；有些经济业务只引起会计等式一边的有关项目此增彼减。然而，无论发生什么经济业务，均不会影响会计等式的平衡关系，所以，会计等式才叫会计恒等式。

复式记账法体现了基本会计等式的平衡原理，把每一项经济业务所涉及的资金在数量上的增减变化，通过两个或两个以上账户的记录予以全面反映。可见，会计等式为会计科目和账户的设置提供了基础，也为复式记账法提供了理论上的依据。

（四）复式记账法的种类

按照记账符号的不同，复式记账法可以分为增减记账法、收付记账法和借贷记账法三种方法。

增减记账法是以"增"和"减"为记账符号来反映经济活动和财务变化的一种复式记账方法。它是我国一种特有的记账方法，是 20 世纪 60 年代我国商业系统在改革记账方法时设计的一种记账方法。

收付记账法是以"收"和"付"为记账符号来反映经济活动和财务变化的一种复式记账方法。收付记账法是在我国传统的收付记账法的基础上，吸收了复式记账法的优点改进而来的一种记账方法。按照反映经济业务的内容不同分为现金收付记账法、资金收付记账法和财产收付记账法三种。

借贷记账法是以"借"和"贷"为记账符号来反映经济活动和财务变化的一种复式记账方法。借贷记账法是世界各国普遍采用的一种复式记账方法,它于清朝末年传入我国。我国现行会计准则和有关制度规定所有企业、行政事业等单位一律采用借贷记账法。究其原因,主要有以下方面:一方面借贷记账法经过多年的实践已被全世界的会计工作者普遍接受,是一种比较成熟、完善的记账方法;另一方面采用统一的借贷记账法有利于企业、单位之间横向经济联系,对加强国际交往等都带来极大的方便,并且对会计核算工作的规范和更好地发挥会计的作用具有重要意义。

(五) 复式记账法的作用

从以上分析可以知道,复式记账法是利用数学方程式的平衡原理来记录企业发生的经济业务,其主要作用体现在以下几个方面:

(1) 复式记账法能够将所有的经济业务在相互联系的两个或两个以上的账户中进行全面反映,这样不仅可以了解经济业务的来龙去脉,而且可以通过会计要素的增减变动全面、系统地了解经济活动的过程和结果,能够提供经营管理所需要的数据资料。

(2) 复式记账法记录各项经济业务,可以通过账户之间的相互对应关系了解经济业务的内容,检查经济业务是否合理、合法。

(3) 复式记账法记录各项经济业务,由于账户之间具有严格的对应关系和数字的钩稽关系,因此可以利用账户记录进行试算平衡,检查账户记录的正确性。

二、借贷记账法

借贷记账法是指以"借"和"贷"为记账符号的一种复式记账方法。借贷记账法起源于12、13世纪的意大利。当时,意大利的商品经济特别是沿海城市的海上贸易非常发达,以经营货币资金借入和贷出为主要业务的借贷资本家应运而生。借贷资本家为反映与债权人和债务人的关系,将收进的存款,记在贷主(Creditor)名下,表示自身债务即"欠人"的增加;对于付出的款项,则记在借主(Debtor)名下,表示自身债权即"人欠"的增加。因此,"借"和"贷"最初是从借贷资本家的角度来解释的。

随着社会经济的发展,经济业务的内容日趋复杂,会计账簿中,不仅要记录钱币的借贷,还要记录财产物资、经营损益和经营资本的增减变动;为了求得账簿记录的统一,对于非货币资金的借贷活动,也利用"借""贷"两字来说明经济业务的变化情况。这样,"借""贷"两字逐渐失去了原来的字面含义,演变为一对单纯的记账符号,成为会计上的专门术语。1494年意大利数学家卢卡·帕乔利在威尼斯出版了《算术、几何、比与比例概要》一书,第一次介绍了威尼斯式的复式记账方法,并在理论上给予了必要的说明,推动了借贷记账法的广泛应用,被会计界公认为会计发展史上一个光辉的里程碑。随后,借贷记账法逐步推广到欧洲、美洲等地,成为世界通用的记账方法。

(一) 借贷记账法的记账符号

记账符号是会计核算中采用的一种抽象标记,表示经济业务的增减变动和记账方向。根据借贷记账法的含义,借贷记账法的记账符号为"借"和"贷"。"借"(英文简写为Dr)表示记入账户的借方;"贷"(英文简写为Cr)表示记入账户的贷方,即任何一个账户均设置"借"和"贷"两个相反的方向,一方用于登记账户的增加额,另一方用于登记账户的减少额。但"借"和"贷"方哪方表示增加,哪方表示减少,不同账户的经济性质是不一样的。

（二）借贷记账法的账户结构

借贷记账法账户的基本结构是每个账户均分为左右两方，左方为"借方"，右方为"贷方"。但究竟"借"和"贷"方哪方用来登记金额的增加，哪方用来登记金额的减少，期初（末）余额在哪个方向，则应根据账户所反映的经济内容即性质来决定。

下面分别说明借贷记账法下的各类账户的结构。

1. 资产类账户的结构

资产类账户借方登记资产的增加额，贷方登记资产的减少额，余额通常在借方，反映企业资产实际的结存金额。

该类账户期末余额的计算公式如下：

资产类账户期末借方余额＝期初借方余额＋本期借方发生额－本期贷方发生额

资产类账户的简化结构如图 4-3 所示。

借方	资产类账户		贷方
期初余额	×××	本期减少额	×××
本期增加额	×××		
…		…	
本期发生额	×××	本期发生额	×××
期末余额	×××		

图 4-3　资产类账户的简化结构

2. 负债及所有者权益类账户的结构

由借贷记账法的理论依据即"资产＝负债＋所有者权益"的会计等式所决定，负债及所有者权益类账户的结构与资产类账户的正好相反，其贷方登记负债及所有者权益的增加额，借方登记负债及所有者权益的减少额；这类账户期末如有余额，通常在贷方。该类账户期末余额的计算公式如下：

负债或所有者权益类期末贷方余额＝期初贷方余额＋本期贷方发生额－本期借方发生额

负债及所有者权益类账户的简化结构如图 4-4 所示。

借方	负债及所有者权益类账户		贷方
本期减少额	×××	期初余额	×××
		本期增加额	×××
…		…	
本期发生额	×××	本期发生额	×××
		期末余额	×××

图 4-4　负债及所有者权益类账户的简化结构

3. 收入类账户的结构

收入类账户的结构与负债及所有者权益类账户的相类似，账户的贷方登记收入的增加额，借方登记收入的减少额,期末将收入类账户贷方发生额与借方发生额的差额转入"本年利润"账户。经结转后,收入类账户一般没有期末余额。收入类账户的简化结构如图4-5所示。

借方	收入类账户		贷方
本期减少额或转销额	×××	本期增加额	×××
…		…	
本期发生额	×××	本期发生额	×××

图4-5 收入类账户的简化结构

4. 费用类账户的结构

费用类账户的结构与资产类账户相类似,账户的借方登记费用的增加额,贷方登记费用的减少额,期末将费用类账户借方发生额与贷方发生额的差额转入"本年利润"账户。经结转后,费用类账户一般没有期末余额。费用类账户的简化结构如图4-6所示。

借方	费用类账户		贷方
本期增加额	×××	本期减少额或转销额	×××
…		…	
本期发生额	×××	本期发生额	×××

图4-6 费用类账户的简化结构

5. 利润类账户的结构

利润类账户的结构也与负债及所有者权益类账户的大致相同,账户的贷方登记利润的增加额,借方登记利润的减少额。利润账户余额可能出现在贷方,也可能出现在借方。如在贷方,表示企业实现的利润;如在借方,表示企业发生的亏损。但在年末时。需要将其期末余额转入所有者权益账户(未分配利润)。利润类账户的简化结构如图4-7所示。

借方	利润类账户		贷方
本期减少额	×××	期初余额	×××
		本期增加额	×××
…		…	
本期发生额	×××	本期发生额	×××
		期末余额(转入未分配利润)	×××

图4-7 利润类账户的简化结构

为了便于掌握和使用不同的账户,现将借贷记账法下各类账户的结构归纳如表4-4所示。

表4-4 借贷记账法下各类账户结构

账户类别	借　方	贷　方	余额方向
资产类	增加	减少	一般在借方
负债及所有者权益类	减少	增加	一般在贷方
收入类	减少(转销)	增加	一般无余额
费用类	增加	减少(转销)	一般无余额
利润类	减少	增加	实现利润,余额在贷方; 发生亏损,余额在借方。 年末转入所有者权益账户, 无余额

综上所述,由于各账户所反映的经济业务内容不同,账户借方、贷方用来记录经济业务的增加或减少的方向是不固定的。但账户的四个要素仍具有一定的规律性。资产的增加记在账户的借方,其期末余额一般也在账户的借方;负债和所有者权益的增加记在账户的贷方,其期末余额一般也在账户贷方。可见,账户的期末余额一般与增加发生额在同一个方向。因此,在借贷记账法下,可以根据账户期末余额的方向判断账户的性质。借贷记账法的这一特点,决定了它可以设置双重性质账户。

所谓双重性质账户,是指既可以反映资产或费用,也可以用来反映负债、所有者权益和收入的账户,如"其他往来""待处理财产损溢"和"投资收益"账户。当该类账户的余额在借方,就是资产类账户;如果余额在贷方,就是负债或所有者权益类账户。设置双重性质账户,可以减少账户数量,有利于简化会计核算手续。

(三) 借贷记账法的记账规则

在借贷记账法下,按照复式记账原理,对发生的每一笔经济业务都要以相等的金额、相反的方向,在两个或两个以上相互联系的账户中进行记录,即按照经济业务的内容,一方面记入一个或几个有关账户的借方;另一方面记入一个或几个有关账户的贷方,并且记入借方与记入贷方的金额必须相等。这就是借贷记账法的记账规则:有借必有贷,借贷必相等。

(四) 借贷记账法的运用

运用借贷记账法的记账规则登记经济业务时,一般要按三个步骤进行:

第一,必须明确经济业务发生后受影响账户的名称和类别;

第二,确定这些账户的变动方向,是增加还是减少,以及相应的金额;

第三,根据账户的性质,确定应记入账户的是借方还是贷方。

现以华诚公司为例说明借贷记账法的运用。

【例4-2】 20×8年12月31日资产、负债及所有者权益各账户的期末余额如表4-5所示。

表4-5 各账户期末余额　　　　　　　　　　　　　　　　单位:元

资产类账户	金　额	负债及所有者权益类账户	金　额
库存现金	1 000	短期借款	150 000
银行存款	49 000	应付账款	100 000

续 表

资产类账户	金 额	负债及所有者权益类账户	金 额
应收账款	80 000	应付职工薪酬	30 000
原材料	220 000	应付股利	10 000
固定资产	230 000	实收资本	180 000
		资本公积	80 000
		利润分配	30 000
总 计	580 000	总 计	580 000

20×9 年 1 月份,华诚公司发生的经济业务如下:

业务 1:华诚公司收到某股东甲投入的资金 100 000 元,款项存入银行。

分析:这一经济业务引起资产和所有者权益两个会计要素同时发生变化,一方面使企业的资产(银行存款)增加,另一方面使所有者权益(实收资本)增加。根据借贷记账法原理和资产及所有者权益类账户的结构,银行存款的增加应记入"银行存款"账户的借方,实收资本的增加应记入"实收资本"账户的贷方。

此笔业务可在两个账户中做如下记录:

资产类账户	银行存款		所有者权益类账户	实收资本	
借方		贷方	借方		贷方
①	100 000		①		100 000

业务 2:企业以银行存款 60 000 元购入设备一台(暂不考虑增值税)。

分析:这一经济业务引起资产内部项目此增彼减,一方面使企业"固定资产"增加,另一方面企业的"银行存款"减少。根据借贷记账法原理和资产及所有者权益类账户的结构,固定资产的增加应记入"固定资产"账户的借方,银行存款的减少应记入"银行存款"账户的贷方。

此笔业务可在两个账户中做如下记录:

资产类账户	固定资产		资产类账户	银行存款	
借方		贷方	借方		贷方
②	60 000		②		60 000

业务 3:企业赊购材料 10 000 元(暂不考虑增值税)。

分析:这一经济业务引起资产与负债同时增加,其中资产中的"原材料"增加,负债中的"应付账款"增加。根据借贷记账法原理和资产及所有者权益类账户的结构,原材料的增加应记入"原材料"账户的借方,应付账款的增加应记入"应付账款"账户的贷方。

此笔业务可在两个账户中做如下记录:

	资产类账户			负债类账户	
借方	原材料	贷方	借方	应付账款	贷方
②	10 000			③	10 000

业务 4: 华诚公司以银行存款 40 000 元偿还之前欠的材料购货款。

分析:这一经济业务引起资产与负债同时减少,其中资产中的银行存款减少,负债中的应付账款也减少。根据借贷记账法原理和资产及所有者权益类账户的结构,银行存款的减少应记入"银行存款"账户的贷方,应付账款的减少应记入"应付账款"账户的借方。

此笔业务可在两个账户中做如下记录:

	资产类账户			负债类账户	
借方	银行存款	贷方	借方	应付账款	贷方
	④	40 000	④	40 000	

业务 5: 华诚公司签发并承兑一张面额 30 000 元,为期 3 个月的商业汇票,用以偿还到期的应付货款。

分析:这一经济业务引起负债内部项目此增彼减,其中负债中的应付票据增加,应付账款减少。根据借贷记账法原理和资产及所有者权益类账户的结构,应付票据的增加应记入"应付票据"账户的贷方,应付账款的减少应记入"应付账款"账户的借方。

此笔业务可在两个账户中做如下记录:

	负债类账户			负债类账户	
借方	应付账款	贷方	借方	应付票据	贷方
⑤	30 000			⑤	30 000

业务 6: 华诚公司宣布发放股利 8 000 元。

分析:这一经济业务引起负债与所有者权益此增彼减,其中负债中的应付股利增加,所有者权益中的未分配利润减少。根据借贷记账原理和资产及所有者权益类账户的结构,应付股利的增加应记入"应付股利"账户的贷方,未分配利润的减少应记入"利润分配"账户的借方。

此笔业务可在两个账户中做如下记录:

	所有者权益类账户			负债类账户	
借方	利润分配	贷方	借方	应付股利	贷方
⑥	8 000			⑥	8 000

业务7：公司将资本公积金40 000元按法定程序转增资本。

分析：这一经济业务引起所有者权益内部项目此增彼减，其中所有者权益中的实收资本增加，资本公积减少。根据借贷记账法原理和资产及所有者权益类账户的结构，实收资本的增加应记入"实收资本"账户的贷方，资本公积的减少应记入"资本公积"账户的借方。

此笔业务可在两个账户中做如下记录：

	所有者权益类账户				所有者权益类账户	
借方	资本公积	贷方		借方	实收资本	贷方
⑦	40 000				⑦	40 000

业务8：公司购买机器设备一台，价值30 600元，其中30 000元以转账支票支付，600元用现金支付。

分析：这一经济业务引起资产、负债两个要素的变化，涉及有关账户三个，其中资产项目中的固定资产增加，银行存款减少，现金减少。根据借贷记账法原理和资产及所有者权益类账户的结构，固定资产增加记入"固定资产"账户的借方，银行存款的减少应记入"银行存款"账户的贷方，现金的减少应记入"库存现金"账户的贷方。

此笔业务可在两个账户中做如下记录：

	资产类账户				资产类账户	
借方	固定资产	贷方		借方	银行存款	贷方
⑧	30 600				⑧	30 000

	资产类账户	
借方	库存现金	贷方
	⑧	600

由此可见，运用借贷记账法"有借必有贷，借贷必相等"的记账规则，任何一笔会计事项，都可以分析为一个或几个账户的借方和一个或几个账户的贷方，且记入借方和记入贷方的金额相等。

（五）会计分录

运用复式记账法处理经济业务，每笔经济业务所形成的有关账户之间特定的应借、应贷关系，称之为账户的"对应关系"，存在对应关系的账户，则称为"对应账户"。由于账户对应关系反映了每项经济业务的内容，以及由此而引起的资金运动的来龙去脉，因此，在采用借贷记账法登记某项经济业务时，应先通过编制会计分录来确定其所涉及的账户及其对应关系，从而保证账户记录的正确性。所谓会计分录（简称分录）是指根据每笔经济业务所涉及的账户及借贷方向和金额所编制的一种记录。一笔完整的会计分录主要包括记账符号、账户名称和金额三个部分。

会计分录是账户记录的依据,会计分录正确与否,直接影响到账户的记录,甚至会计信息的质量。因此,为了确保账户记录的真实性和正确性,必须严格把好会计分录这一关。

以下是根据上述八笔经济业务书写的会计分录列示如下:

业务 1:借:银行存款　　　　　　　　　　　　100 000
　　　　　贷:实收资本　　　　　　　　　　　　　　100 000

业务 2:借:固定资产　　　　　　　　　　　　60 000
　　　　　贷:银行存款　　　　　　　　　　　　　　60 000

业务 3:借:原材料　　　　　　　　　　　　　10 000
　　　　　贷:应付账款　　　　　　　　　　　　　　10 000

业务 4:借:应付账款　　　　　　　　　　　　40 000
　　　　　贷:银行存款　　　　　　　　　　　　　　40 000

业务 5:借:应付账款　　　　　　　　　　　　30 000
　　　　　贷:应付票据　　　　　　　　　　　　　　30 000

业务 6:借:利润分配　　　　　　　　　　　　8 000
　　　　　贷:应付股利　　　　　　　　　　　　　　8 000

业务 7:借:资本公积　　　　　　　　　　　　40 000
　　　　　贷:实收资本　　　　　　　　　　　　　　40 000

业务 8:借:固定资产　　　　　　　　　　　　30 600
　　　　　贷:银行存款　　　　　　　　　　　　　　30 000
　　　　　　　库存现金　　　　　　　　　　　　　　600

由于经济业务可能会涉及两个或两个以上的账户,因此,编制的会计分录也会有所不同。按照会计分录所涉及账户的多少,可以将其分为简单分录和复合分录两种。简单分录是指一项经济业务发生后,只在相互联系的两个账户中进行登记的分录;复合分录则指在经济业务发生后,需要在三个或者三个以上相互联系的账户中进行登记的分录,实际上复合会计分录由几笔简单会计分录所组成。需要说明的是,会计分录是经济业务本质的反映,一项业务需要编制简单分录还是复合分录,完全取决于每项业务本身。既不能人为地将复合分录拆成几个简单分录,更不允许将几个简单分录合并编制复合分录。将复合分录拆成简单分录,既无法完整地表现经济业务全貌,也很难使所附的原始记录分别对其进行辅助说明;将简单分录合并编制复合分录,则会人为地加大会计分录的复杂程度,使经济业务所涉及的会计账户之间的对应关系不明确甚至造成混淆。因此,在编制会计分录时,为保持清晰的账户对应关系,可以编制"一借一贷""一借多贷"或"多借一贷"的会计分录,应尽力避免编制"多借多贷"的会计分录,除非是经济业务所需。

编制会计分录应注意以下几个要点:

第一,在确定了应借记和贷记的会计科目后,具体的记录应先借后贷。借方记录,即借项在上;贷方记录,即贷项在下。

第二,应先将所有借项记录完毕后,再记贷项。若借项不止一项,每项各占一行,上下对齐。记贷项时,须向右退一格或两格,即借、贷项必须错开位置,不能齐头并进。

第三,借方金额与贷方金额的书写也必须错开位置,不可以写在同一栏。但每一科目的金额,必须与该科目在同一行记录。

(六）借贷记账法的试算平衡

企业日常发生的每笔经济业务都要记入有关账户。由于经济业务内容庞杂,登记账户次数繁多,稍有疏忽就可能会发生重记、漏记、错记等现象,影响财务信息的客观性和真实性,从而影响财务报告信息的质量。因此,有必要对全部账户的记录定期进行试算和检查,以核实其正确性。

1. 试算平衡概念和种类

所谓的试算平衡,是指根据"资产＝负债＋所有者权益"这一平衡原理,按照借贷记账法的记账规则的要求,通过汇总计算和比较,来检查和验算账户记录是否正确的一种方法。

采用借贷记账法,由于对任何经济业务都是按照"有借必有贷,借贷必相等"的记账规律记入各有关账户,所以全部账户的借方发生额合计,必然等于全部账户的贷方发生额合计。这样,期末结账后,就必然导致全部账户的期末借方余额合计,等于全部账户的期末贷方余额合计。借贷记账法下,账户发生额及余额的试算平衡计算公式分别为:

$$全部账户借方发生额合计＝全部账户贷方发生额合计$$

$$全部账户借方余额合计＝全部账户贷方余额合计$$

2. 试算平衡举例

试算平衡工作,一般是在月末结出各个账户的本月发生额和月末余额后,通过编制总分类账户发生额试算平衡表和总分类账户余额试算平衡表来进行的。现将以上所举华诚公司的8笔经济业务记入有关总分类账户,并结出各账户本期发生额和期末余额,总分类账户综合试算平衡表(见表4-6)。

第一步,将上述8笔会计分录登记到账簿中,此过程称为过账(以下账簿用 T 型账户表示)。

借方	银行存款		贷方
期初余额	49 000		
①	100 000	②	60 000
		④	40 000
		⑧	30 000
本期发生额	100 000	本期发生额	130 000
期末余额	19 000		

借方	固定资产		贷方
期初余额	230 000		
②	60 000		
⑧	30 600		
本期发生额	90 600	本期发生额	0
期末余额	320 600		

借方	原材料		贷方
期初余额	220 000		
③	10 000		
本期发生额	10 000	本期发生额	0
期末余额	230 000		

借方	库存现金		贷方
期初余额	1 000		
本期发生额	0	本期发生额	600
期末余额	400		

借方	应付账款		贷方
		期初余额	100 000
④	40 000	③	10 000
⑤	30 000		
本期发生额	70 000	本期发生额	10 000
		期末余额	40 000

借方	应付票据		贷方
		⑤	30 000
本期发生额	0	本期发生额	30 000
		期末余额	30 000

借方	利润分配	贷方		借方	应付股利	贷方
		期初余额 30 000				期初余额 10 000
⑥ 8 000						⑥ 8 000
本期发生额 8 000	本期发生额	0		本期发生额 0	本期发生额	8 000
	期末余额	22 000			期末余额	18 000

借方	资本公积	贷方		借方	实收资本	贷方
		期初余额 80 000				期初余额 180 000
⑦ 40 000						① 100 000
						⑦ 40 000
本期发生额 40 000	本期发生额	0		本期发生额 0	本期发生额	140 000
	期末余额	40 000			期末余额	320 000

第二步,编制试算平衡表

将上述账簿中的本期发生额和期末余额填写到总分类账试算平衡表,见表4-6。

表4-6 总分类账户综合试算平衡表

账户名称	期初余额		本期发生额		期末余额	
	借方	贷方	借方	贷方	借方	贷方
库存现金	1 000			600	400	
银行存款	49 000		100 000	130 000	19 000	
应收账款	80 000				80 000	
原材料	220 000		10 000		230 000	
固定资产	230 000		90 600		320 600	
短期借款		150 000				150 000
应付账款		100 000	70 000	10 000		40 000
应付职工薪酬		30 000				30 000
应付票据				30 000		30 000
应付股利		10 000		8 000		18 000
实收资本		180 000		140 000		320 000
资本公积		80 000	40 000			40 000
利润分配		30 000	8 000			22 000
合计	580 000	580 000	318 600	318 600	650 000	650 000

从表4-6可以看出,华诚公司总分类账户的期初借方余额合计为580 000元,等于其期初贷方余额合计;本期借方发生额合计为318 600元,等于本期贷方发生额合计;期末借方余

额合计 650 000 元,等于期末贷方余额合计,各自保持平衡。如果不平衡,就说明账户记录有误,应认真查明更正。

3. 试算平衡表的作用和局限

对所有账户借贷两方本期发生额和期末余额进行试算,可以检查账户记录的正确性,如果借贷两方金额不相等,则表明账户记录已发生错误。如果借贷两方金额相等,则可以认为账户记录基本正确。

(1) 试算平衡表的作用。

第一,验证会计记录中计算有无错误,保证会计信息的质量。通过试算平衡可以及时发现账户记录中可能存在的错误,并进行及时改正。

第二,为编制资产负债表和利润表提供依据。试算平衡表是根据各账户借贷方发生额和余额汇总编制的,提供了企业一定时期内资产、负债、所有者权益、收入和费用的总括信息,为编制报表提供了基本的会计资料。

(2) 试算平衡表的局限性。

如果试算平衡表中借、贷两方金额相等,只能说记账工作基本正确,而不能说绝对正确,因为有些记账差错并不影响借、贷双方的平衡。例如,记账时借、贷方同时漏记或重复记录一笔会计分录,借、贷双方均少记或多记一笔相等金额,不会影响双方的平衡;又如,过账时发生串户,将甲账户的金额错记到乙账户中,而方向没错,也不会影响双方的平衡;还有漏编会计分录,过账错误的金额恰巧与另一笔错误金额相抵等,都不会破坏上述平衡关系。此外,会计科目记错或借贷方向记反,这类错误不会影响记入账户的金额,当然也不会影响试算的平衡性。

因记账工作中的大部分错误往往会使借贷总额相等的关系失衡,所以,试算平衡表在验证会计处理正确性方面仍有着重要作用,不失为一种简便、有效的验证工具。但是,如上所述,通过编制试算平衡表并不能保证会计分录编制和过账工作完全没有错误。因此,会计分录的日常复核或定期检查及期末对账就显得非常必要。

第三节　总分类账户与明细分类账户

一、总分类账户与明细分类账户的设置

会计核算的目的,是为企业管理提供各种所需的核算资料。而从管理上讲,要求会计提供的核算资料必须符合以下要求:既要提供各种综合、全面的总括资料,又要提供某类详细、具体的明细资料。例如,"原材料"账户,其总分类账户,可以提供企业在原材料方面占用的资金数额,用以反映原材料方面占用的资金是否过多,是否超过了预定限额,以便将原材料方面占用的资金控制在合理的范围之内。但是,单纯有了原材料占用的总额还不够,还需要了解各种原材料的占用情况。在实际工作中也可能出现原材料占用总额在合理的数额之内,而个别原材料存在超储积压的情况,或者,原材料总额超过了规定的限额,而个别原材料存在不足的情况。这些情况只有通过明细分类账户才能反映出来。因此,同时设置总分类账户和明细分类账户,可为经营管理者提供既综合总括,又详细具体的会计信息,便于经营管理者进行生产经营控制和决策。

总分类账户(亦称一级账户),是按照总分类科目设置,仅以货币计量单位进行登记,对企

业经济活动的具体内容进行总括核算的账户。通过总分类账户提供的各种总括核算资料,可以概括地了解一个会计主体各项资产、负债及所有者权益等会计要素增减变动的情况和结果,并为编制会计报表提供依据。为了保持会计信息的一致性、可比性,总分类账户一般根据国家所规定的有关会计制度设置。

明细分类账户,是按照明细分类科目设置,用来提供详细核算资料的账户。例如,为了具体了解各种材料的收、发、结存情况,就有必要在"原材料"总分类账户下,按照材料的品种分别设置明细分类账户。又如,应收账款,如果只记录"应收账款"总账科目,仍不能得知是应收甲企业,还是应收乙企业的,因此,在建立应收账款总分类账户的基础上,为了具体掌握企业与各往来单位之间的货款结算情况,就应在"应收账款"总分类账户下,按客户的名称建立明细分类账户,以便于对应收账款进行管理。可见,明细分类账户是根据企业内部管理需要设置的,详细说明其业务情况的分类账户。在明细分类账户中,除了以货币计量单位进行金额核算外,必要时还要运用实物计量单位进行数量核算,以便通过提供数量方面的资料,对总分类账户进行必要的补充。

除了总分类账户和明细分类账户以外,各会计主体还可根据实际需要设置二级账户。二级账户是介于总分类账户和明细分类账户之间的一种账户。它提供的资料比总分类账户详细、具体,但比明细分类账户概括、综合。例如,有些总分类账户包含的内容很多,如固定资产、原材料等,倘若用一个总分类账户直接控制众多的明细分类账户,遇有记账差错时,会给核对工作等带来许多不便。这时,可在总分类账户与明细分类账户之间设置一些类别账户,进行分层控制。这样,类别账户就称为二级明细账户,其下所辖的明细分类账户则称为三级明细账户。以原材料账户为例,在"原材料"账户下,可按材料的类别设置二级账户,按材料的具体品名、规格等设置三级明细账户,如表4-7所示。

表4-7 "原材料"账户

总账科目 (一级科目)	明细科目	
	二级科目(子目)	三级科目(细目)
原材料	原料及主要材料	圆钢、角钢
	辅助材料	润滑剂、石炭酸
	燃 料	汽油、原煤

不难看出,上表中账户之间的关系是统驭和从属的关系。即一级账户统驭二级账户,二级账户又统驭三级账户;反之,三级账户从属于二级账户,二级账户从属于一级账户。

注意:设置二级账户后,总分类账户可以把它作为中间环节来控制所属明细分类账户,这对于加强经营管理有一定的作用,但也会增加核算工作量。因此,二级账户一般不宜多设,必要时也可不设。

二、总分类账户与明细分类账户的平行登记

总分类账户提供单位所有账户的总括核算指标,明细分类账户提供各个明细账户的详细核算指标,两者之间是一种统驭与被统驭的关系。总分类账户是所辖明细分类账户的统驭账户,对所辖明细分类账户起着控制作用,而明细分类账户则是某一总分类账户的从属

账户,对其所隶属的总分类账户起着补充和说明的作用。因两者核算的经济内容相同,它们所提供的核算资料互相补充,只有把两者结合起来,才能既总括又详细地反映同一核算内容。因此,总分类账户和明细分类账户必须平行登记。所谓平行登记,是指经济业务发生后,根据会计凭证一方面登记有关的总分类账户,另一方面登记该总分类账户所辖的各有关明细账户的方法。

(一) 总分类账户与明细分类账户的平行登记要点

1. 依据相同

对于同一项经济业务,应当由不同的会计人员根据相同的会计凭证分别登记有关总分类账户和各总分类账户所属的明细分类账户,以便相互核对和控制。应当注意,不能根据明细分类账户的合计数登记其总分类账户,也不能根据总分类账户登记其所辖的明细分类账户。

2. 期间相同

对同一经济业务,登记总分类账户和明细分类账户的会计期间应一致,不能只登记总分类账户,不登记明细分类账户;反之亦同。这里应说明的是,双方登记所依据的会计凭证和时间先后可能不同。例如,总分类账户可根据记账凭证或汇总凭证定期登记,明细分类账户则根据原始凭证或记账凭证逐笔登记,两者登记的凭证依据和时间先后虽有差别,但在同一会计期间(一般指同一月份),双方都应登记入账,不能只记一方,漏记另一方。

3. 方向相同

对同一经济业务,根据记账凭证登记在总分类账的借方,则在它所属的明细分类账户中也应记入借方;若登记在总分类账户的贷方,则在其所属的明细分类账户中也应记入贷方。

4. 金额相同

对同一经济业务,记入某一总分类账户的金额必须与记入其所辖的一个或几个明细分类账户的金额合计数相等。

因此,总分类账户与其所辖的明细分类账户之间会存在一定的数量关系。

总分类账户与其所辖的明细分类账户之间的数量关系用公式表示如下:

总分类账户本期发生额=所属明细分类账户本期发生额合计

总分类账户期末余额=所属明细分类账户期末余额合计

在会计核算中,可以利用二者之间的上述关系,编制总分类账户和明细分类账户本期发生额和余额对照表,检查账簿记录的正确性。

(二) 总分类账户与明细分类账户平行登记的举例

为了便于理解,下面以"原材料"和"应付账款"两个账户为例,说明总分类账户和明细分类账户平行登记的方法。

【例4-3】 20×9年12月1日华诚公司"原材料"和"应付账款"总分类账户及其所辖明细分类账户的月初余额如下:

"原材料"总分类账户所属明细分类账户的期初余额为:

名 称	数 量	单 价	金 额
甲种材料	800千克	250元/千克	200 000元
乙种材料	200吨	600元/吨	120 000元
合计			320 000元

"应付账款"总分类账户及其所辖明细分类账户的期初余额为：

A 工厂明细账户贷方余额　　8 500 元

B 工厂明细账户贷方余额　　6 000 元

应付账款总账贷方余额　　14 500 元

该公司在 20×9 年 12 月发生有关材料的收入和发出业务如下(暂不考虑相关税费)：

(1) 12 月 6 日向 A 工厂购入下列各种原材料，价值 344 000 元，货已验收入库，货款尚未支付。其中：

名　称	数　量	单　价	金　额
甲种材料	400 千克	250 元/千克	100 000 元
乙种材料	300 吨	600 元/吨	180 000 元
丙种材料	80 件	800 元/件	64 000 元
合计			344 000 元

对于这项经济业务，应编制会计分录如下：

借：原材料——甲种材料　　　　　　　　　　　　100 000

　　　　——乙种材料　　　　　　　　　　　　180 000

　　　　——丙种材料　　　　　　　　　　　　　64 000

　　贷：应付账款——A 工厂　　　　　　　　　　　　　344 000

(2) 12 月 19 日仓库向生产车间发出下列各种材料直接用于产品生产。

名　称	数　量	单　价	金　额
甲种材料	300 千克	250 元/千克	75 000 元
丙种材料	50 件	800 元/件	40 000 元
合计			115 000 元

对于这项经济业务，应编制会计分录如下：

借：生产成本　　　　　　　　　　　　　　　　115 000

　　贷：原材料——甲种材料　　　　　　　　　　　　　75 000

　　　　——丙种材料　　　　　　　　　　　　　40 000

(3) 12 月 28 日向 B 工厂购入下列甲材料 200 千克，单价 250 元，货已验收入库，货款尚未支付。

对于这项经济业务，应编制会计分录如下：

借：原材料——甲种材料　　　　　　　　　　　　50 000

　　贷：应付账款——B 工厂　　　　　　　　　　　　　50 000

(4) 12 月 30 日以银行存款偿还 A 工厂货款 300 000 元和 B 工厂的货款 48 000 元。

对于这项经济业务，应编制会计分录如下

借：应付账款——A 工厂　　　　　　　　　　　　300 000

　　　　——B 工厂　　　　　　　　　　　　　48 000

　　贷：银行存款　　　　　　　　　　　　　　　　　348 000

根据以上资料,在"原材料"总分类账户及其所辖的"甲种材料""乙种材料""丙种材料"三个明细分类账户和"应付账款"总分类账户及其所辖的"A工厂""B工厂"两个明细分类账户中进行登记的程序如下:

(1) 将原材料的期初余额 320 000 元,记入"原材料"总分类账户的余额栏;同时在"甲种材料"和"乙种材料"明细分类账户的余额栏分别登记甲、乙两材料的期初结存数量、单价和金额,并注明计量单位。

(2) 将应付账款的期初余额 14 500 元,记入"应付账款"总分类账户的期初余额栏;同时在"应付账款"下"A工厂"和"B工厂"明细分类账户的期初余额栏分别登记 8 500 元和 6 000 元。

(3) 根据 12 月 6 日的经济业务和所编制的会计分录,将 344 000 元记入"原材料"总分类账户的借方栏和"应付账款"总分类账户贷方栏;同时,将入库的甲、乙、丙三种材料的数量、单价、金额分别记入甲材料、乙材料、丙材料明细分类账户的收入方(即借方栏),将产生的债务 344 000 元记入"应付账款——A工厂"明细分类账户的贷方栏。

(4) 根据 12 月 19 日的经济业务和所编制的会计分录,将本期发出的材料总额 115 000 元,记入"原材料"总分类账户的贷方栏;同时,将发出的甲、丙两种材料的数量、单价、金额分别记入甲、丙两种材料明细分类账户的发出方即贷方栏。

(5) 根据 12 月 28 日的经济业务和所编制的会计分录,将 50 000 元记入"原材料"总分类账户的借方栏和"应付账款"总分类账户贷方栏;同时,将入库的甲材料的数量、单价、金额记入甲材料明细分类账户的收入方即借方栏,将产生的债务 50 000 元记入"应付账款——B工厂"的明细分类账户的贷方栏。

(6) 根据 12 月 30 日的经济业务和所编制的会计分录,将 348 000 元记入"应付账款"总分类账户借方栏;同时,将偿还的债务分别记入"应付账款"下 A工厂和 B工厂明细分类账户的借方栏。

(7) 期末,根据"原材料"和"应付账款"总分类账户和有关明细分类账户的记录,分别结出本期发出额和期末余额,以便进行核对。

按照上述平行登记方法,华诚公司 20×9 年 12 月"原材料"和"应付账款"总分类账户及其所属的明细分类账户的结果,如表 4-8~表 4-14 所示。

表 4-8 总分类账户

账户名称:原材料   单位:元

20×9年		凭证号数	摘 要	借 方	贷 方	借或贷	余 额
月	日						
12	1		期初余额			借	320 000
	6	略	购入材料	344 000		借	664 000
	19		发出材料		115 000	借	549 000
	28		购入材料	50 000		借	599 000
	31		本期发生额及余额	394 000	115 000	借	599 000

表4-9　总分类账户

账户名称:应付账款　　　　　　　　　　　　　　　　　　　　　　　　　　　单位:元

20×9年		凭证号数	摘　要	借　方	贷　方	借或贷	余　额
月	日						
12	1		期初余额			贷	14 500
	6	略	购入甲、乙、丙材料		344 000	贷	358 500
	28		购入甲材料		50 000	贷	408 500
	30		偿还货款	348 000		贷	60 500
	31		本期发生额及余额	348 000	394 000	贷	60 500

表4-10　"原材料"明细分类账户

材料名称:甲种材料　　　　　　　　　　　　　　　　　　　　　　　　　　　单位:元

20×9年		凭证号数	摘要	计量单位	单价	收　入		发　出		余　额	
月	日					数量	金额	数量	金额	数量	金额
12	1	略	期初余额	千克	250					800	200 000
	6		购入材料	千克	250	400	100 000			1 200	300 000
	19		发出材料	千克	250			300	75 000	900	225 000
	28		购入材料	千克	250	200	50 000			1 100	275 000
	31		本期发生额及余额			600	150 000			1 100	275 000

表4-11　"原材料"明细分类账户

材料名称:乙种材料　　　　　　　　　　　　　　　　　　　　　　　　　　　单位:元

20×9年		凭证号数	摘要	计量单位	单价	收　入		发　出		余　额	
月	日					数量	金额	数量	金额	数量	金额
12	1	略	期初余额	吨	600					200	120 000
	6		购入材料	吨	600	300	180 000			500	300 000
	31		本期发生额及余额			300	180 000			500	300 000

表4-12　"原材料"明细分类账户

材料名称:丙种材料　　　　　　　　　　　　　　　　　　　　　　　　　　　单位:元

20×9年		凭证号数	摘要	计量单位	单价	收　入		发　出		余　额	
月	日					数量	金额	数量	金额	数量	金额
12	6	略	购入材料	件	800	80	64 000			80	64 000
	19		发出材料	件	800			50	40 000	30	24 000
	31		本期发生额及余额			300	64 000	50	40 000	30	24 000

表 4 - 13 "应付账款"明细分类账户

单位名称:A 工厂 单位:元

20×9年		凭证	摘 要	借 方	贷 方	借或贷	余 额
月	日	号数					
12	1		期初余额			贷	8 500
	6	略	购入甲、乙、丙材料		344 000	贷	352 500
	30		偿还货款	300 000		贷	52 500
	31		本期发生额及余额	300 000	344 000	贷	52 500

表 4 - 14 "应付账款"明细分类账户

单位名称:B 工厂 单位:元

20×9年		凭证	摘 要	借 方	贷 方	借或贷	余 额
月	日	号数					
12	1		期初余额			贷	6 000
	28	略	购入甲材料		50 000	贷	56 500
	30		偿还货款	48 000		贷	8 000
	31		本期发生额及余额	48 000	50 000	贷	8 000

从以上"原材料"总分类账户及其所属明细分类账户平行登记的结果中可以看出,"原材料"总分类账户的期初余额、本期借方发生额、本期贷方发生额和期末余额,均分别与其所属的三个明细分类账户的期初余额、本期借方发生额、本期贷方发生额和期末余额的合计数完全相等,即:

账户	总分类账户		明细分类账户(甲)		明细分类账户(乙)		明细分类账户(丙)
期初余额	320 000	=	200 000	+	120 000		
本期借方发生额	394 000	=	150 000	+	180 000	+	64 000
本期贷方发生额	115 000	=	75 000	+	40 000		
期末余额	599 000	=	275 000	+	300 000	+	24 000

"应付账款"也是如此。

总之,利用总分类账户与其所属明细分类账户平行登记所形成的有关数字必然相等的关系,我们可以通过定期核对双方有关数字,来检查账户的记录是否正确、完整。如果通过核对发现有关数字不等,则表明账户的登记必有差错,应及时查明原因,予以更正。在实际工作中,这项核对工作通常是采用月末编制"明细分类账户本期发生额及余额表"的形式来进行的。根据前面示例的原材料明细分类账户的记录,编制其本期发生额及余额表,如表 4 - 15 所示。

表4-15 "原材料"明细分类账户本期发生额及余额表   单位:元

材料名称	计量单位	单价	期初余额		本期发生额				期末余额	
					收入		发出			
			数量	金额	数量	金额	数量	金额	数量	金额
甲种材料	千克	250	800	200 000	600	150 000	300	75 000	1 100	275 000
乙种材料	吨	600	200	120 000	300	180 000			500	300 000
丙种材料	件	800			80	64 000	50	40 000	30	24 000
合计				320 000		394 000		115 000		599 400

案 例

小甄从某财经大学会计系毕业被聘任为启明公司的会计员,今天是他来公司上班的第一天。会计科里那些同事们忙得不可开交,一问才知道,大家正在忙于月末结账。"我能做些什么?"会计科长看他那急于投入工作的表情,也想检验一下他的工作能力,就问:"试算平衡表的编制方法在学校学过了吧?""学过。"小甄很自信地回答。

"那好吧,趁大家忙别的时候,你先编一下我们公司这个月的试算平衡表。"科长帮他找到了本公司所有的总账账簿,让他在早已为他准备的办公桌上开始了工作。不到一个小时,一张"总分类账户本期发生额及余额试算平衡表"就完整地编制出来了。看到表格上那相互平衡的三组数字,小甄激动的心情难以言表,兴冲冲地向科长交了差。

"呀,昨天车间领材料的单据还没记到账上去呢,这也是这个月的业务啊!"会计员李媚说道。还没等小甄缓过神来,会计员小张手里又拿着一些会计凭证凑了过来,对科长说,"这笔账我核对过了,应当记入'原材料'和'生产成本'的是10 000元,而不是9 000元。已经入账的那部分数字还得改一下。"

"试算平衡表不是已经平衡了吗?怎么还有错账呢?"小甄不解地问。

科长看他满脸疑惑的神情,就耐心地开导说:"试算平衡表也不是万能的,像在账户中把有些业务漏记了,借贷金额记账方向彼此颠倒了,还有记账方向正确但记错了账户,这些都不会影响试算表的平衡,像小张刚才发现的把两个账户的金额同时记多了或记少了,也不会影响试算表的平衡。"

小甄边听边点头,心里想:"这些内容好像老师在上基础会计课的时候也讲过。以后在实践中还得好好琢磨呀!"

经过一番调整,一张反映真实的本月试算平衡表又在小甄的手里诞生了。

要求:

1. 分析小魏的试算表中存在的问题。

2. 指出试算平衡表的局限性。

本章小结

本章主要说明会计科目的必要性,设置的原则,现行的会计科目,账户与会计科目的关系,设置账户的必要性,账户的结构和分类,阐述了复式记账的原理及其借贷记账法的应用。介绍了总分类账户与明细分类账户关系及其平行登记的要点和方法。借贷记账法是以"借""贷"二字作为记账符号,记录会计要素增减变动情况的一种复式记账法。借贷记账法的内容包括:① 理论基础。"资产＝负债＋所有者权益"是借贷记账法的理论基础。② 记账符号。借贷记账法以"借""贷"二字作为记账符号。③ 账户结构。借贷记账法的账户基本结构是每一个账户都分为"借方"和"贷方",一般来说,账户的左方为"借方",账户的右方为"贷方"。④ 记账规则。借贷记账法的记账规则:有借必有贷,借贷必相等。⑤ 试算平衡。试算平衡,就是根据"资产＝负债＋所有者权益"的平衡关系,按照记账规则的要求,通过汇总计算和比较,来检查账户记录的正确性、完整性。总分类账户与明细分类账户关系并掌握其平行登记的要点和方法。

关键术语

会计等式 accounting equation
账户 account
复式记账法 double entry bookkeeping
借贷记账法 debit-credit bookkeeping
账户的对应关系 debit-credit relationship
总分类账 general ledger
平行登记 parallel recording

会计科目 acoount title
对应账户 corresponding account
会计分录 accounting entry
简单分录 simple entry
复合分录 compound entry
明细分类账 subsidiary ledger

思考题

1. 为什么要设置会计科目? 会计科目与账户有何异同?
2. 什么是账户? 设置账户应遵循哪些原则?
3. 账户的基本结构如何? 账户中各项金额要素之间的关系是怎样的?
4. 什么是复式记账? 其理论依据是什么?
5. 什么是会计分录? 其编制的步骤如何?
6. 何谓借贷记账法? 如何理解其"借""贷"二字的含义?
7. 借贷记账法下各类账户的结构是怎样的?
8. 为什么不能通过借贷记账法的试算平衡方法完全判别记账的正确性?
9. 总分类账户与明细分类账户的关系是怎样的? 如何进行二者的平行登记?

自测题

一、单项选择题

1. 设置账户、复式记账与编制财务报表的理论基础是（　　）。
   A. 会计要素
   B. 会计恒等式
   C. 会计核算的原则
   D. 会计核算的前提条件

2. （　　）是账户的名称，也是设置账户的依据。
   A. 会计科目　　　　B. 会计要素　　　　C. 会计对象　　　　D. 会计主体

3. 二级科目是介于（　　）之间的科目。
   A. 总分类科目和明细分类科目
   B. 总分类科目
   C. 明细分类科目
   D. 总账与明细账

4. 复式记账是对每一项经济业务的发生，都要在相互联系的两个或两个以上的账户中（　　）。
   A. 连续登记
   B. 补充登记
   C. 平衡登记
   D. 以相等的金额进行登记

5. 在借贷记账法中，账户的哪一方记增加数，哪一方记减少数，是由（　　）决定的。
   A. 记账规则
   B. 账户的性质
   C. 业务性质
   D. 账户的结构

6. 账户的基本结构是指（　　）。
   A. 账户的具体格式
   B. 账户登记的经济内容
   C. 账户登记的日期
   D. 账户中登记增减金额的栏次

7. 在借贷记账法下，资产类账户的期末余额一般在（　　）。
   A. 借方　　　　B. 增加方　　　　C. 贷方　　　　D. 减少方

8. 开设明细分类账户的依据是（　　）。
   A. 总分类科目
   B. 明细分类科目
   C. 试算平衡表
   D. 会计要素内容

9. 借贷记账法试算平衡的依据是（　　）。
   A. 资金运动变化规律
   B. 会计等式平衡原理
   C. 会计账户基本结构
   D. 平行登记基本原理

10. 存在对应关系的账户称为（　　）。
    A. 一级账户　　　　B. 对应账户　　　　C. 总分类账户　　　　D. 明细分类账

二、多项选择题

1. 账户与会计科目的区别表现在（　　）。
   A. 账户与会计科目的经济内容是不一致的
   B. 账户有结构，会计科目则无
   C. 账户不是依据会计科目开设的，两者名称不一致
   D. 会计要素的增减变化要在账户中进行登记，而会计科目则不能

2. 下列各项经济业务中，会使得企业资产总额和权益总额发生同时增加变化的有（　　）。
   A. 向银行借入半年期的借款，已转入本企业银行存款账户

    B. 赊购设备一台,设备已经交付使用

    C. 用资本公积转增实收资本

    D. 收到某投资者投资转入的一批材料,材料已验收入库

3. 总账与明细账平行登记的要点是( )。

    A. 同一会计期间   B. 总账与所属明细账金额之和相等

    C. 同一记账方向   D. 同一科目

4. 关于总分类会计科目与明细分类科目,表述正确的是( )。

    A. 总分类科目是概括地反映会计对象的具体内容

    B. 明细分类科目是详细反映会计对象的具体内容

    C. 总分类会计科目对明细分类科目具有控制作用

    D. 明细分类科目是对总分类会计科目的补充和说明

5. 下列属于成本类会计科目的有( )。

    A. 制造费用   B. 管理费用   C. 财务费用   D. 生产成本

6. 下列账户中,属于负债的有( )。

    A. 累计摊销   B. 短期借款   C. 生产成本   D. 预收账款

7. 下列会计科目中,属于资产类科目的有( )。

    A. 累计折旧   B. 营业外收入   C. 预收账款   D. 长期应收款

8. 下列会计科目中,属于损益类科目的有( )。

    A. 生产成本   B. 主营业务成本   C. 制造费用   D. 销售费用

9. 总分类账户与明细分类账户的关系说法正确的有( )。

    A. 总分类账户对明细分类账户具有统驭控制作用

    B. 明细分类账户所提供的明细核算资料是对其总分类账户资料的具体化

    C. 明细分类账户对总分类账户具有补充说明作用

    D. 总分类账户与其所属明细分类账户在总金额上应当相等

10. 企业在设置会计科目时,应遵循的原则有( )。

    A. 合法性原则   B. 相关性原则   C. 实用性原则   D. 合理性原则

三、判断题

1. 借贷记账法下,账户的借方表示增加,贷方表示减少。   ( )

2. 会计科目与账户反映的内容是一致的,因而两者之间并无区别。   ( )

3. 账户都是依据会计科目开设的。   ( )

4. 账户的余额方向一般与记录减少额的方向在同一方向。   ( )

5. 如果试算平衡结果发现借贷余额是平衡的,可以肯定记账没有差错。   ( )

6. 对会计科目的具体内容进行分类核算的项目,称为会计要素。   ( )

7. 成本类科目是用于核算成本的发生和归集情况,提供成本相关会计信息的会计科目。

    ( )

8. 总分类科目与其所属的明细分类科目的核算内容相同,所不同的是前者提供的信息比后者更加详细。   ( )

9. 运用单式记账法记录经济业务,可以反映每项经济业务的来龙去脉,可以检查每笔业务是否合理、合法。   ( )

10. 在借贷记账法下,成本类账户的借方登记增加数,贷方登记减少数,期末无余额。( )

练习题

一、计算题

1. 目的:熟悉账户的基本结构和期末余额的计算方法。

资料:某企业 5 月份有关账户的期初余额和本期发生额情况见下表。

单位:元

账户名称	期初余额	本期借方发生额	本期贷方发生额	期末余额
银行存款	300 000	② 90 000	① 30 000 ③ 1 000 ⑤ 20 000 ⑥ 80 000	
应付账款	50 000	⑥ 80 000	④ 50 000 ⑧ 60 000	
原材料	25 000	① 30 000 ④ 50 000		
短期借款	10 000	⑤ 20 000	② 90 000	
管理费用	0	③ 1 000	⑦ 1 000	
本年利润	80 000	⑦ 1 000		
固定资产	600 000	⑧ 60 000		

要求:根据所给资料计算出各账户的期末余额,直接填入表中"期末余额"栏。

2. 目的:熟悉掌握借贷记账法下的账户结构及账户金额指标的计算方法。

资料:东方公司 20×9 年 12 月 31 日有关账户的部分资料见下表。

东方公司有关账户资料

单位:元

账户名称	期初余额		本期发生额		期末余额	
	借方	贷方	借方	贷方	借方	贷方
库存商品	800 000		440 000	20 000	( )	
银行存款	120 000		( )	160 000	180 000	
应付账款		180 000	140 000	100 000		( )
短期借款		90 000	( )	20 000		60 000
应收账款	( )		80 000	100 000	40 000	
实收资本		800 000		( )		1 240 000
应付职工薪酬		50 000	50 000	60 000		( )
应交税费		3 000	( )	24 500		1 000

要求:根据账户期初余额、本期发生额和期末余额的计算方法,计算并填列上表中括号内

的数字。

3. 目的:熟悉总分类账与明细分类账平行登记的原理。

资料:华诚公司6月份产成品资料如下,产成品包括A、B、C三个明细分类账户。

产成品(总账)			
期初余额	60 000		
本期发生额	40 000	本期发生额	50 000
期末余额			

产成品——A			
期初余额	10 000		
本期发生额	_____	本期发生额	15 000
期末余额			

产成品——B			
期初余额			
本期发生额	_____	本期发生额	15 000
期末余额	20 000		

产成品——C			
期初余额			
本期发生额	10 000	本期发生额	_____
期末余额	20 000		

要求:根据总分类账与明细分类账平行登记的原理,将以上账户中的空缺数字填上。

二、业务题

1. 目的:练习借贷记账法并编制试算平衡表。

资料:某企业5月初有关总分类账户的余额如下:

(1) 库存现金	800 元	(2) 银行存款	300 000 元
(3) 原材料	40 200 元	(4) 固定资产	460 000 元
(5) 生产成本	10 000 元	(6) 应收账款	38 000 元
(7) 其他应收款	4 000 元	(8) 短期借款	200 000 元
(9) 应交税费	42 000 元	(10) 应付账款	111 000 元
(11) 实收资本	500 000 元		

该企业本月发生如下经济业务:

(1) 收到投资者投入的货币资金投资 300 000 元,已存入银行。

(2) 国家投资修建厂房一栋交付使用,总价值为 190 000 元。

(3) 用银行存款 40 000 元购入不需要安装的设备1台。

(4) 购入材料一批,买价和运费共计 35 000 元,货款尚未支付。

(5) 从银行提取现金 1 000 元备用。

(6) 接到银行收款通知,收到大明厂支付的货款 25 000 元。

(7) 从工商银行取得短期借款 100 000 元,存入银行。

(8) 开出转账支票,偿还上月所欠货款 50 000 元。

(9) 采购员刘华预借差旅费 600 元,以现金支付。

(10) 仓库转来本月发出材料登记表,本月生产车间共领用材料 46 000 元。

(11) 用银行存款 200 000 元偿还短期借款。

(12) 开出转账支票 42 000 元,缴纳所欠税金。

（13）将现金 1 000 元送存银行。

要求：

1. 根据上述资料，开设有关的 T 型账户，并登记期初余额；

2. 根据所给经济业务编制会计分录；

3. 根据所编会计分录登记到有关 T 型账户，并在月末结账；

4. 编制"总分类账户发生额及余额试算平衡表"。

2. 目的：练习借贷记账法。

资料：某企业 20×9 年 10 月 1 日的有关账户期初余额如下表所示：

账户余额表

单位:元

账户名称	借方余额	贷方余额
固定资产	600 000	
原材料	62 000	
短期借款		60 000
长期借款		450 000
银行存款	26 000	
库存现金	800	
应收账款	35 000	
实收资本		260 000
应付账款		2 300
库存商品	48 500	
合　　计	772 300	772 300

（1）接受投资方 A 企业的追加投资 50 万元，款项存入银行。

（2）从银行取得借款 20 万元，银行通知款项已划入银行存款账户。

（3）购入新设备 10 台，共计 38 万元，已安装完毕，价款已开支票付讫。

（4）企业购入一批材料，价值 16 800 元，以银行存款支付 16 000 元，余款暂欠。

（5）向银行借款 41 000 元直接偿还应付款。

（6）销售产品取得销售收入 95 000 元，货款未收。

（7）接到银行通知，已用企业存款支付水电费 2 800 元。

（8）开出现金支票提取现金 3 000 元。

（9）以现金支付职工医药费 2 800 元。

（10）以现金支付业务招待费 2 000 元。

（11）收到某单位前欠销货款 12 000 元，存入银行。

（12）按规定计算应交纳的销售税金 5 000 元。

（13）结转本月已售产品的成本 45 200 元。

要求：

根据上述资料编制会计分录，将本月发生的各项经济业务登记入账，并结出各个账户的本期发生额及期末余额。

3. 目的:练习总分类账户与明细分类账户平行登记及其试算平衡方法。

资料:某企业12月月初有关账户的期初余额如下:

原材料　8 000 元

原材料　——A 材料　6 000 元

　　　　——B 材料　2 000 元

应付账款　50 000 元

其中:应付账款　　东风机械厂　　　30 000 元

　　　应付账款　　法能材料公司　　20 000 元

该企业12月发生如下经济业务:

(1) 12 月 5 日从东风机械厂购入设备两台,价值 80 000 元,货款尚未支付。

(2) 12 月 10 日从法能材料公司购入材料一批,计 38 000 元。其中 A 材料 20 000 元,B 材料 18 000 元。A 材料货款已用银行存款支付。B 材料货款尚未支付。

(3) 12 月 18 日用银行存款偿还东风机械厂设备款 60 000 元。

(4) 12 月 20 日用银行存款偿还法能材料公司材料款 28 000 元。

(5) 12 月 23 日发出 A 材料 12 000 元,B 材料 9 000 元用于甲产品生产。

要求:

1. 根据所给经济业务编制会计分录。

2. 开设并登记"原材料""应付账款"和"生产成本"总分类账户和明细分类账户(开设 T 型账户即可)。

3. 编制"总分类账户与明细分类账户发生额及余额试算表"。

第五章

制造企业经营业务的核算

学习目标

本章主要以制造企业基本经济业务核算为例,进一步阐述了会计账户和借贷记账法的运用。

通过本章的学习,了解制造企业经营活动的基本流程及其资金运动过程,掌握有关账户和借贷记账法在企业资金筹集、供应过程、生产过程、产品销售、利润形成和分配等业务中的具体运用。

导入案例

张三原在某企业单位任职,月薪 15 000 元。20×9 年年初张三决定辞职自己创业,投资 300 000 元(该 300 000 元中 100 000 元为自有资金,另 200 000 元为个人从银行借入的款项,年利率 6‰)创办了一家小型服装加工厂。下面是开业一年来的有关收支项目的发生情况如下:

(1) 服装销售不含税收入 360 000 元;

(2) 兼营网店销售不含税收入 200 000 元;

(3) 经营场所的租金支出 60 000 元;

(4) 材料成本 200 000 元;

(5) 缴纳增值税 35 000 元;缴纳附加税费等 6 000 元;

(6) 支付的雇员工资 218 000 元;

(7) 支付水电费 34 000 元

(8) 购置设备支出 50 000 元,其中本年应负担该批设备的磨损成本 10 000 元;

(9) 支付借款利息等费用 65 000 元。

要求:确定该公司的经营成果并运用你掌握的会计知识评价张三的辞职是否合适。

第一节 制造企业经营业务概述

一、制造企业的经营特点

制造企业,是指对制造资源如物料、能源、设备、工具、资金、技术、信息和人力等按照市场要求,通过制造过程,转化为可供人们使用和利用的工业品与生活消费品的行业。从定义可以看出,制造业企业就是购进原材料,然后对原材料进行加工,制造成产成品,再将产成品销售出去的产品生产和销售过程。其完整的生产经营过程由供应过程、生产过程和销售过程所构成。

企业是以盈利为目的的经济组织。制造业企业是最重要的企业组织形式之一,它适应市场经济的要求,自主经营、自负盈亏、独立核算、自我发展、自我约束,在社会再生产过程中从事各项经济活动,使其拥有的经济资源保值增值。

二、制造企业经营业务内容

制造业企业要进行正常生产经营活动,就必须拥有一定数量的经营资金,而企业的初始经营资金一般来自创始股东的投资,企业设立后还可以通过债务方式筹集资金。生产经营资金在生产经营过程中是在不断地运动的,在运动过程中资金的占用形态不同,一般经过货币资金—储备资金—生产资金—成品资金—货币资金等形态。随着生产经营过程的不断进行,资金形态也在不断转化,这就形成了生产经营资金的循环和周转。从生产经营过程看,资金投入企业以后依次经过供应过程、生产过程和销售过程,最终形成对财务成果的计算和分配过程。

供应过程是制造业企业产品生产的准备过程。在供应阶段,企业用货币资金购买生产资料(如厂房、机器设备)和劳动对象(如原材料、辅助材料),由原来的货币资金形态分别转换为固定资金形态和储备资金形态。

生产过程,企业借助生产资料对劳动对象进行加工,制造产品。在这一过程中要发生物化劳动和劳动者的活劳动耗费,将所发生的生产费用进行归集并分配到各种产品成本,结转产品生产成本。随着生产费用的支出,其资金形态由原来的固定资金形态和储备资金形态转化为生产资金形态,随着产品的完工并验收入库,资金形态又由生产资金形态转化为成品资金形态。

销售过程,企业将生产出来的产品进行销售,收回现金。另外,在此期间还要发生销售费用、根据国家税法规定缴纳税金,结转销售产品的生产成本,以此计算企业的财务成果,企业将赚取的利润部分用于分配,部分再次进入生产经营活动,开始新的资金循环。

综上所述,企业在生产经营过程中发生的主要经济业务内容包括:资金的筹集过程、供应过程、生产过程、销售过程、财务成果形成与分配过程。资金的循环就是从货币资金开始依次转化为储备资金、生产资金、产品资金,最后又回到货币资金的过程,周而复始的循环就是周转。

第二节 企业筹资业务核算

企业要开展生产经营活动,离不开资金。对任何一个企业而言,资金来源一般有两种渠道:一是企业投资者的投入,可以通过发行股票或接受直接投资等方式获得;二是向债权人借入的资金,可以从银行等金融机构借款或发行债券而获得。前者构成所有者权益,该部分业务称为权益资本业务;后者形成企业的负债,该部分业务称为负债资本业务,这部分资金需要按法定或约定偿还本金和支付利息。

一、权益资本业务核算

企业投资者的投入是企业所有者权益的重要组成部分,在企业正常生产经营中一般不返还给投资者。所有者权益是投资者对企业净资产的所有权,包括实收资本(股本)、资本公积、盈余公积和未分配利润等。本部分将着重介绍所有者权益中的实收资本和资本公积金业务的核算,至于盈余公积和未分配利润的内容将在本章第七节利润形成与分配业务核算中进行阐述。

（一）权益资本业务的内容

1. 实收资本（股本）

实收资本是指企业的投资者按照企业章程或合同、协议的约定，实际投入企业的资本数额。股本是指股份有限公司按照股份面值计价的投入资本。

企业的资本金按照投资主体的不同可以分为：接受国家投资而形成的资本金称为国家资本金；接受其他企业单位的投资而形成的资本金称为法人资本金；接受个人包括企业内部职工的投资而形成的资本金称为个人资本金；接受外国及中国港、澳、台地区企业的投资而形成的资本金称为外商资本金。投资者可以用货币出资，也可以用实物如知识产权、土地使用权等，可以用非货币性财产作价出资等。但是，法律、行政法规规定不得作为出资的财产除外。对作为出资的非货币性财产应当评估作价，核实财产，不得高估或者低估作价。法律、行政法规对评估作价有规定的，从其规定。根据股东出资方式的不同，会形成相应的资产，如库存现金、银行存款、固定资产、原材料和无形资产等。

2014年3月1日起，公司实行注册资本认缴登记制度。认缴资本登记制度是指公司股东以其认缴的出资总额或者发起人以其认购的股本总额（即公司注册资本）在工商行政管理机关登记的制度。公司的股东须以其认缴的出资额（或股份）为限对公司承担责任。公司股东（发起人）对其认缴出资额、出资方式、出资期限等自主约定，并记载于公司章程。即股东认缴的资本可以在公司章程约定的时间内分期缴纳，公司注册时的注册资本金可能不等于实收资本。

2. 资本公积

资本公积是企业收到投资者的超出其在企业注册资本（或股本）中所占份额的投资，是投资者共有的资本，包括资本（股本）溢价和其他来源形成的资本。资本公积从其实质上看是一种准资本，它是资本的一种储备形式，是企业所有者权益的重要组成部分。但是，资本公积与实收资本（或股本）又有一定的区别，实收资本（或股本）是公司所有者（股东）为谋求价值增值而对公司的一种原始投入，从法律上讲属于公司的法定资本。而资本公积可以来源于投资者的额外投入，也可以来源于除投资者之外的其他企业或个人等的投入。资本公积的主要用途就在于转增资本。

（二）账户设置

1. "实收资本（股本）"账户

"实收资本（股本）"账户属于所有者权益类账户，用来核算按照企业章程或合同、协议的约定，实际投入企业的资本金，以及按照有关规定由资本公积和盈余公积转增资本的资金。其贷方登记实收资本（股本）的增加额，其借方登记实收资本（股本）的减少额，期末余额在贷方，表示投资者投入企业资本金的结余额。企业应按照投资者的不同设置明细账户，如"国家资本""法人资本""个人资本"和"外商资本"等进行明细核算。

"实收资本（股本）"账户的结构如下：

借	实收资本（股本）	贷
实收资本（股本）的减少额	实收资本（股本）的增加额	
	期末余额：实收资本（股本）的实有额	

2.“资本公积”账户

“资本公积”账户属于所有者权益类账户,核算企业收到投资者出资额超出其在注册资本或股本中所占份额的部分,以及其他来源形成的资本等。其贷方登记从不同渠道取得的资本公积即资本公积的增加数,借方登记用资本公积转增资本即资本公积的减少数,期末余额在贷方,表示资本公积的期末结余数。本账户应当分别“资本溢价(股本溢价)”“其他资本公积”进行明细核算。

“资本公积”账户的结构如下:

借	资本公积	贷
资本公积的减少额	资本公积的增加额	
	期末余额:资本公积的结余数	

3.“银行存款”账户

“银行存款”账户属于资产类账户,核算企业存入银行或其他金融机构的各种款项。该账户借方登记银行存款的增加额,贷方登记银行存款的减少额,期末余额在借方,反映企业存在银行或其他金融机构的各种款项。企业可以按照开户银行或其他金融机构、存款种类等设置明细账户,进行明细核算。

“银行存款”账户的结构如下:

借	银行存款	贷
银行存款的增加额	银行存款的减少额	
期末余额:银行存款的结余数		

4.“固定资产”账户

“固定资产”账户属于资产类账户,核算企业持有的固定资产的增减变动情况。该账户借方登记增加固定资产的原始价值,包括投资者投入、外购、自建等;贷方登记减少固定资产的价值,包括出售、报废、毁损、盘亏、投资转出等原因减少的固定资产原价。期末余额在借方,反映企业固定资产的原价。本账户可按固定资产类别、使用部门和项目进行明细核算。

“固定资产”账户的结构如下:

借	固定资产	贷
固定资产取得的增加额	固定资产的减少额	
期末余额:固定资产原价的结余额		

5.“无形资产”账户

“无形资产”账户属于资产类账户,核算企业持有的专利权、非专利技术、商标权、著作权、土地使用权等各种无形资产的增减变动情况。该账户借方登记投资者投入、企业外购、自行开发等取得的无形资产的增加数,贷方登记处置、出售等原因引起的无形资产的减少数,期末余额在借方,反映企业持有无形资产的摊余价值。本账户可按无形资产类别进行明细核算。

"无形资产"账户的结构如下：

借	无形资产	贷
无形资产取得的增加额	无形资产的减少额	
期末余额:无形资产的摊余价值		

6. "应交税费"账户

"应交税费"账户属负债类账户,核算企业按照税法规定计算应缴纳的各种税费与实际缴纳情况。其贷方登记企业计算出的各种应交而未交税费的增加,包括增值税、消费税、所得税、城市维护建设税、教育费附加、房产税、车船使用税等。其借方登记实际缴纳的各种税费,其贷方登记企业计算的各种应交税费。期末余额在贷方,表示企业尚未缴纳的税费。该账户应按税费的种类进行明细核算。有关增值税的具体内容将在本章第三节供应过程核算中介绍。

"应交税费"账户的结构如下：

借	应交税费	贷
实际交纳的各种税费	计算出的应交而未交的税费	
期末余额:多交的税费	期末余额:未交的税费	

(三) 账务处理

下面将以华诚有限责任公司 20×9 年业务为例说明权益资本业务核算过程：

【例 5-1】 华诚有限责任公司接受 A 公司投入的资金 800 000 元,款项已存入银行。

资金存入银行,资产增加,应记入"银行存款"账户的借方;投资者对公司投资的增加是所有者权益的增加,应记入"实收资本"账户的贷方。编制会计分录如下：

借:银行存款 800 000
　贷:实收资本——A 公司 800 000

【例 5-2】 华诚有限责任公司收到投资者 B 公司投入的设备一台,增值税专用发票上注明价款 60 000 元,增值税税额为 7 800 元,已运达企业办理完交接手续。

公司接受了投资者 B 公司投入的设备,导致企业的固定资产增加 60 000 元,固定资产的增加属于资产的增加,应记入"固定资产"账户的借方;应按照发票上标明的增值税进项税额,借记"应交税费——应交增值税(进项税额)"[①];企业的所有者权益增加了 67 800 元,应记入"实收资本"账户的贷方。编制会计分录如下：

借:固定资产 60 000
　应交税费——应交增值税(进项税额) 7 800
　贷:实收资本——B 公司 67 800

【例 5-3】 华诚有限责任公司收到投资者 C 公司投入的一项商标权,经投资双方共同确认的价值 1 500 000 元,已办完各种手续,该投资在华诚公司注册资本中应享有的份额为 1 000 000 元。

公司接受了投资者投入的商标权,导致企业的无形资产增加 1 500 000 元,应记入"无形资产"账户的借方;同时公司的"实收资本"也增加了 1 000 000 元,超出注册资本中应享有的份额部分

[①] 2019 年 4 月 1 日起,增值税一般纳税人发生增值税应税销售行为或者进口货物,税率调整为 13%。

500 000元属于资本溢价,应记入"资本公积"账户。"实收资本"和"资本公积"的增加属于所有者权益的增加,应分别记入"实收资本"和"资本公积(资本溢价)"账户的贷方。编制会计分录如下:

借:无形资产——商标权   1 500 000

 贷:实收资本——C公司   1 000 000

  资本公积——资本溢价   500 000

【例5-4】 华诚有限责任公司因发展需要,决定增加注册资本60万元(其中B公司认缴40%的资本,C公司认缴60%的资本),分别收到B公司和C公司的缴款30万元和45万元,款项通过开户银行转入华诚公司的账户。

华诚公司因接受B公司和C公司的投资,"实收资本"增加,应记入"实收资本"的贷方;但由于B公司和C公司实际支付的投资款超过注册资本(即产生资本溢价),超过部分应作为"资本公积"处理。编制会计分录如下:

借:银行存款   750 000

 贷:实收资本——B公司   240 000

    ——C公司   360 000

  资本公积——资本溢价   150 000

【例5-5】 华诚有限责任公司经股东大会批准,将公司的资本公积300 000元转增资本,其中A、B、C公司分别占华诚公司股份的25%、30%、45%。

这是一项所有者权益内部转化的业务。这项经济业务的发生,一方面使得公司的"实收资本"增加300 000元,另一方面使得公司的"资本公积"减少300 000元。资本公积的减少是所有者权益的减少,应记入"资本公积"账户的借方;实收资本的增加是所有者权益的增加,应记入"实收资本"账户的贷方。编制会计分录如下:

借:资本公积   300 000

 贷:实收资本——A公司   75 000

    ——B公司   90 000

    ——C公司   135 000

所有者权益资金筹集核算示意图如图5-1所示。

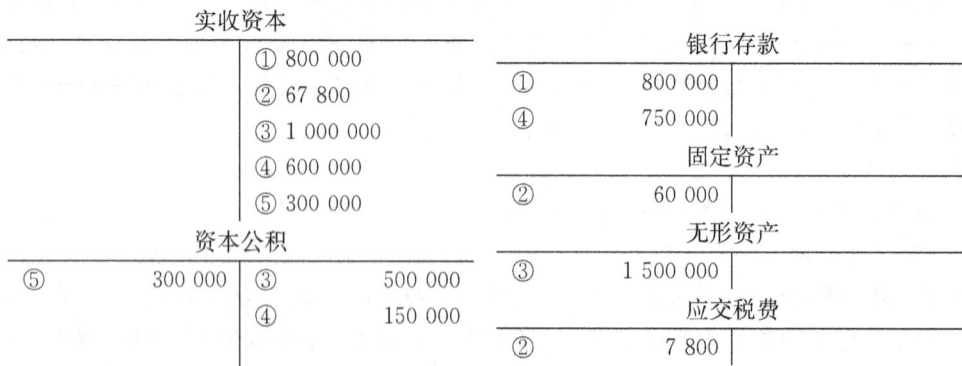

实收资本		银行存款	
	① 800 000	① 800 000	
	② 67 800	④ 750 000	
	③ 1 000 000	**固定资产**	
	④ 600 000	② 60 000	
	⑤ 300 000	**无形资产**	
资本公积		③ 1 500 000	
⑤ 300 000	③ 500 000	**应交税费**	
	④ 150 000	② 7 800	

图5-1 所有者权益资金筹集核算示意图

二、负债资本业务核算

当企业自有资金不足以满足企业经营运转需要时,可以通过从银行或其他金融机构借款的方式,也可以通过向社会公开发行债券方式,并按借款协议约定的利率承担支付利息及到期归还借款本金的义务。偿还期在一年以下(含一年)各种借款称为短期借款,偿还期在一年以上的各种借款称为长期借款。企业从债权人那里筹集到的资金形成企业的负债,它表示企业的债权人对企业资产的要求权,即债权人权益。作为一项负债必须要有确切的债权人、到期日和确切的金额。到期必须还本付息是负债不同于所有者权益的一个明显特征。

(一)利息的确认与计量

短期借款必须按期归还本金并按时支付利息。短期借款的利息支出属于企业在理财活动过程中为筹集资金而发生的一项耗费,在会计核算中,企业应将其作为期间费用(财务费用)加以确认。如果银行对企业的短期借款按月计收利息,或者虽在借款到期收回本金时一并收回利息,但利息数额不大,企业可以在收到银行的计息通知或在实际支付利息时,直接将发生的利息费用记入当期损益(财务费用);如果银行对企业的短期借款采取按季或半年等较长期间计收利息,或者是在借款到期收回本金时一并计收利息且利息数额较大,为了正确地计算各期损益额,保持各个期间损益额的均衡性,企业通常按权责发生制核算基础的要求,采取计提的方法按月计算应付利息,记入各月的期间损益(财务费用),待季度或半年等结息期终了或到期支付利息时,再冲销应付利息这项负债。

而对于长期借款来说,企业举借长期借款,主要是为了增添大型固定资产、购置地产、增添或补充厂房等各种长期耐用的固定资产的需要。按照会计准则的规定,长期借款的利息费用应按照权责发生制核算基础的要求,在该长期借款所进行的长期工程项目完工之前发生的利息,应将其资本化,记入该工程成本。购建或者生产符合资本化条件的资产达到预定可使用或者可销售状态时,借款费用应当停止资本化。在工程完工达到可使用状态之后产生的利息支出应予以费用化,即在利息费用发生的当期直接记入当期损益(财务费用)。

(二)账户设置

1.“短期借款”账户

“短期借款”账户属于负债类账户,用来核算企业向银行或其他金融机构等借入的期限在1年以下(含1年)的各种借款。该账户贷方登记企业借入的各种短期借款的增加额,借方登记归还短期借款的数额,期末贷方余额反映企业尚未偿还的短期借款。该账户可按借款种类、贷款人和币种进行明细核算。

“短期借款”账户的结构如下:

借	短期借款	贷
短期借款的偿还(减少)	短期借款的取得(增加)	
	期末余额:短期借款的结余额	

2.“长期借款”账户

“长期借款”账户属于负债类账户,用来核算企业向银行或其他金融机构借入的期限在1

年以上(不含 1 年)的各项借款。该账户贷方登记企业借入的各种长期借款本金及利息调整,借方登记归还的各种长期借款本金的数额,期末贷方余额反映企业尚未偿还的长期借款。该账户可按贷款单位和贷款种类,分别"本金""利息调整"等进行明细核算。

"长期借款"账户的结构如下:

借	长期借款	贷
长期借款的偿还(减少)	长期借款本金的取得及利息调整(增加)	
	期末余额:尚未偿还长期借款额	

3."财务费用"账户

"财务费用"账户属于损益类账户,用来核算企业为筹集生产经营所需资金等而发生的各种筹资费用,包括利息支出(减利息收入)、佣金、汇兑损益(减汇兑收益)以及相关的手续费等。但在企业筹建期间发生的利息支出,应记入开办费。"财务费用"账户的借方登记发生的财务费用,贷方登记发生的应冲减财务费用的利息收入、汇兑收益以及期末转入"本年利润"账户的财务费用净额(即财务费用支出大于收入的差额,如果收入大于支出则进行反方向的结转)。经过结转之后,该账户期末没有余额。"财务费用"账户应按照费用项目设置明细账户,进行明细分类核算。

"财务费用"账户的结构如下:

借	财务费用	贷
发生的费用: 　利息支出 　手续费 　汇兑损失	利息收入 期末转入"本年利润"账户的财务费用额	

4."应付利息"账户

"应付利息"账户属于负债类账户,用来核算企业按照合同约定应支付的利息,包括短期借款、分期付息到期还本的长期借款、企业债券等应支付的利息。该账户贷方登记计算的短期借款、长期借款的利息费用以及分期付息、到期还本的债券按票面利率计算确定的应付未付利息;借方登记实际支付的利息;本账户期末贷方余额,反映企业应付未付的利息。本账户可按债权人进行明细核算。

"应付利息"账户的结构如下:

借	应付利息	贷
支付的利息	计算的各种借款的利息费用	
	期末余额:尚未支付的利息	

(三)账务处理

下面以华诚有限责任公司 20×9 年的业务说明负债资本业务核算过程。

1. **短期借款业务的核算**

【例 5-6】 20×9 年 1 月 1 日华诚有限责任公司因生产经营的需要向银行借入期限 6 个

月,年利率6%的借款500 000元,已存入银行。

这项经济业务的发生,一方面使得公司的银行存款增加500 000元,另一方面使得公司的短期借款增加500 000元。银行存款的增加是资产的增加,应记入"银行存款"账户的借方;短期借款的增加是负债的增加,应记入"短期借款"账户的贷方。编制会计分录如下:

借:银行存款　　　　　　　　　　　　　　　　　500 000
　　贷:短期借款　　　　　　　　　　　　　　　　　　　500 000

【例5-7】　利息按季度结算,计算公司1月份应负担的利息为2 500元。

这项经济业务的发生,首先应按照权责发生制核算基础的要求,计算本月应负担的利息额,即本月应负担的借款利息为2 500元($=500 000×6\%÷12$)。借款利息属于企业的一项财务费用,由于利息是按季度结算的,本月的利息虽然在本月计算并由本月来负担,但却不在本月实际支付,因而一方面形成企业本月的一项费用(财务费用),另一方面形成企业的一项负债(应付利息)。财务费用的增加属于费用的增加,应记入"财务费用"账户的借方;应付利息的增加属于负债的增加,应记入"应付利息"账户的贷方。编制会计分录如下:

借:财务费用　　　　　　　　　　　　　　　　　2 500
　　贷:应付利息　　　　　　　　　　　　　　　　　　　2 500

【例5-8】　华诚有限责任公司在3月末用银行存款7 500元支付本季度的银行借款利息(4月份的利息计算和处理方法同于1月份,这里略)。

这项经济业务的发生,一方面使得公司的银行存款减少7 500元,另一方面本月应负担的利息费用为2 500元,公司的应付利息减少了5 000元(1月份和2月份分别为2 500元)。银行存款的减少是资产的减少,应记入"银行存款"账户的贷方,本月负担的利息费用属于费用的增加,应记入"财务费用"账户的借方;应付利息的减少是负债的减少,应记入"应付利息"账户的借方。编制会计分录如下:

借:应付利息　　　　　　　　　　　　　　　　　5 000
　　财务费用　　　　　　　　　　　　　　　　　2 500
　　贷:银行存款　　　　　　　　　　　　　　　　　　　7 500

【例5-9】　华诚有限责任公司在6月30日用银行存款500 000元偿还到期的银行借款本金(假设利息另外处理)。

这项经济业务的发生,一方面使得公司的银行存款减少500 000元,另一方面又使得公司的短期借款减少500 000元。银行存款的减少是资产的减少,应记入"银行存款"账户的贷方;短期借款的减少是负债的减少,应记入"短期借款"账户的借方。编制会计分录如下:

借:短期借款　　　　　　　　　　　　　　　　　500 000
　　贷:银行存款　　　　　　　　　　　　　　　　　　　500 000

2. 长期借款业务的核算

【例5-10】　华诚有限责任公司20×8年1月1日,为建造厂房(工期1.5年)向银行借入2年期借款3 000 000元,年利率8%,资金已划入公司账户,合同规定到期一次还本付息。公司当即将该借款投入到厂房建设工程中。

这项经济业务的发生,一方面公司的长期借款增加了3 000 000元,长期借款的增加是负债的增加,应记入"长期借款"账户的贷方;另一方面资金已划入公司账户,导致银行存款也相

应增加 5 000 000 元,应记入"银行存款"账户的借方。编制会计分录如下:

借:银行存款   3 000 000

  贷:长期借款   3 000 000

【例 5-11】 12 月 31 日,华诚有限责任公司计算确认 20×8 年应由厂房工程负担的借款利息 240 000 元。

借款约定到期一次付息,但借款的受益期是整个借款期。因此,如果借款受益期跨了两个或两个以上的会计期间,应于每个会计期末确认应归属当期的利息费用及当期应承担、但未支付的利息债务,计算本年度应负担的利息额,即 20×8 年的利息为 240 000 元(=3 000 000×8%)。这项经济业务的发生,一方面使得公司的在建工程成本①增加 240 000 元,另一方面公司的应付利息增加 240 000 元。工程成本的增加是资产的增加,应记入"在建工程"账户的借方;借款利息的增加是负债的增加,应记入"应付利息"账户的贷方。编制会计分录如下:

借:在建工程——厂房   240 000

  贷:应付利息   240 000

【例 5-12】 20×9 年 12 月 31 日计算确认当年的借款利息并一次性还本付息。

该笔业务可以分为两步进行:

(1) 计算该笔长期借款在 20×9 的利息为 240 000 元,由于工程已经在 20×9 年中期完工,所以 20×9 年前半年的利息 120 000 元应记入"在建工程",20×9 年后半年的利息 120 000 元不能记入工程成本,而应记入当年"财务费用"。这项经济业务的发生,一方面使得公司在建工程成本增加 120 000 元、财务费用增加 120 000 元,另一方面公司的应付利息增加 240 000 元。工程成本增加属于资产的增加,应记入"在建工程"账户的借方,利息费用增加属于费用的增加,应记入"财务费用"账户的借方;应付利息的增加是负债的增加,应记入"应付利息"账户的贷方。编制的会计分录为:

借:在建工程——厂房   120 000

  财务费用   120 000

  贷:应付利息   240 000

(2) 一次性还本付息。该笔长期借款 2 年的本利和为 3 480 000 元,其中 2 年的利息共 480 000 元。该笔还款业务的发生,一方面使得长期借款本金减少 3 000 000 元,应付利息减少 480 000 元,另一方面使得公司的银行存款减少 3 480 000 元。长期借款和应付利息的减少是负债的减少,应分别记入"长期借款"账户和"应付利息"账户的借方;银行存款的减少是资产的减少,应记入"银行存款"账户的贷方。编制的会计分录为:

借:长期借款   3 000 000

  应付利息   480 000

  贷:银行存款   3 480 000

负债资金筹集的核算示意图如图 5-2 所示。

---

① 在固定资产建造工程交付使用之前,用于工程的借款利息属于一项资本性支出,应记入固定资产建造工程成本。建造工程完工后所发生的借款利息应该费用化,记入"财务费用"。

短期借款			
⑨ 500 000	⑥ 500 000		

银行存款			
⑥ 500 000	⑧ 7 500		
⑩ 3 000 000	⑨ 500 000		
	⑫ 2 3 480 000		

长期借款			
⑫ 2 3 000 000	⑩ 3 000 000		

在建工程			
⑪ 240 000			
⑫ 1 120 000			

应付利息			
⑧ 5 000	⑦ 2 500		
⑫ 2 480 000	⑪ 240 000		
	⑫ 1 240 000		

财务费用			
⑦ 2 500			
⑧ 2 500			
⑫ 1 120 000			

图 5-2 负债资金筹集的核算示意

第三节 供应过程核算

企业在资金筹集以后,进入了生产的准备阶段,一方面要购置厂房和机器设备等固定资产;另一方面,要购置各种原材料和辅助材料等劳动对象。因此,供应过程包括固定资产的购建和材料物资的采购等过程。

一、固定资产的购置业务的核算

(一)固定资产的含义

《企业会计准则第4号——固定资产》对固定资产的定义,是指同时具有下列两个特征的有形资产:为生产商品、提供劳务、出租或经营管理而持有的;使用寿命超过一个会计年度的。使用寿命是指企业使用固定资产的预计期间,或者该固定资产所能生产产品或提供劳务的数量。固定资产的金额标准由企业根据其规模和管理需要自行决定。

固定资产是企业资产中重要的内容之一,企业可以从各种渠道如外购、自行建造、投资者投入、非货币性资产交换、债务重组、企业合并和租赁取得的固定资产,其中购买和自行建造固定资产是最主要的方式。购买是指企业以货币资金等直接从供应商处购入不需要安装直接投入使用和需要安装才可投入使用的机器设备;建造,是指企业通过自行建造或出包的方式建造生产经营用的设备、厂房等固定资产。

(二)固定资产入账价值的确定

在固定资产购建过程中,固定资产价值的确认是关键环节。按照《企业会计准则第4号——固定资产》的规定,固定资产应当按照成本进行初始计量,即企业购建固定资产达到预定可使用状态前所发生的一切合理的、必要的支出。

由于企业可以从各种渠道取得固定资产,不同的渠道形成的固定资产,其价值构成的具体内容可能不同,因而固定资产取得时的入账价值应根据具体情况和涉及的具体内容分别确定。其中:① 外购固定资产的成本,包括购买价款、相关税费、使固定资产达到预定可使用状态前所发生的可归属于该项资产的运输费、装卸费、安装费和专业人员服务费等一切合理的、必要的支出;② 自行建造固定资产的入账价值,由建造该项资产达到预定可使用状态前所发生的必要支出构成,符合资本化原则的借款费用应记入固定资产成本。为购买和建造固定资产所支付的增值税进项税额不得记入固定资产成本。

增值税专栏

2016 年 5 月 1 日全面实施营改增,将试点范围扩大到建筑业、房地产业、金融业和生活服务业,实现增值税对货物和服务的全覆盖。2019 年 3 月 21 日,三部委联合发布《关于深化增值税改革有关政策的公告》,明确增值税税率降低、不动产进项税一次性抵扣、旅客运输服务允许抵扣、生产生活性服务业进项税额加计 10% 抵减应纳税额等,标志着我国增值税进入一个新阶段,打通了增值税所有的抵扣链条。因此,熟练掌握增值税的基本知识是学习会计处理的首要前提。本专栏简要介绍《中华人民共和国增值税暂行条例》及其实施细则和财政部、国家税务总局、海关总署联合发布于 2019 年 4 月 1 日执行的《关于深化增值税改革有关政策的公告》(即增值税改革细则)的相关规定。

增值税是指对在我国境内销售货物、提供加工修理修配劳务、销售服务、无形资产或不动产、进口货物的企业单位和个人,就其销售货物、劳务、服务、无形资产、不动产的销售额和进口货物金额为计税依据,并实行税款抵扣制的一种流转税。

(1)小规模纳税人和一般纳税人。

小规模纳税人是指年销售额在规定标准以下,并且会计核算不健全的,不能按规定报送税务资料的增值税纳税人。自 2018 年 5 月 1 日起,小规模纳税人标准统一为应征增值税销售额 500 万元及以下。年应税销售额超过财政部和国家税务总局规定的小规模纳税人标准以上的为一般纳税人。

(2)征税范围。

在中华人民共和国境内销售或进口货物、提供加工修理修配劳务、销售服务、销售无形资产或不动产。

(3)计税方法。

增值税的计税方法,主要包括一般计税方法和简易计税方法。对一般纳税人增值税的计算一般采用一般计税方法,某些特殊情况下采用或选择采用简易计税方法;对小规模纳税人增值税的计算采用简易计税方法。

一般计税方法,采用国际上通行的购进扣税法,即先按当期销售额和使用税率计算出销项税额(即对销售全额征税),然后对当期购进项目已经缴纳的税款进行抵扣,从而间接计算出对当期增值额部分的应纳税额。

$$本期应纳增值税税额 = 本期销项税额 - 本期准予抵扣进项税额$$

其中,
$$销项税额 = 销售额 \times 增值税税率$$
$$进项税额 = 买价 \times 增值税税率$$

简易计税方法的应纳税额,是指按照销售额和增值税征收率计算的增值税税额,不得抵扣进项税额。其计算公式为:

$$应纳税额＝销售额×征收率$$

简易计税方法的销售额和一般计税方法下的销售额的内容是一致的,都是销售货物、劳务、服务、无形资产或不动产向购买方收取的全部价款和价外费用,且不包括从购买方收取的增值税额。

(4)税率。

《关于深化增值税改革有关政策的公告》明确,自2019年4月1日起,一般纳税人的增值税税率有:基本税率13%;低税率9%和6%;出口零税率。

基本税率13%主要适用:纳税人销售和进口货物(使用9%的低税率除外)、提供加工修理修配劳务、销售有形动产租赁服务;

低税率9%主要适用:销售交通运输服务、邮政、基础电信、建筑、不动产租赁服务,销售不动产,转让土地使用权以及销售或进口正列举的农产品等货物;

低税率6%主要适用:销售增值电信服务、金融服务、现代服务和生活服务、转让土地使用权以外的无形资产;

零税率适用:纳税人出口货物、服务或无形资产。

简易计税方法下,法定的征收率为3%,财政部和国家税务总局另有规定的除外。一些特殊项目适用3%减按2%的征收率;与不动产有关的特殊项目适用5%的征收率,一些特殊项目适用5%减按1.5%的征收率。

(5)账户设置。

根据有关增值税会计处理的规定,企业应在"应交税费"账户下设置"应交增值税"二级账户,并在此二级账户下设置"进项税额""已交税金""销项税额""进项税额转出"等明细账户,格式见表5-1。

表5-1 应交税费——应交增值税明细账

年		凭证编号	摘要	借 方					贷 方					借或贷	余额
月	日			进项税额	已交税金	…	转出未交增值税	合计	销项税额	出口退税	进项税额转出	…	转出多交增值税	合计		

"进项税额"明细账户,记录企业购入货物或接受应税劳务而支付的、准予从销项税额中抵扣的增值税额。

"已交税金"明细账户,记录企业已缴纳的增值税额。

"销项税额"明细账户,记录企业销售商品、产品或提供应税劳务应收取的增值税额。

$$增值税销项税额＝销售货物的不含税售价×增值税税率$$

"进项税额转出"明细账户,记录企业的购进货物、在产品、库存商品等发生非正常损失以及其他原因而不应从销项税额中抵扣,按规定转出的进项税额。

增值税
法介绍

（三）账户设置

由于固定资产、银行存款等账户已在资金筹集业务中进行了讲解，这里只介绍其余账户。

1．"工程物资"账户

"工程物资"账户属资产类账户，核算企业为在建工程准备的各种物资的成本，包括工程用材料、尚未安装的设备以及为生产准备的工器具等。其借方核算购入的工程物资所增加的金额；贷方登记在建工程领用工程物资以及工程完工后转作本企业存货的成本；期末余额在借方，反映企业为在建工程准备的各种物资的成本。本账户可按"专用材料""专用设备""工器具"等进行明细核算。

"工程物资"账户的结构如下：

借	工程物资	贷
工程物资的取得（增加）	在建工程领用（减少）	
期末余额：工程物资的结余额		

2．"在建工程"账户

"在建工程"账户属资产类账户，核算企业基建、安装、技术改造以及大修理等在建工程发生的支出。其借方核算在建工程中发生的材料费、人工费、机械施工费及基建工程发生的工程管理费、征地费、可行性研究费、临时设施费、公证费、监理费等工程达到预定可使用状态前所发生的支出；贷方核算工程达到预定可使用状态时，结转到固定资产的价值；期末余额在借方，反映尚未达到预定可使用状态的在建工程的成本。该账户可按"建筑工程""安装工程""技术改造工程""大修理工程"等进行明细核算。

"在建工程"账户的结构如下：

借	在建工程	贷
工程发生的各项实际支出	结转已达到预定可使用状态的工程实际成本	
期末余额：尚未达到预定可使用状态的在建工程的成本		

3．"库存现金"账户

"库存现金"账户属资产类账户，核算企业的库存现金。库存现金的增加记在账户的借方，减少记贷方，期末余额在借方，反映企业持有的库存现金。

"库存现金"账户的结构如下：

借	库存现金	贷
库存现金的增加额	库存现金的减少额	
期末余额：库存现金的结余额		

4．"应交税费——应交增值税"

"应交税费——应交增值税"指一般纳税人和小规模纳税人销售货物或者提供加工、修理修配劳务、销售服务、无形资产或不动产等应缴纳的增值税。增值税一般纳税人应在"应交增值税"明细账内设置"进项税额""销项税额抵减""已交税金""转出未交增值税""减免税款""出口抵减内销产品应纳税额""销项税额""出口退税""进项税额转出""转出多交增值税"等专栏；

小规模纳税人只需在"应交税费"科目下设置"应交增值税"明细科目。

应交税费——应交增值税账户的结构如下：

借	应交税费——应交增值税	贷
(1) 购进货物和接受劳务、服务等支付的进项税额 (2) 销项税额抵减 (3) 已缴纳的增值税额 (4) 减免税款 (5) 出口抵减内销产品应纳税额 (6) 转出未交增值税		(1) 销售货物或提供劳务、服务等应交纳的销项税额 (2) 出口退税额 (3) 进项税额转出 (4) 转出多交增值税

(四) 账务处理

下面以华诚有限责任公司 20×9 年的业务说明固定资产购置业务核算过程：

【例 5-13】　华诚有限责任公司购入不需安装的生产用设备一台,该设备的买价 50 000 元,增值税 6 500 元;运费 1 000 元(不考虑增值税)。全部款项使用银行存款支付,设备当即投入使用。

购入不需安装的设备,一方面使固定资产增加 51 000 元(＝50 000＋1 000),固定资产的增加属于资产的增加,应记入"固定资产"账户的借方;增值税税额,记入"应交税费——应交增值税(进项税额)"账户的借方;另一方面,款项通过银行转账支付,银行存款相应减少 57 500 元,应记入"银行存款"账户的贷方。编制会计分录如下：

借:固定资产——设备　　　　　　　　　　　　　　　　51 000

　　应交税费——应交增值税(进项税额)　　　　　　　　 6 500

　　　贷:银行存款　　　　　　　　　　　　　　　　　　　　57 500

【例 5-14】　华诚有限责任公司购入工程物资一批,收到的增值税专用发票上注明的物资价款 10 000 元,增值税额 1 300 元,款已用银行存款转账。另用现金支付运杂费等 300 元(不考虑增值税)。

为安装机器设备而购买的工程物资,其进项税额是可以抵扣的。因此,该笔业务使企业工程物资增加了 10 300 元(＝10 000＋300),工程物资的增加属于资产的增加,应记入"工程物资"账户的借方;增值税额 1 300 元,记入"应交税费——应交增值税(进项税额)"账户的借方;另一方面银行存款和库存现金各减少了 11 300 元和 300 元,应记入"银行存款"账户和"库存现金"账户的贷方。编制的会计分录如下：

借:工程物资——专用材料　　　　　　　　　　　　　　10 300

　　应交税费——应交增值税(进项税额)　　　　　　　　 1 300

　　　贷:银行存款　　　　　　　　　　　　　　　　　　　　11 300

　　　　库存现金　　　　　　　　　　　　　　　　　　　　 300

【例 5-15】　华诚有限责任公司用银行存款购入一台需要安装的设备,增值税专用发票注明买价 65 000 元,增值税税额 8 450 元,支付运杂费 1 500 元(不考虑增值税),设备投入安装。款项通过银行转账支付。

购入需安装的设备,一方面使在建工程增加 66 500 元(＝65 000＋1 500),在建工程的增加属于资产的增加,应记入"在建工程"账户的借方;支付的增值税,记入"应交税费——应交增值税(进项税额)"账户的借方;另一方面,款项通过银行转账支付,银行存款相应减少 74 950

元,应记入"银行存款"账户的贷方。编制会计分录如下:

借:在建工程——安装工程   66 500

  应交税费——应交增值税(进项税额)   8 450

  贷:银行存款   74 950

【例5-16】 上述设备由企业自行安装,领用工程物资6 000元,甲材料500元,应付安装工人工资福利费等1 000元,用现金支付其他费用100元。

领用工程物资、材料,负担安装工人薪酬,支付的其他安装费用等导致在建工程成本增加了7 600元(=6 000+500+1 000+100),在建工程的增加属于资产增加,记入"在建工程"账户的借方;同时使工程物资、原材料、库存现金等分别减少了6 000元、500元和100元,属资产减少,分别记入"工程物资""原材料"和"库存现金"账户的贷方;应付安装工人工资增加了1 000元,应付职工薪酬的增加属负债增加,记入"应付职工薪酬"的贷方。编制会计分录如下:

借:在建工程——安装工程   7 600

  贷:工程物资——专用材料   6 000

   原材料——甲材料   500

   应付职工薪酬——工资   1 000

   库存现金   100

【例5-17】 上述设备安装完工交付使用。

设备安装完工交付使用,导致固定资产增加74 100元(=66 500+7 600)固定资产增加属于资产的增加,应记入"固定资产"账户的借方;同时,在建工程减少74 100元,属于资产的减少,应记入"在建工程"账户的贷方。编制会计分录如下:

借:固定资产——设备   74 100

  贷:在建工程——安装工程   74 100

固定资产购置核算示意图如图5-3所示。

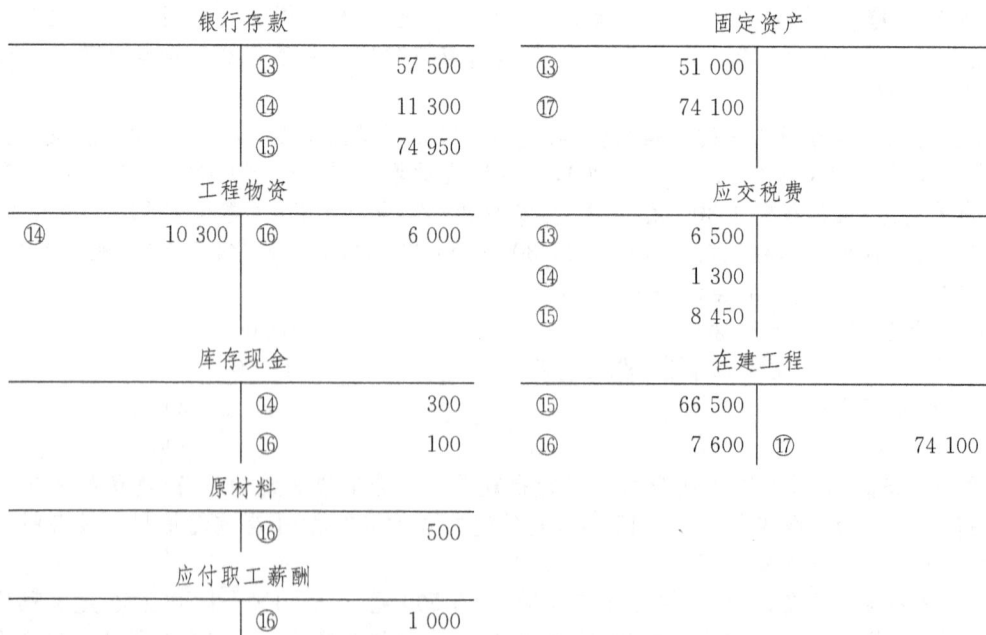

银行存款		固定资产	
	⑬ 57 500	⑬ 51 000	
	⑭ 11 300	⑰ 74 100	
	⑮ 74 950		

工程物资		应交税费	
⑭ 10 300	⑯ 6 000	⑬ 6 500	
		⑭ 1 300	
		⑮ 8 450	

库存现金		在建工程	
	⑭ 300	⑮ 66 500	⑰ 74 100
	⑯ 100	⑯ 7 600	

原材料	
	⑯ 500

应付职工薪酬	
	⑯ 1 000

图5-3 固定资产购置核算示意图

二、材料采购业务的核算

企业要进行正常的产品生产经营活动,就必须购买和储备一定品种和数量的原材料。原材料是产品制造企业生产产品不可缺少的物质要素。在生产过程中,材料经过加工而改变其原来的实物形态,构成产品实体的一部分。因此,产品制造企业要有计划地采购材料,既要保证及时、按质、按量地满足生产上的需要,同时又要避免储备过多,不必要的占用资金。在材料采购过程中,一方面是企业从供应单位购进各种材料,计算购进材料的采购成本,另一方面企业要按照经济合同和约定的结算办法支付材料的买价和各种采购费用,并与供应单位发生货款结算关系。因此,材料采购成本的确认是关键环节,直接决定了产品成本计算的正确性。

(一) 材料采购成本的确定

按照《企业会计准则第 1 号——存货》(以下简称《存货》)准则的要求,存货应当按照成本进行初始计量,存货的成本包括采购成本、加工成本和其他成本。由于企业可以从各种渠道取得原材料,其成本构成的具体内容可能不同。其中外购材料的成本包括存货的买价和采购费用。其中,买价是销售单位开出的发票价格;采购费用包括:

(1) 采购过程中发生的运杂费(包括运输费、包装费、装卸费、保险费、仓储费等,不包括可抵扣的增值税税额);

(2) 材料在运输途中发生的合理损耗,合理损耗是指企业事先与供应单位、运输机构之间规定的一定幅度损耗,超过此幅度,即为超定额损耗,或称不合理损耗;

(3) 材料入库之前发生的整理挑选费用(包括整理挑选中发生的人工费支出和必要的损耗,并减去回收的下脚废料价值);

(4) 按规定应记入材料采购成本中的各种税金,如消费税和进口关税等;

(5) 其他费用,如大宗物资的市内运杂费等(注意:市内零星运杂费、采购人员的差旅费以及采购机构的经费等不构成材料的采购成本,而是记入期间费用)。

材料买价应当直接记入所购材料的采购成本。而采购费用,凡能分清是某种材料直接负担的,则直接记入材料的采购成本;不能分清负担对象的,应选择合理的分配方法如数量或采购价格比例分配记入有关材料采购成本。

对于生产领用或其他用途领用的材料成本,《存货》第十四条明确:"企业应当采用先进先出法、加权平均法或者个别计价法确定发出存货的实际成本。"

(二) 账户设置

由于"固定资产""银行存款""库存现金""应交税费——应交增值税"等账户已在前面进行了说明,这里只介绍其余账户。

1. "在途物资"账户

"在途物资"账户属资产类账户,专门用来核算企业外购材料的买价和采购费用,计算和确定材料实际成本的账户。其借方登记购入材料的买价、运杂费等采购成本,贷方用来登记已验收入库转入原材料账户的实际采购成本。期末余额在借方,表示尚未运达企业或者已经运达企业但尚未验收入库的在途材料的成本。该账户可按照购入材料的品种或种类设置明细账户,进行明细分类核算。

"在途物资"账户的结构如下：

借	在途物资	贷
购入材料： 　买价 　采购费用	结转验收入库材料的实际采购成本	
期末余额：在途材料成本		

2. "原材料"账户

"原材料"账户属于资产类账户，核算企业库存的各种材料，包括原料及主要材料、辅助材料、外购半成品（外购件）、修理用备件（备品备件）、包装材料、燃料等的增减变动情况。其借方核算外购、自制或接受投资者投入并已验收入库的原材料的成本；贷方核算由于生产领用、出售、委托外单位加工等发出的原材料的成本；期末借方余额反映企业实际库存的原材料价值。"原材料"可按保管地点、材料的类别、品种等设置明细分类账户，进行明细核算。

"原材料"账户的结构如下：

借	原材料	贷
验收入库原材料的实际成本	发出原材料的实际成本	
期末余额：库存材料的实际成本		

3. "应付账款"账户

"应付账款"账户属于负债类账户，用来核算企业因购买原材料、商品和接受劳务供应等经营活动应支付的款项。其贷方登记应付但尚未支付的货款，借方登记应付供应单位款项的减少（即偿还）。期末余额一般在贷方，表示尚未偿还的应付款。该账户应按照供应单位的名称设置明细账户，进行明细分类核算。

"应付账款"账户的结构如下：

借	应付账款	贷
偿还应付货款（减少）	应付但尚未支付的货款（增加）	
	期末余额：尚未偿还的应付款	

4. "应付票据"账户

"应付票据"账户属负债类账户，核算企业购买材料、商品和接受劳务供应等开出、承兑的商业汇票，包括银行承兑汇票和商业承兑汇票。该账户贷方登记企业为抵付货款、应付账款而开出、承兑的商业汇票；借方登记到期偿付或票据到期无力支付而转为应付账款、短期借款的票面金额；期末贷方余额，反映企业尚未到期的商业汇票的票面余额。该账户可按债权人进行明细核算，同时企业应当设置应付票据备查簿，详细登记商业汇票的种类、号数、出票日期、到期日、票面金额、交易合同号和收款人姓名或单位名称，以及付款日期和金额等资料。应付票据到期结清时，应在备查簿中予以注销。

"应付票据"账户的结构如下：

借	应付票据	贷
（1）票据到期而支付的票面金额 （2）票据到期无力支付而转为应付账款、短期借款的票面金额	（1）开出、承兑商业汇票 （2）以承兑商业汇票抵付货款、应付账款	
	期末余额：尚未到期商业汇票的票面余额	

5. "预付账款"账户

"预付账款"账户属资产类账户，买卖双方协议商定，由购货方预先支付一部分货款给供应方而发生的一项债权。借方登记企业在按照购货合同规定预付给供应单位的款项，贷方登记收到对方发来的商品抵付预付款或收回供应单位退回的多收款项；期末借方余额，反映企业实际预付的款项。企业进行在建工程预付的工程价款，也在本账户核算。本账户可按供货单位进行明细核算。预付账款情况不多的企业，也可以将预付的款项直接记入"应付账款"的借方。

"预付账款"账户的结构如下：

借	预付账款	贷
（1）预付供应单位货款 （2）补付的货款	（1）企业收到所购物资的应付金额 （2）退回多付的款项	
期末余额：企业实际预付的款项		

（三）账务处理

下面以华诚有限责任公司 20×9 年的业务说明材料采购业务核算过程：

【例 5-18】　12 月 3 日，华诚有限责任公司从达海公司采购材料一批，增值税专用发票上注明甲材料 100 吨，单价 800 元；乙材料 200 吨，单价 580 元；增值税率 13%，甲材料和乙材料的增值税额分别为 10 400 元和 15 080 元，价税合计 221 480 元，货物尚未收到。公司签发一张票面金额 221 480 元、期限 3 个月的商业承兑汇票抵付相应款项。

这项经济业务的发生，一方面使公司的甲材料增加了 80 000 元，乙材料增加了 116 000 元，材料的增加是资产的增加，应记入"在途物资"账户的借方，增值税进项税额增加了 25 480 元，应记入"应交税费——应交增值税（进项税额）"账户的借方；另一方面公司签发商业承兑汇票导致应付票据增加，应付票据属企业的负债，负债增加记入"应付票据"的贷方。编制会计分录如下：

借：在途物资——甲材料　　　　　　　　　　　　　　80 000
　　　　　　——乙材料　　　　　　　　　　　　　　116 000
　　应交税费——应交增值税（进项税额）　　　　　　25 480
　　贷：应付票据——达海公司　　　　　　　　　　　　　　221 480

【例 5-19】　12 月 5 日，从长风公司购入一批丙材料 1 800 千克，单价 50 元，发票注明的价款 90 000 元，增值税税额 11 700 元，长风公司代华诚公司垫付材料的运杂费 900 元（不考虑增值税）。材料已运达企业并已验收入库。账单、发票已到，但材料价款、税金及运杂费尚未支付。

材料采购并已验收入库，使得公司的原材料成本增加 90 900 元，其中材料买价 90 000 元、运杂费 900 元，原材料的增加是资产的增加，应记入"原材料"账户的借方，支付的增值税进项税额 11 700 元，记入"应交税费——应交增值税（进项税额）"账户的借方；另一方面使得公司应付供应单位的款项增加计 102 600 元(＝90 000＋11 700＋900),应付货款的增加是负债的增加,应记入"应付账款"账户的贷方。编制会计分录如下:

借:原材料——丙材料　　　　　　　　　　　　　　　　90 900
　　应交税费——应交增值税(进项税额)　　　　　　　　11 700
　　　贷:应付账款——长风公司　　　　　　　　　　　　　　　102 600

【例 5－20】　12 月 10 日,根据合同规定,用银行存款预付北湖公司材料款 20 000 元。

这项经济业务的发生,一方面使得公司的预付账款增加 20 000 元,预付货款的增加是资产(债权)的增加,应记入"预付账款"账户的借方;另一方面使得公司的银行存款减少 20 000 元,银行存款的减少是资产的减少,应记入"银行存款"账户的贷方。编制会计分录如下:

借:预付账款——北湖公司　　　　　　　　　　　　　　20 000
　　贷:银行存款　　　　　　　　　　　　　　　　　　　　　　20 000

【例 5－21】　12 月 13 日,从达海公司采购的材料运达企业,华诚公司用转账支票支付运杂费 3 150 元(不考虑增值税)。材料已验收入库,运杂费按材料重量进行分配。

购入材料发生的采购费用,凡能分清是为采购某种材料所发生的,可以直接记入该材料的采购成本;分不清的,如同批购入两种或两种以上材料共同发生的采购费用,应按适当标准在该批各种材料之间进行分配,以便正确确定各种材料的采购成本。分配标准可选择重量、体积、价格等,在实际工作中应视具体情况选择采用。

首先需要对甲、乙材料应共同负担的 3 150 元运杂费进行分配:

分配率＝3 150÷(100＋200)＝10.50(元/吨)
甲材料负担的运杂费＝100×10.50＝1 050(元)
乙材料负担的运杂费＝200×10.50＝2 100(元)

这项经济业务的发生,一方面使得公司的材料采购成本增加 3 150 元,其中甲材料采购成本增加 1 050 元,乙材料采购成本增加 2 100 元,采购成本的增加是资产的增加,应记入"在途物资"账户的借方;另一方面使得公司的银行存款减少 3 150 元,银行存款的减少是资产的减少,应记入"银行存款"账户的贷方。编制会计分录如下:

借:在途物资——甲材料　　　　　　　　　　　　　　　1 050
　　　　　　　——乙材料　　　　　　　　　　　　　　　2 100
　　贷:银行存款　　　　　　　　　　　　　　　　　　　　　　3 150

其次,由于甲、乙材料已经验收入库。材料验收入库,使原材料增加,其中甲材料增加 81 050 元(＝80 000＋1 050),乙材料增加 118 100 元(＝116 000＋2 100),原材料增加应记入"原材料"账户的借方;同时使在途物资减少 199 150 元,在途物资的减少属于资产的减少,应记入"在途物资"账户的贷方。编制的会计分录为:

借:原材料——甲材料　　　　　　　　　　　　　　　　81 050
　　　　　　——乙材料　　　　　　　　　　　　　　　　118 100
　　贷:在途物资——甲材料　　　　　　　　　　　　　　　　81 050
　　　　　　　　　——乙材料　　　　　　　　　　　　　　　118 100

【例 5－22】　12 月 16 日,收到北湖公司发来的已预付货款的丁材料,并验收入库。随货物附来的发票注明丁材料的数量 4 000 千克,价款 98 000 元,增值税 12 740 元,除冲销原预付款 20 000 元外,余款未付。另发生运杂费 3 000 元(不考虑增值税),用现金支付。

这项经济业务的发生,一方面使得公司的原材料成本增加共计 101 000 元(＝98 000＋3 000),原材料增加应记入"原材料"账户的借方,增值税 12 740 元,记入"应交税费——应交增值税(进项税额)"账户的借方;另一方面使得公司的预付款减少 20 000 元,应付账款增加

94 660元,库存现金减少3 000元,预付款的减少是资产的减少,应记入"预付账款"账户的贷方,应付账款增加是负债的增加,应记入"应付账款"账户的贷方,现金的减少是资产的减少,应记入"库存现金"账户的贷方。编制会计分录如下:

借:原材料——丁材料　　　　　　　　　　　　　　101 000

　　应交税费——应交增值税(进项税额)　　　　　　12 740

　　　贷:预付账款——北湖公司　　　　　　　　　　　　　20 000

　　　　应付账款——北湖公司　　　　　　　　　　　　　90 740

　　　　库存现金　　　　　　　　　　　　　　　　　　　3 000

【例5-23】 12月20日,用银行存款偿还5日所欠长风公司的材料款102 600元。

这项经济业务的发生,一方面使得企业的应付账款减少,应付账款属于负债,应记入"应付账款"账户的借方;另一方面使得公司的银行存款的减少,银行存款属于资产,应记入"银行存款"账户的贷方。编制会计分录如下:

借:应付账款——长风公司　　　　　　　　　　　　102 600

　　　贷:银行存款　　　　　　　　　　　　　　　　　　102 600

【例5-24】 华诚公司签发并承兑一张商业汇票,用以抵付本月16日(【例5-22】)从北湖公司购入丁材料的价税款90 740元。

这项经济业务的发生,一方面使得公司的应付账款减少90 740元,应付账款的减少是负债的减少,应记入"应付账款"账户的借方;另一方面使得公司的应付票据增加90 740元,应付票据的增加是负债的增加,应记入"应付票据"账户的贷方。编制会计分录如下:

借:应付账款——北湖公司　　　　　　　　　　　　90 740

　　　贷:应付票据——北湖公司　　　　　　　　　　　　90 740

原材料按实际成本计价核算示意图如图5-4所示。

银行存款				在途物资			
		⑳	20 000	⑱	196 000		
		㉑ 1	3 150	㉑ 1	3 150	㉑ 2	199 150
		㉓	102 600				

应付账款				原材料			
㉓	102 600	⑲	102 600	⑲	90 900		
㉔	90 740	㉒	90 740	㉑ 2	199 150		
				㉒	101 000		

应付票据				应交税费			
		⑱	221 480	⑱	25 480		
		㉔	90 740	⑲	11 700		
				㉒	12 740		

库存现金		
	㉒	3 000

预付账款			
⑳	20 000	㉒	20 000

图5-4　原材料按实际成本计价核算示意

第四节　生产过程业务的核算

一、生产过程业务简述

生产过程是指从材料投入生产到产品完工验收入库的整个过程,是制造企业的核心业务活动。在生产过程中发生的各项耗费,主要包括生产资料中的劳动手段(如机器设备)和劳动对象(如原材料)的耗费,以及劳动力等方面的耗费。生产过程中为进行产品生产所发生的费用称为生产费用,在生产的产品完工时,生产费用转变为产品的制造成本;在会计期间发生的用于企业经营管理的管理费用、销售费用和财务费用统称为期间费用,期间费用直接记入当期损益。

生产费用按其记入产品成本的方式的不同,可以分为直接费用和间接费用。直接费用是指企业生产产品过程中就能确认其受益对象,如构成产品实体的各种材料和直接参与产品生产的工人薪酬等,会计上称为直接费用;间接费用是指企业生产费用发生时与几种产品生产有关,如车间管理人员的薪酬、机器设备价值的磨损、车间发生的水电费、电话费、办公费等,则需按照一定程序进行归集、汇总,然后再按一定标准分配,确认受益产品的具体金额,通常称为制造费用。为了正确计算产品成本,通常将构成产品制造成本的各种耗费按其用途划分为三个成本项目:直接材料、直接人工和制造费用,在会计上一般将其称为成本项目。制造企业产品的成本项目有:

(1) 直接材料,是指企业在生产产品和提供劳务的过程中所消耗的、直接用于产品生产,构成产品实体的原材料、辅助材料、外购半成品及有助于产品形成的其他材料等。

(2) 燃料和动力,是指直接用于产品生产的燃料和动力。

(3) 直接人工,是指企业在生产产品和提供劳务过程中,直接从事产品生产人员的各种形式的工资、津贴、补贴和福利费等职工薪酬。

(4) 制造费用,是指企业为生产产品和提供劳务过程中而发生的各项间接费用,包括车间管理人员的薪酬,机器设备和厂房等固定资产的折旧、修理费用,无形资产摊销,生产车间的水电费、物料消耗、办公费、劳动保护费,季节性和修理期间的停工损失等等。

直接材料和直接人工都是直接用于产品生产的材料费和工费,属直接生产费用。在进行成本核算时,凡是能分清为哪种产品所发生的材料费和工费,就可直接记入该产品成本明细账,即所谓"直接记入";凡是由几种产品共同发生的材料费和工费,需要按适当的标准先在各种产品之间进行分配,再记入成本明细账,即所谓"间接记入"。制造费用是企业为生产多种产品而发生的间接生产费用,企业应当根据制造费用的性质,选择合理的制造费用分配方法,将其分配记入产品生产成本。制造费用的分配标准可以是生产工人职工薪酬的比例、工时比例等。间接记入费用的计算公式可概括如下:

$$某种费用分配率 = \frac{待分配费用总额}{分配标准总额} \times 100\%$$

二、账户设置

制造企业生产过程业务既需要设置资产耗费的账户,又需要设置产品形成的账户,主要有:"生产成本""制造费用""管理费用""原材料""应付职工薪酬""周转材料""固定资产""累计折旧""银行存款""库存商品""长期待摊费用"等账户。"原材料""固定资产"和"银行存款"账户,在前面的业务中已涉及。

(一)"生产成本"账户

"生产成本"账户属于成本类账户,用来核算企业在生产过程中构成产品制造成本的直接材料、直接人工和制造费用。该账户的借方用来归集生产产品所发生的直接材料、直接人工等各项直接成本和分配记入的制造费用,贷方登记企业完工入库产品成本的转出,期末借方余额,反映企业尚未完工的在产品成本。

该账户可设"基本生产成本"和"辅助生产成本"两个明细账,基本生产成本应当分别按照基本生产车间和成本核算对象(如产品的品种、类别、订单、批别等)设置明细账(或成本计算单,下同),并按照规定的成本项目设置专栏。

"生产成本"账户的结构如下:

借	生产成本	贷
发生的生产费用: 　直接材料 　直接人工 　制造费用	结转完工验收入库的产成品成本	
期末余额:在产品成本		

(二)"制造费用"账户

"制造费用"账户属成本类账户,用来核算企业为生产产品和提供劳务而发生的不能直接记入产品成本的各项间接费用,包括生产车间耗用的消耗性材料、车间管理人员的工资和福利费、固定资产的折旧费、修理费用以及发生的各种办公费、水电费、劳动保护用品费、低值易耗品摊销费、季节性和修理期间的停工损失等。该账户的借方登记企业当期发生的各种制造费用,贷方登记期末按一定标准分配转入"生产成本"账户借方应由各种产品负担的制造费用;该账户期末一般没有余额。该账户可按不同的生产车间或部门设置明细账,按费用项目设置专栏核算。

"制造费用"账户的结构如下:

借	制造费用	贷
归集车间范围内发生的各项间接费用	期末按一定标准分配转入"生产成本"的制造费用	

(三)"管理费用"账户

"管理费用"账户属于损益类账户,用来核算企业行政管理部门为组织和管理生产经营活动所发生的各项管理费用(如行政管理人员的工资和福利费、行政管理部门领用的材料、管理部门的固定资产折旧费、修理费和办公费、业务招待费、咨询费、诉讼费、开办费摊销等),其借方登记发生的各项管理费用,贷方登记期末一次性全部转出至"本年利润"账户的借方,该账户期末无余额。管理费用账户应按照费用项目设置明细账中的专栏,进行明细分类核算。

"管理费用"账户的结构如下:

借	管理费用	贷
发生的各项管理费用	期末转出至"本年利润"账户的借方	

(四)"应付职工薪酬"账户

"应付职工薪酬"账户属负债类账户,用来核算是指企业为获得职工提供的服务或解除劳动关系而给予的各种形式的报酬或补偿。

该账户借方登记已支付的职工薪酬的数额,贷方登记企业应付而未支付的薪酬总额,期末贷方余额,反映企业应付未付的职工薪酬。该账户可按"工资""职工福利""社会保险费""住房公积金""工会经费""职工教育经费""非货币性福利""解除职工劳动关系补偿""非货币性福利""其他与获得职工提供的服务相关的支出"等应付职工薪酬项目进行明细核算。

"应付职工薪酬"账户的结构如下:

借	应付职工薪酬	贷
实际支付的职工薪酬	月末计算的应付职工薪酬总额	
	期末余额:应付未付的职工薪酬	

(五)"累计折旧"账户

"累计折旧"账户是固定资产的备抵账户,用来核算企业按照确定的方法对固定资产在使用过程中因损耗转化为费用的累计金额。其贷方登记按月提取的折旧额,即累计折旧的增加;借方登记因固定资产出售、报废、盘亏、毁损、调出等转出的折旧数;期末余额在贷方,表示已计提折旧的累计金额。固定资产折旧费用按使用部门来进行归集,生产车间厂房、机器设备等计提的折旧记入"制造费用"账户,行政管理部门使用的固定资产计提的折旧记入"管理费用",销售部分使用的固定资产计提的折旧记入"销售费用"。

该账户只进行总分类核算,不进行明细分类核算。如果要查明某项固定资产已提折旧的具体情况,可以通过固定资产卡片(台账)来了解。

"累计折旧"账户的结构如下:

借	累计折旧	贷
固定资产折旧的减少(注销)	提取固定资产折旧的增加	
	期末余额:现有固定资产累计折旧额	

(六)"库存商品"账户

"库存商品"账户属资产类账户,用来核算企业库存的各种商品的实际成本(或进价),包括库存的外购商品,自制产品即产成品、自制半成品、存放在门市部准备出售的商品、发出展览的商品以及寄存在外的商品等。该账户借方登记企业各种已验收入库的库存商品的实际成本;贷方登记企业发出的各种库存商品的实际成本;期末余额在借方,反映企业库存商品的实际成本(或进价)或计划成本(或售价)。本账户可按库存商品的种类、品种和规格等进行明细核算。

"库存商品"账户的结构如下:

借	库存商品	贷
验收入库商品成本的增加	结转已出库商品的成本	
期末余额:结存的库存商品的实际成本		

(七)"周转材料"账户

"周转材料"账户属于资产类账户,是指企业能够多次使用、逐渐转移其价值但仍保持原有实物形态而不确认为固定资产的材料,如包装物和低值易耗品等。该账户借方登记增加的各种周转材料的成本,包括包装物、低值易耗品,以及企业(建造承包商)的钢模板、木模板、脚手架等;贷方登记由于领用或报废等减少的周转材料;期末余额在借方,反映企业在库周转材料的成本以及在用周转材料的摊余价值。企业可按周转材料的种类,分别"在库""在用"和"摊销"进行明细核算。

"周转材料"账户的结构如下:

借	周转材料	贷
验收入库周转材料成本的增加	领用或报废等减少的周转材料	
期末余额:在库周转材料成本		

(八)"长期待摊费用"账户

"长期待摊费用"账户属于资产类账户,用来核算企业已经支出,但应由本期和以后各期分别负担的分摊期限在1年以上(不含1年)的各种费用,包括以经营租赁方式租入固定资产的改良支出以及摊销期在1年以上的固定资产大修理支出等。该账户借方核算已经支付或发生的待摊费用,贷方登记按受益期限摊销的金额;期末余额在借方,反映企业已经支付尚未摊销完毕的长期待摊费用。该账户可按费用项目进行明细核算。

"长期待摊费用"账户的结构如下:

借	长期待摊费用	贷
预先支付的款项	按受益期限摊销的费用	
期末余额:已支付未摊销的费用		

三、生产费用的归集与分配

(一)材料费用的归集与分配

企业通过各种途径取得的原材料,经过验收入库之后,形成储备物资以备生产领用。材料被领用时,需要办理领料手续,仓库做了必要的登记后将领料凭证递交会计部门。会计部门对领料凭证进行计价,编制发料凭证汇总表,进行材料发出的总分类核算。成本核算人员可根据发料凭证汇总表编制材料费用分配表据以进行成本的明细核算。

材料费用的核算要分清材料的使用部门,根据领料凭证区分车间、部门和不同用途后,分别记入相应的成本费用账户:直接用于产品生产的材料,属于直接材料,其价值应直接记入该产品生产成本明细账中的直接材料费项目;对于由几种产品共同耗用、应由这些产品共同负担的材料费,应选择适当的标准在各种产品之间进行分配,记入各有关成本计算对象。车间间接消耗的各种材料费,其价值应先在"制造费用"账户中进行归集,然后再同其他间接费用一起分配记入有关产品成本中;行政管理部门领用的各种材料,其价值应记入"管理费用"账户;专设销售机构领用的各种材料,其价值记入"销售费用"账户。

以华诚有限责任公司20×9年业务举例说明材料费用归集与分配的核算:

【例5-25】 华诚有限责任公司12月份有关领用材料的资料如表5-2所示。

表5-2 领用材料表
单位:元

领料单号数	领用材之后料名称	用 途	数 量	单位成本	金 额
985	甲材料	生产A产品用	60 吨	810.50	48 630
986	乙材料	生产B产品	120 吨	590.50	70 860
987	乙材料	A、B产品共同耗用	40 吨	590.50	23 620
988	丙材料	车间一般耗用	800 千克	50.50	40 400
989	甲材料	生产A产品	30 吨	810.50	24 315
990	丙材料	行政管理部门领用	500 千克	50.50	25 250
991	甲材料	生产B产品用	10 吨	810.50	8 105

会计部门根据领料单编制发料凭证汇总表,如表5-3所示。

表5-3 发出材料汇总表
单位:元

用 途	甲材料(吨)		乙材料(吨)		丙材料(千克)		合 计
	数量	金额	数量	金额	数量	金额	
制造产品领用:							
A产品耗用	90	72 945					72 945
B产品耗用	10	8 105	120	70 860			78 965
A、B产品共用			40	23 620			23 620
小计	100	81 050	160	94 480			175 530
车间一般耗用					800	40 400	40 400
行政管理部门用					500	25 250	25 250
合 计	100	81 050	160	94 480	1 300	65 650	241 180

对A、B产品共同领用的乙材料40吨,应选择适当的标准在A、B产品之间进行分配。假设华诚公司以定额耗用量为标准分配乙材料。A、B产品耗用乙材料的定额耗用量分别为40吨和60吨,则A、B产品共同领用的乙材料分配如下:

$$材料耗用量分配率 = \frac{40}{40+60} = 0.4$$

A产品应分配的材料数量 = 40×0.4 = 16(吨)

B产品应分配的材料数量 = 60×0.4 = 24(吨)

合计　　　　　　　　　　　　　　40(吨)

A 产品应分配的材料费用＝16×590.50＝9 448(元)

B 产品应分配的材料费用＝24×590.50＝<u>14 172(元)</u>

　　　　　　　　　　　　　　　　　　23 620(元)

材料费用分配表如表 5-4 所示。

表 5-4　20×9 年 12 月材料费用分配表　　　　　　单位:元

分配对象		成本费用项目	直接记入	分配记入	材料费用合计
生产成本	A 产品	直接材料	72 945	9 448	82 393
	B 产品	直接材料	78 965	14 172	93 137
制造费用	基本生产车间	机物料消耗	40 400		40 400
管理费用	行政管理部门	物料消耗	25 250		25 250

表 5-4 表明,材料投入生产,一部分为直接用于产品制造的直接材料费用,A、B 两种产品共耗用 175 530 元,其中 A 产品耗用 82 393 元(＝72 945＋9 448),B 产品耗用 93 137 元(＝78 965＋14 172),生产成本中直接材料费的增加,应记入"生产成本"账户及其明细账户的借方。另一部分为车间一般性消耗的材料费 40 400 元,行政管理部门耗用材料费 25 250 元,应分别记入"制造费用"和"管理费用"的借方;同时,材料领用后导致库存材料减少,库存材料的减少是资产的减少,应记入"原材料"账户的贷方,根据表 5-3 分析记入"原材料"账户的明细账。编制的会计分录如下:

借:生产成本——A 产品——直接材料　　　　　　　　82 393

　　　　　——B 产品——直接材料　　　　　　　　93 137

　　制造费用——机物料消耗　　　　　　　　　　　　40 400

　　管理费用——物料消耗　　　　　　　　　　　　　25 250

　　贷:原材料——甲材料　　　　　　　　　　　　　　　　81 050

　　　　　——乙材料　　　　　　　　　　　　　　　　94 480

　　　　　——丙材料　　　　　　　　　　　　　　　　65 650

(二) 人工费用的归集与分配

职工为企业劳动,企业应向职工支付一定的薪酬工资。所谓职工薪酬,是指职工在职期间和离职后提供给职工的全部货币性薪酬和非货币性薪酬,即提供给职工本人的薪酬,也包括企业提供给职工配偶、子女、受赡养人、已故员工遗属及其他受益人等的福利,包括短期薪酬、离职后福利、辞退福利和其他长期职工福利。

短期薪酬,是指企业在职工提供相关服务的年度报告期间结束后 12 月内需要全部予以支付的职工薪酬。短期薪酬具体包括:职工工资、奖金、津贴和补贴;职工福利费;医疗保险费、工伤保险费和生育保险费等社会保险费;住房公积金;工会经费和职工教育经费;短期带薪缺勤;短期利润分享计划;其他短期薪酬。

离职后福利,是指企业为获得职工提供的服务而在职工退休或与企业解除劳动关系后,提供的各种形式的报酬和福利,短期薪酬和辞退福利除外。

辞退福利,是指企业在职工劳动合同到期之前解除与职工的劳动关系,或者为鼓励职工自愿接受裁减而给予职工的补偿。

其他长期职工福利,包括长期带薪缺勤、长期残疾福利、长期利润分享计划等。

职工薪酬由于涉及货币性薪酬和非货币性薪酬,而非货币性薪酬核算复杂,对初学者来说,只需掌握短期货币性薪酬的核算即可。

每月月末,企业要根据职工当月的工作情况结算出应付给每个职工的工资,确定应付工资总额,同时根据职工提供服务的受益对象的不同,分别记入各相关账户。

在对企业职工的薪酬进行核算时,应根据工资结算汇总表或按月编制的"职工薪酬分配表"的内容登记有关的总分类账户和明细分类账户,进行相关的账务处理。如果企业采用的是计件工资制,计件生产工人的职工薪酬属于直接费用,可以直接按产品归集,发生时应记入"生产成本"账户的借方。如果企业采用计时工资制,在只生产一种产品的情况下,生产工人的职工薪酬也是直接费用,可直接记入"生产成本"账户的借方;如果生产多种产品,则需采用一定的分配标准(实际生产工时或定额生产工时)将生产工人的职工薪酬在不同产品之间进行分配,记入"生产成本"账户及其明细账户的借方。不直接参与产品制造的车间其他人员(如技术人员、管理人员和服务人员)的职工薪酬,属于间接生产费用,发生时应记入"制造费用"账户的借方。销售人员的职工薪酬,发生时记入"销售费用"账户的借方;应由在建工程负担的职工薪酬,应记入"在建工程"账户的借方,企业行政管理部门人员的职工薪酬,发生时记入"管理费用"账户的借方。

举例说明华诚有限责任公司20×9年生产过程工资和福利费归集与分配的核算:

【例5-26】 12月10日华诚有限责任公司签发一张金额为360 000元的支票,支付上月应付未付的职工工资薪酬。

这项经济业务的发生,一方面使得公司的应付职工薪酬减少360 000元,应付职工薪酬的减少是负债的减少,应记入"应付职工薪酬"账户及其所属明细账户的借方;另一方面发放工资使企业的银行存款减少,银行存款的减少是资产的减少,应记入"银行存款"账户的贷方。编制的会计分录如下:

借:应付职工薪酬——职工工资　　　　　　　　　　360 000
　　贷:银行存款　　　　　　　　　　　　　　　　　　　360 000

【例5-27】 12月20日华诚公司以银行存款支付职工福利费50 700元,其中生产工人的福利费42 900元(A产品生产工人19 500元,B产品生产工人23 400元),车间管理人员的福利费3 900元,行政管理人员的福利费2 600元,销售部门人员的福利费1 300元。

《企业会计准则第9号——职工薪酬》第六条规定,企业发生的职工福利费,应当在实际发生时根据实际发生额记入当期损益或相关资产成本。职工福利费为非货币性福利的,应当按照公允价值计量。支付职工福利费时,一方面使得应付职工薪酬这项负债减少,另一方面使得银行存款等资产减少,应分别记入"应付职工薪酬"账户的借方和"银行存款"账户的贷方。在据实列支职工福利费时,一方面使得公司当期的费用成本增加,另一方面使得公司的应付职工薪酬增加。对于费用成本的增加应区分不同人员的福利费,分别在不同的账户中列支,属于产品生产工人的福利费,应记入"生产成本"账户的借方,属于车间管理人员的福利费,应记入"制造费用"账户的借方,厂部管理人员的福利费应记入"管理费用"账户的借方,销售部门人员的福利费应记入"销售费用"的借方;同时,应记入"应付职工薪酬"账户的贷方。编制的会计分录如下:

(1) 支付福利费时:

借:应付职工薪酬——职工福利　　　　　　　　　　50 700

　　贷:银行存款　　　　　　　　　　　　　　　　　　　　50 700

(2) 列支福利费时:

借:生产成本——A产品——直接人工　　　　　　　19 500

　　　　　　　——B产品——直接人工　　　　　　　23 400

　　制造费用——人工费　　　　　　　　　　　　　 3 900

　　管理费用——人工费　　　　　　　　　　　　　 2 600

　　销售费用——人工费　　　　　　　　　　　　　 1 300

　　贷:应付职工薪酬——职工福利　　　　　　　　　　50 700

【例 5-28】 12 月 31 日华诚公司根据本月的考勤记录和产量记录等计算确定本月的职工工资如下:

A 产品生产工人的工资　　　　　　　　　　　　　150 000 元

B 产品生产工人的工资　　　　　　　　　　　　　180 000 元

车间管理人员的工资　　　　　　　　　　　　　　 30 000 元

行政管理部门人员的工资　　　　　　　　　　　　 20 000 元

销售部门人员的工资　　　　　　　　　　　　　　 10 000 元

合　计　　　　　　　　　　　　　　　　　　　　390 000 元

这项经济业务的发生,一方面使得公司生产费用和期间费用增加了 390 000 元,应根据职工提供的服务不同而记入不同成本费用项目。因此,该项经济业务应分别将车间生产工人的工资作为直接生产费用应记入"生产成本"账户的借方,车间管理人员的工资作为间接生产费用应记入"制造费用"账户的借方,厂部管理人员的工资作为期间费用应记入"管理费用"账户的借方,销售部门人员的工资应记入"销售费用"的借方。上述职工工资往往不是在月底计算时支付,而是固定在下个月的某一天支付,在月底计算应付工资就形成了企业的一项负债,导致应付职工薪酬增加,应记入"应付职工薪酬"账户的贷方。编制的会计分录如下:

借:生产成本——A产品——直接人工　　　　　　　150 000

　　　　　　　——B产品——直接人工　　　　　　　180 000

　　制造费用——人工费　　　　　　　　　　　　　30 000

　　管理费用——人工费　　　　　　　　　　　　　20 000

　　销售费用——人工费　　　　　　　　　　　　　10 000

　　贷:应付职工薪酬——职工工资　　　　　　　　　390 000

（三）制造费用的归集与分配

制造费用是企业生产部门(包括基本生产车间和辅助生产车间)在产品生产或者劳务供应过程中发生的不能直接记入产品成本的一些间接费用(共同性费用),具体内容包括:① 间接用于产品生产的费用,如机物料消耗费用,车间生产用固定资产的折旧费、修理费、保险费,车间生产用的照明费,劳动保护费等;② 车间用于组织和管理生产的费用,如车间管理人员的工资及福利费,车间管理用的水电费、办公费、差旅费等。在生产多种产品的企业里,制造费用在发生时一般无法直接判定其应归属的成本核算对象,因而不能直接记入所生产的产品成本中,必须将上述各种费用通过按月设置的"制造费用"明细账予以归集、汇总,月末选用一定的标准(如生产工人工资、生产工时、机器工时等),在各种产品之间进行合理的分配,记入各成本计算对象的成本中。在制造费用的归集过程中,要按照权责发生制核算基础的要求,正确地处理跨期间的各种费用。

以华诚有限责任公司 20×9 年业务举例说明制造费用的归集与分配的核算:

【例 5-29】 12 月 9 日,车间生产设备发生局部损耗,进行维修时发生支出 2 000 元,用现金支票支付。

生产车间设备维修,根据"与存货的生产和加工相关的固定资产的修理费用按照存货成本的确定原则进行处理",记入生产成本费用。该笔经济业务,使得生产成本费用增加 2 000 元,应记入"制造费用"账户的借方;现金支票属于银行存款,银行存款减少,应记入"银行存款"账户的贷方。编制的会计分录如下:

借:制造费用——修理费   2 000

    贷:银行存款   2 000

【例 5-30】 12 月 11 日,以现金购买车间办公用品费 650 元。

该项经济业务,使得公司车间的办公用品费增加 650 元,办公物品属于消耗物品,是费用的增加,应记入"制造费用"账户的借方;另一方面现金减少 650 元,现金的减少是资产的减少,应记入"库存现金"账户的贷方。编制的会计分录如下:

借:制造费用——办公费   650

    贷:库存现金   650

【例 5-31】 12 月 15 日,用银行存款 36 000 元预付车间明年的财产保险费。

按照权责发生制的要求,企业应按支出的义务是否属于本期来确认费用的入账时间。公司用银行存款预付明年的财产保险费,款项虽然在本期支付,但其付款保险费的受益期是明年的 1 月到 12 月,所以本期付款具有预付款的性质,应将其作为一种预付账款处理。如果保险费不是一次性全额支付,而是分月支付,则可以分期记入费用。因此,这项经济业务的发生,一方面使得公司预付款增加,预付款增加属于资产增加,应记入"预付账款"账户的借方;另一方面企业的银行存款减少,应记入"银行存款"账户的贷方。编制的会计分录如下:

借:预付账款   36 000

    贷:银行存款   36 000

【例 5-32】 12 月 26 日,收到本月的水电费账单,计 6 000 元(不考虑增值税税额),委托开户银行支付。其中,车间应负担4 500元,行政部门负担1 500元。

该项经济业务的发生,一方面企业的水电费增加,水电费应根据使用的部门不同而记入不同的成本费用账户,车间负担的记入制造费用,行政管理部门负担的则应记入管理费用。该项业务使制造费用增加4 500元,管理费用增加1 500元,分别记入"制造费用"和"管理费用"账户的借方,增值税780元,记入"应交税费——应交增值税(进项税额)"账户的借方,款项支付后,使企业银行存款减少5 000元,记入"银行存款"账户的贷方。编制的会计分录如下:

借:制造费用——水电费　　　　　　　　　　　　　　　　　　4 500

　　管理费用——水电费　　　　　　　　　　　　　　　　　　1 500

　　贷:银行存款　　　　　　　　　　　　　　　　　　　　　　　　6 000

【例5-33】　12月31日,月末摊销应由本月负担的上年年末已付款的财产保险费3 000元,其中车间应负担2 200元,行政管理部门应负担800元。

该项经济业务的发生,根据权责发生制核算基础的要求,财产保险费的款项虽然在上年年末已经支付,但其责任却是在本期产生,因而应将其作为本期的费用入账。所以摊销财产保险费时,根据使用的部门不同而记入不同的成本费用账户。该业务一方面公司制造费用增加2 200元,管理费用增加800元,分别记入"制造费用"和"管理费用"账户的借方;另一方面公司在上年年末支付的预付账款减少3 000元,预付账款的减少是资产的减少,应记入"预付账款"账户的贷方。编制的会计分录如下:

借:制造费用——财产保险费　　　　　　　　　　　　　　　　2 200

　　管理费用——财产保险费　　　　　　　　　　　　　　　　　800

　　贷:预付账款　　　　　　　　　　　　　　　　　　　　　　　　3 000

【例5-34】　12月31日,计提本月固定资产折旧费40 000元。其中,厂房折旧25 000元,机器设备折旧10 000元,行政管理部门房屋建筑物折旧5 000元。

折旧是指固定资产在使用过程中逐渐损耗而转移到产品中去的那部分价值。一方面固定资产通过提取折旧的方式将其磨损的价值记入当期成本或损益中去。固定资产用途不同,其价值磨损记入的成本费用类账户也不同。厂房、机器设备的折旧因与产品生产关系密切,应记入"制造费用"账户的借方;行政管理部门房屋建筑物的折旧则应记入"管理费用"账户的借方;另一方面,提取折旧意味着固定资产价值的减少,本应记入"固定资产"账户,但是由于"固定资产"账户只能记录固定资产的取得成本(在固定资产使用期内,一般是不变的),所以,固定资产提取的折旧额是已提折旧的增加,应记入"累计折旧"账户的贷方。编制的会计分录如下:

借:制造费用——折旧　　　　　　　　　　　　　　　　　　　35 000

　　管理费用——折旧　　　　　　　　　　　　　　　　　　　　5 000

　　贷:累计折旧　　　　　　　　　　　　　　　　　　　　　　　40 000

【例5-35】　12月31日,公司将本月发生的制造费用按照生产工时比例分配记入A、B产品生产成本。其中A产品生产工时7 000个,B产品生产工时8 000个。

企业发生的制造费用属于间接费用,需要采用一定的标准在各种产品之间进行合理的分配。制造费用可以采用的分配标准有:生产工人工资比例、生产工人工时比例、机器设备运转台时、耗用原材料的数量或成本、产品产量等。企业可以根据自身管理的需要、产品的特点等选择采用某种标准,但是标准一经确定,按照可比性的要求,不得随意变更。对于这经济项业务,首先需要对本月发生的全部制造费用进行归集,从【例5-25】～【例5-34】共发生制造费用118 290元,通过"制造费用"账户进行归集,如图5-5所示。

	制造费用		
(25)	40 040		
(27)	3 900		
(28)	30 00		
(29)	2 000		
(30)	650		
(32)	4 500		
(33)	2 200		
(34)	35 000	(35)	118 290

图5-5 "制造费用"账户

其次,按照两者产品的生产工时比例进行分配,即:

制造费用分配率$=\dfrac{118\ 290}{7\ 000+8\ 000}=7.886$(元/小时)

A产品负担的制造费用额$=7\ 000×7.886=55\ 202$(元)

B产品负担的制造费用额$=8\ 000×7.886=63\ 088$(元)

将分配的结果从制造费用结转至具体的成本计算对象,一方面使产品承担的制造费用增加118 290元,应记入"生产成本"账户的借方,另一方面制造费用全额转出,制造费用的转出,应记入"制造费用"账户的贷方。编制的会计分录如下:

借:生产成本——A产品——制造费用 　　　　　　　　　　55 202

　　　　——B产品——制造费用 　　　　　　　　　　　　63 088

　　贷:制造费用 　　　　　　　　　　　　　　　　　　　　　　118 290

(四) 完工产品生产成本的计算与结转

在将制造费用分配由各种产品成本负担之后,"生产成本"账户的借方归集了各种产品所发生的直接材料、直接工资、其他直接支出和制造费用的全部内容。在此基础上就可以进行产品成本的计算了。产品生产成本的计算就是将企业生产过程中为制造产品所发生的各种费用按照所生产产品的品种、类别等(即成本计算对象)进行归集和分配,以便计算各种产品的总成本和单位成本。

企业如果只生产一种产品,计算产品成本时,只需为这种产品开设一本明细账,账内按照成本项目设立专栏。在这种情况下发生的生产费用全部都是直接记入的费用,可以直接记入产品成本明细账,而不存在各成本计算对象之间分配费用的问题。如果生产的产品品种为两种或两种以上时,就应按照产品品种分别开设产品生产成本明细账。

将期初在产品成本和本期发生的材料费、人工费和制造费用等生产费用归集到生产成本明细账,在期末没有在产品的情况下即全部完工,该种产品生产成本明细账所归集的生产费用合计数,就是该种完工产品的总成本,用完工产品总成本除以该种产品的完工总产量即可计算出该种产品的单位成本。在期末某种产品全部未完工的情况下,该种产品生产成本明细账所归集的生产费用合计数全部为该种产品本期在产品的总成本。在期末某种产品既有完工产品又有在产品的情况下,则需要采取一定的方法将归集到某一产品上的生产费用合计数在完工产品和在产品之间进行分配,然后才能计算出完工产品的总成本和单位成本。其计算公式如下:

本期完工产品成本＝期初在产品成本＋本期的生产费用－期末在产品成本

或

期初在产品成本＋本期的生产费用＝本期完工产品成本＋期末在产品成本

从上面两个公式可以看出,确定本期完工产品的成本有两大类方法:一类是先确定期末在产品成本,再确定本期完工产品成本。另一类是本期完工产品成本和期末在产品成本同时确定。

生产费用如何在完工产品和在产品之间进行分配,是成本计算中的一个既重要又复杂的问题,请参阅有关"成本会计"教材,这里不再赘述。

以华诚公司 20×9 年业务举例说明完工入库产品成本结转的核算:

【例 5-36】 12 月 31 日,产品完工入库。

(1)期初在产品资料如表 5-5 所示。

表 5-5　期初在产品资料

产品名称	直接材料	直接人工	制造费用	合　计
A 产品	4 227	5 350	2 368	11 945
B 产品	2 363	3 860	1 352	7 575
合　计	6 590	9 210	3 720	19 520

(2)本月生产费用资料:见【例 5-25】～【例 5-35】。

(3)期末产量资料,A 产品共生产 1 000 件,其中完工 800 件,月末在产品 200 件,其在产品成本为 8 560 元(直接材料 5 320 元,直接人工 1 690 元,制造费用 1 550 元);B 产品 1 500 件全部完工。

计算 A、B 两种产品的生产成本并进行完工入库的账务处理。

首先,需要编制生产成本明细分类账,A、B 产品的生产成本明细分类账见表 5-6、表5-7。

表 5-6 生产成本明细分类账

产品名称:A产品 单位:元

20×9年		凭证号数	摘 要	直接材料	直接人工	制造费用	合 计
月	日						
12	1		期初在产品成本	4 227	5 350	2 368	11 945
	略	略	原材料费用	82 393			82 393
			生产工人薪酬		169 500		169 500
			分配制造费用			55 202	55 202
			合计	86 620	174 850	57 570	319 040
			期末在产品成本	5 320	1 690	1 550	8 560
			完工产品成本	81 300	173 160	56 020	310 480

表 5-7 生产成本明细分类账

产品名称:B产品 单位:元

20×9年		凭证号数	摘 要	直接材料	直接人工	制造费用	合 计
月	日						
12	1		期初在产品成本	2 363	3 860	1 352	7 575
	略	略	原材料费用	93 137			93 137
			生产工人薪酬		203 400		203 400
			分配制造费用			63 088	63 088
			合计	95 500	207 260	64 440	367 200
			完工产品成本	95 500	207 260	64 440	367 200

其次,计算 A、B 产品总成本和单位成本,编制完工产品成本计算表,见表 5-8。

表 5-8 完工产品成本计算表

成本项目	A产品(800件)		B产品(1 500件)	
	总成本	单位成本	总成本	单位成本
直接材料	81 300	101.63	95 500	63.67
直接人工	173 160	216.45	207 260	138.17
制造费用	56 020	70.02	64 440	42.96
合 计	310 480	388.10	367 200	244.80

A、B产品完工入库导致库存商品增加 677 680 元,应分别记入"库存商品"账户及其所属明细账户的借方;同时,使本月生产成本减少 680 970 元,应记入"生产成本"账户及其所属明细账户的贷方。编制的会计分录如下:

借:库存商品——A产品 310 480

         ——B产品 367 200

　　贷：生产成本——A 产品　　　　　　　　　　　　　　　　　　310 480
　　　　　　　——B 产品　　　　　　　　　　　　　　　　　　367 200
生产过程核算示意图如图 5-6 所示。

原材料		生产成本		库存商品	
㉕ 241 180		㉕ 175 530 ｜ ㊱ 677 680		㊱ 677 680	
		㉗1 42 900			
		㉘ 330 000			
		㉟ 118 290			

应付职工薪酬		制造费用	
㉖ 360 000 ｜ ㉗2 50 700		㉕ 40 400 ｜ ㉟ 118 290	
㉗1 50 700 ｜ ㉘ 390 000		㉗2 3 900	
		㉘ 30 000	
累计折旧		㉙ 2 000	
｜ ㉞ 40 000		㉚ 650	
		㉜ 4 500	
银行存款		㉝ 2 200	
｜ ㉖ 360 000		㉞ 35 000	
｜ ㉗1 50 700			
｜ ㉙ 2 000			
｜ ㉛ 36 000			
｜ ㉜ 6 000			

库存现金		管理费用	
｜ ㉚ 650		㉕ 25 250	
		㉗2 2 600	
		㉘ 20 000	
		㉜ 1 500	
		㉝ 800	
		㉞ 5 000	

预付账款		销售费用	
㉛ 36 000 ｜ ㉝ 3 000		㉗2 1 300	
		㉘ 210 000	

图 5-6　生产过程核算示意图

第五节 销售过程业务的核算

一、销售过程业务概述

当生产过程结束,即形成了产成品存货以备销售,进入销售过程。在销售过程中,企业一方面按合同规定向购货单位提供产品;另一方面要与购货单位办理结算,收取货款,确认收入的实现。在销售过程中,还会发生销售人员的工资福利费、销售机构日常运营费用、产品的运输费、包装费、广告费等销售费用。在发生销售业务时,企业应该按照产品适用的增值税税率计算相应的增值税销项税额,并按照国家税法的规定计算相关的税金及附加,如消费税、城市维护建设税和教育费附加等。因此,销售业务主要涉及确认销售收入、货款结算、销售费用、结转销售成本、计算税金及附加及销售成果。

销售过程的核算首先需要解决的就是销售收入的确认与计量的问题。收入的确认就是解决收入在什么时间入账的问题。按照 2017 年修订的《企业会计准则第 14 号——收入》的规定,企业应当在履行了合同中的履约义务,即在客户取得相关商品或服务控制权时确认收入。取得相关商品控制权,是指能够主导该商品的使用并从中获得几乎全部的经济利益。履约义务,是指合同中企业向客户转让商品或交付服务的承诺。履约义务既包括合同中明确的承诺,也包括由于企业已公开宣布的政策、特定声明或以往的习惯做法等导致合同订立时客户合理预期企业将履行的承诺。企业为履行合同而应开展的初始活动,通常不构成履约义务,除非该活动向客户转让了承诺的商品。基于该核心原则,新准则设定了统一的收入确认计量的"五步法"模型,即识别与客户订立的合同、识别合同中的单项履约义务、确定交易价格、将交易价格分摊至各单项履约义务、履行每一单项履约义务时确认收入。具体内容参见第三章会计要素和会计等式中有关收入要素。

二、销售过程业务应设置的账户

为正确地核算销售过程中的收入、费用以及款项的结算等业务,企业需设置以下账户:"主营业务收入""主营业务成本""其他业务收入""应交税费——应交增值税""其他业务成本""税金及附加""管理费用""销售费用""应收票据""应收账款"以及"预收账款"等,由于"应交税费——应交增值税"账户在前面已经做过说明。这里不再赘述。

(一)"主营业务收入"账户

"主营业务收入"账户属于损益类账户,用来核算企业销售商品、提供劳务过程中确认的主营业务收入。该账户贷方登记企业销售商品、提供劳务过程中所实现的收入;借方登记发生的销售退回或销售折让应冲减本期的主营业务收入以及期末转入"本年利润"的主营业务收入数,结转后该账户期末无余额。"主营业务收入"账户可按主营业务的种类进行明细分类核算。

"主营业务收入"账户的结构如下:

借	主营业务收入	贷
销售退回或销售折让 期末转入"本年利润"账户的净收入	实现的主营业务收入（增加）	

（二）"主营业务成本"账户

"主营业务成本"账户属于损益类账户，用来核算企业销售商品、提供劳务过程中应结转的成本。该账户借方登记本期销售各种商品、提供劳务等的实际成本；贷方登记期末转入"本年利润"账户的主营业务成本；结转后该账户期末无余额。"主营业务成本"账户可按主营业务的种类进行明细分类核算。

"主营业务成本"账户的结构如下：

借	主营业务成本	贷
发生的主营业务成本	期末转入"本年利润"账户的主营业务成本	

（三）"其他业务收入"账户

"其他业务收入"账户属于损益类账户，用来核算企业确认的除主营业务活动以外的其他经营活动实现的收入，包括材料及包装物销售、让渡无形资产使用权、固定资产出租、包装物出租、运输、废旧物资出售收入等实现的收入。该账户的贷方登记企业发生上述业务实现的收入；借方登记期末转入"本年利润"账户的其他业务收入，结转后该账户期末无余额。本账户可按其他业务收入种类进行明细分类核算。

"其他业务收入"账户的结构如下：

借	其他业务收入	贷
期末转入"本年利润"账户的其他业务收入	其他业务收入的实现（增加）	

（四）"其他业务成本"账户

"其他业务成本"账户属于损益类账户，用来核算企业确认的除主营业务活动以外的其他经营活动所发生的支出，包括销售材料的成本、出租固定资产的折旧额及相关的维修费用、出租无形资产的摊销额及发生的其他直接支出、出租包装物的成本或摊销额等。该账户的借方登记企业发生的各种其他业务的成本，贷方登记期末转入"本年利润"账户的其他业务成本数，结转后该账户期末无余额。本账户可按其他业务成本的种类进行明细分类核算。

"其他业务成本"账户的结构如下：

借	其他业务成本	贷
其他业务成本的发生	期末转入"本年利润"账户的其他业务成本	

(五)"税金及附加"账户

"税金及附加"账户属于损益类账户,用来核算企业经营活动过程中应负担的消费税、城市维护建设税、教育费附加、资源税、房产税、城镇土地使用税、车船税、印花税等相关税费。该账户的借方登记企业按规定计算经营活动应负担的相关税费;贷方登记期末转入"本年利润"账户的税金及附加,结转后该账户期末无余额。下面介绍消费税、城市维护建设税和教育费附加三种税:

(1)消费税,是指对特定的消费品及消费行为征收的一种流转税。是对我国境内从事生产、委托加工和进口应税消费品的单位和个人,就其销售额或销售数量,在特定环节征收的一种税。实行从价定率的比例税率、从量定额的定额税率和从价定率与从量定额相结合的复合计税三种形式。多数消费品采取比例税率,最高税率为56%,最低税率为1%。消费税是价内税,是价格的组成部分。

(2)城市维护建设税和教育费附加的纳税人,是负有缴纳增值税和消费税(简称"两税")义务的单位和个人。计税依据是纳税人实际缴纳的"两税"税额。城市维护建设税按纳税人所在地的不同,税率为7%(市区)、5%(县城和镇)、1%(市区、县城和镇以外的其他地区)。教育费附加征收率为3%。

$$应交城市维护建设税＝实际缴纳的增值税、消费税×适用税率$$
$$应交教育费附加＝实际缴纳的增值税、消费税×征收率(3\%)$$

"税金及附加"账户的结构如下:

借	税金及附加	贷
按照计税依据计算出的消费税、城市维护建设税、教育费附加、资源税、房产税、城镇土地使用税、车船税、印花税等	期末转入"本年利润"账户的税金及附加	

(六)"销售费用"账户

"销售费用"账户属于损益类账户,用来核算企业销售商品、提供劳务过程中发生的各种费用,包括保险费、包装费、展览费和广告费、商品维修费、预计产品质量保证损失、运输费、装卸费等以及为销售本企业商品而专设的销售机构(含销售网点、售后服务网点等)的职工薪酬、业务费、折旧费等经营费用。企业发生的与专设销售机构相关的固定资产修理费用等后续支出,也在本账户核算。该账户借方登记在销售商品过程中发生的各项销售费用;贷方登记期末转入"本年利润"账户的销售费用,结转后该账户期末无余额,该账户可按费用项目进行明细分类核算。

"销售费用"账户的结构如下:

借	销售费用	贷
发生的销售费用	期末转入"本年利润"账户的销售费用	

(七)"应收票据"账户

"应收票据"账户属资产类账户,用来核算企业因赊销商品、提供劳务等而收到的商业汇票,包括银行承兑汇票和商业承兑汇票。该账户的借方登记企业因赊销商品而收到的票据的票面金额;贷方登记票据到期收回或转让的金额;期末借方余额,反映企业持有的尚未到期的商业汇票金额。该账户按债务人设置明细账户。

为了了解每一应收票据的结算情况,企业应当设置"应收票据备查簿",详细登记商业汇票的种类、号数、出票日、票面金额、交易合同号和付款人、承兑人、背书人姓名或单位名称,以及到期日、背书转让日、贴现日、贴现率、贴现净额和收款日、收回金额、退票情况等资料。应收票据到期结清时,应在备查簿中予以注销。

"应收票据"账户的结构如下:

借	应收票据	贷
本期收到的商业汇票(增加)	到期(或转让)票据(减少)	
期末余额:尚未收回的商业汇票金额		

(八)"应收账款"账户

"应收账款"账户属资产类账户,用来核算企业因赊销商品、提供劳务等经营活动应收取的款项。该账户借方登记应收而未收的款项和企业代购货单位垫支的包装费、运杂费等;贷方登记企业实际收回的款项和经批准转销的应收账款;期末借方余额,反映企业尚未收回的应收账款。本账户按债务人进行明细分类核算。

"应收账款"账户的结构如下:

借	应收账款	贷
发生的应收账款(增加)	收回的应收账款(减少)	
期末余额:应收未收款		

(九)"预收账款"账户

"预收账款"账户属负债类账户,用来核算企业按照合同规定预收的但尚未交付商品或提供劳务的款项。该账户贷方登记企业向购货单位预收的款项;借方登记企业向购货单位发出商品或提供劳务后转为收入的预收货款;期末贷方余额,表示企业预收款的结余额;本账户可按购货单位进行明细分类核算。

"预收账款"账户的结构如下:

借	预收账款	贷
预收货款的减少	预收货款的增加	
	期末余额:预收款的结余	

三、主营业务收支的核算

制造业企业的主营业务范围包括销售商品、自制半成品、代制品、代修品以及提供工业性劳务等。主营业务核算的主要内容就是主营业务收入的确认、主营业务成本的计算与结转、以及货款的收回等。

下面举例说明华诚公司20×9年主营业务收入及其相关成本等计算与结转的核算过程：

【例5-37】 12月3日公司向益湖公司销售A产品300件，单位售价600元，增值税发票中注明该批产品的价款180 000元，增值税税额23 400元，款项已收并存入银行。

该项经济业务的发生，一方面使企业的银行存款增加了203 400元，另一方面使产品销售收入增加了180 000元，应交纳的增值税销项税额增加了23 400元。银行存款增加应记入"银行存款"账户的借方，商品销售收入的增加应记入"主营业务收入"账户的贷方，增值税销项税额的增加是负债的增加，应记入"应交税费——应交增值税（销项税额）"账户的贷方。编制会计分录如下：

```
借：银行存款                              203 400
    贷：主营业务收入——A产品                      180 000
        应交税费——应交增值税（销项税额）              23 400
```

【例5-38】 12月5日向大新公司销售A产品250件，单位售价600元；B产品80件，单位售价450元，增值税率13%，增值税额24 180元，收到大新公司开具的票面额210 180元、期限6个月的银行承兑汇票一张；销售过程中，用现金支付产品的装卸费、运输费等运杂费800元（不考虑增值税）。

该项经济业务的发生，一方面使公司的应收票据款增加210 180元，另一方面使得公司的商品销售收入增加186 000元、应交增值税销项税额增加24 180元。应收票据款的增加应记入"应收票据"账户的借方，商品销售收入的增加应记入"主营业务收入"账户的贷方，增值税销项税额的增加应记入"应交税费——应交增值税"账户的贷方。支付的运杂费属于企业的销售费用，销售费用增加应记入"销售费用"账户的借方；而现金的减少则应记入"库存现金"账户的贷方。编制会计分录如下：

```
借：应收票据——大新公司                        210 180
    贷：主营业务收入——A产品                      150 000
                  ——B产品                       36 000
        应交税费——应交增值税（销项税额）              24 180
```

支付的运杂费分录：

```
借：销售费用——运杂费                             800
    贷：库存现金                                    800
```

对于收到的大新公司的银行承兑汇票，应在"应收票据备查簿"中进行备查登记。

【例5-39】 12月10日公司按照合同规定预收大华工厂订购B产品800件的货款100 000元，存入银行。

该项经济业务的发生，一方面使得公司的银行存款增加100 000元，另一方面使得公司的预收款增加 100 000 元。银行存款的增加应记入"银行存款"账户的借方,预收款的增加是负债的增加,应记入"预收账款"账户的贷方。编制会计分录如下:

借:银行存款　　　　　　　　　　　　　　　　　　　100 000
　　贷:预收账款——大华工厂　　　　　　　　　　　　　　　100 000

【例 5-40】　公司赊销给华艺厂 A 产品 120 件,发票注明的价款 72 000 元,增值税税额 9 360 元。另外,公司用现金为华艺厂垫付 A 产品运费 500 元。

该项经济业务的发生,一方面使得公司的应收款增加 81 860 元(＝72 000＋9 360＋500),另一方面使得公司的商品销售收入增加 72 000 元、增值税销项税额增加 9 360 元,库存现金款减少 500 元。应收款的增加应记入"应收账款"账户的借方;商品销售收入的增加应记入"主营业务收入"账户的贷方,增值税销项税额的增加应记入"应交税费——应交增值税"账户的贷方。库存现金的减少应记入"库存现金"账户的贷方。编制的会计分录如下:

借:应收账款——华艺厂　　　　　　　　　　　　　　　81 860
　　贷:主营业务收入——A 产品　　　　　　　　　　　　　　72 000
　　　　应交税费——应交增值税(销项税额)　　　　　　　　　9 360
　　　　库存现金　　　　　　　　　　　　　　　　　　　　　500

【例 5-41】　12 月 16 日向大华公司发出 B 产品 800 件,单位售价 450 元,增值税率 13%,增值税额 46 800 元(已预收 100 000 元)。其差额款项部分未收。

公司原预收大华公司的货款 100 000 元,而现在发货的价税款为 406 800 元(＝360 000＋46 800),其差额 306 800 元(＝406 800－100 000)为应收未收货款。该项经济业务的发生,一方面使得公司的预收款减少 100 000 元,应收账款增加 306 800 元,另一方面使得公司的商品销售收入增加 360 000 元,增值税销项税额增加 46 800 元。预收款的减少是负债的减少,应记入"预收账款"账户的借方,应收账款的增加是资产的增加,应记入"应收账款"账户的借方;商品销售收入的增加应记入"主营业务收入"账户的贷方,增值税销项税额的增加应记入"应交税费——应交增值税"账户的贷方。编制的会计分录如下:

借:预收账款——大华公司　　　　　　　　　　　　　　100 000
　　应收账款——大华公司　　　　　　　　　　　　　　306 800
　　贷:主营业务收入——B 产品　　　　　　　　　　　　　360 000
　　　　应交税费——应交增值税(销项税额)　　　　　　　　46 800

【例 5-42】　12 月 20 日公司收到华艺厂开出并承兑的、期限 3 个月的商业承兑汇票 81 860 元,用以抵偿其前欠本企业的货款。

该项经济业务的发生,一方面使得公司的应收票据款增加 81 860 元,另一方面使得公司的应收款减少 81 860 元。应收票据款的增加应记入"应收票据"账户的借方;应收账款的减少应记入"应收账款"账户的贷方。编制的会计分录如下:

借:应收票据——华艺厂　　　　　　　　　　　　　　　81 860
　　贷:应收账款——华艺厂　　　　　　　　　　　　　　　81 860

对于收到的华艺厂的商业承兑汇票,应在"应收票据备查簿"中进行备查登记。

【例 5-43】 12 月 21 日公司上个月销售给开创集团的 A 产品由于质量问题本月被退回 10 件,按照规定应冲减本月的收入 6 000 元和增值税税额 780 元,有关款项通过银行付清。假设该批 A 产品的单位销售成本与本月相同。

上个月销售的 A 产品在本月被退回,这批产品虽然在上个月确认了收入和增值税销项税额,但按照规定应冲减退回本月的商品销售收入和增值税税额。因此,该项经济业务的发生,一方面使得公司的商品销售收入减少 6 000 元、增值税销项税额减少 780 元,另一方面使得公司的银行存款减少 6 780 元。商品销售收入的减少应记入"主营业务收入"账户的借方,增值税销项税额的减少应记入"应交税费——应交增值税"账户的借方;银行存款的减少是资产的减少,应记入"银行存款"账户的贷方。编制的会计分录如下:

借:主营业务收入——A 产品   6 000

    应交税费——应交增值税(销项税额)   780

      贷:银行存款   6 780

【例 5-44】 12 月 25 日收到大华公司所欠前货款 306 800 元。

该项经济业务的发生,一方面使企业的银行存款增加了 306 8 000 元,另一方面应收账款减少了 306 800 元。银行存款的增加应记入"银行存款"账户的借方;应收账款的减少应记入"应收账款"账户的贷方。编制的会计分录如下:

借:银行存款   306 800

      贷:应收账款——大华公司   306 800

【例 5-45】 12 月 31 日,根据产品出库单结转本月销售的 A、B 产品的销售成本。其中 A 产品的单位成本为 388.10 元,B 产品的单位成本为 244.80 元。

企业销售商品,一方面减少了库存商品,另一方面需要将已经出售商品的成本结转至主营业务成本。根据配比的要求,不仅主营业务成本的结转应与主营业务收入在同一会计期间,而且结转的销售数量也应保持一致。主营业务成本的计算如下:

本期应结转的主营业务成本=本期销售产品的数量×产品的单位成本

该项经济业务的发生,首先需要计算确定已销售的 A、B 产品的销售成本。由于本期销售 A 产品计 660 件(=300+250+120-10),其销售总成本为 256 146 元(=660×388.10),本期销售 B 产品 880 件(=80+800),其销售成本为 215 424 元(=880×244.80)。一方面公司的产品销售成本增加 471 570 元(=256 146+215 424),另一方面使公司的库存商品成本减少 471 570 元。产品销售成本的增加是成本费用的增加,应记入"主营业务成本"账户的借方;库存商品成本的减少是资产的减少,应记入"库存商品"账户的贷方。编制的会计分录如下:

借:主营业务成本——A 产品   256 146

            ——B 产品   215 424

    贷:库存商品——A 产品   256 146

            ——B 产品   215 424

主营业务收入

㊸	6 000	㊲	180 000
		㊳ 1	186 000
		㊵	72 000
		㊶	360 000

应交税费

㊸	780	㊲	23 400
		㊳ 1	24 180
		㊵	9 360
		㊶	46 800

销售费用

㊳ 2	800		

库存现金

		㊳ 2	800
		㊵	500

预收账款

㊶	100 000	㊴	100 000

银行存款

㊲	203 400	㊸	6 780
㊴	100 000		
㊹	306 800		

应收票据

㊳ 1	210 180		
㊷	81 860		

应收账款

㊵	81 860	㊷	81 860
㊶	306 800	㊹	306 800

主营业务成本

㊺	471 570		

库存商品

		㊺	471 570

图 5－7　销售过程中主营业务核算示意图

四、其他业务收支的核算

企业在经营过程中，除了要发生主营业务之外，还会发生一些非经常性的、具有兼营性的其他业务。其他业务是指企业在经营过程中发生的除主营业务以外的其他销售业务，包括材料及包装物销售、让渡无形资产使用权、固定资产出租、包装物出租、运输、废旧物资出售收入等实现的收入。对于不同的企业而言，主营业务和其他业务的内容划分并不是绝对的，一个企业的主营业务可能是另一个企业的其他业务。

下面举例说明华诚有限责任公司 20×9 年其他业务收支的核算：

【例 5－46】　12 月 13 日，销售甲材料一批给华富公司，价款 30 000 元，增值税 3 900 元，款项未收到。

销售材料的收入属于其他业务收入。这项经济业务的发生，一方面使公司的应收账款增加 33 900 元(＝30 000＋3 900)，另一方面公司的其他业务收入增加 30 000 元，增值税销项税额增加 3 900 元。应收账款的增加应记入“应收账款”账户的借方；其他业务收入的增加应记入“其他业务收入”账户的贷方，增值税销项税额的增加应记入“应交税费——应交增值税(销项税额)”账户的贷方。编制的会计分录如下：

借：应收账款——华富公司　　　　33 900

　贷：其他业务收入——材料销售　　　　30 000

> 应交税费——应交增值税(销项税额)　　　　　　　　3 900

【例 5-47】 12 月 18 日华诚公司在出售产品过程中出租一批包装物,收到租金 9 040 元并存入银行。

出租包装物的租金收入属于让渡资产使用权的收入,应列入其他业务收入。由于租金中包括增值税税额,应换算为不含税的收入,即不含税租金为 8 000 元[＝9 040÷(1＋13%)],增值税税额为 1 040 元。这项经济业务的发生,一方面使公司的其他业务收入增加 8 000 元,增值税销项税额增加 1 040 元,另一方面公司的银行存款增加 9 040 元。银行存款的增加应记入"银行存款"账户的借方;其他业务收入的增加应记入"其他业务收入"账户的贷方,增值税销项税额的增加应记入"应交税费——应交增值税"账户的贷方。编制的会计分录如下:

> 借:银行存款　　　　　　　　　　　　　　　　　9 040
> 　　贷:其他业务收入——包装物出租　　　　　　　　　8 000
> 　　　　应交税费——应交增值税(销项税额)　　　　　　1 040

【例 5-48】 12 月 22 日华诚公司向丁公司出租一仓库,期限一个月,租金 6 540 元,款已收。

仓库出租取得的租金收入属于让渡资产使用权的收入,应列入其他业务收入。仓库出租属于不动产租赁,其增值税税率为 9%,由于租金中包括增值税税额,应换算为不含税的收入,即不含税租金为 6 000 元[＝6 540÷(1＋9%)],增值税税额为 540 元。

这项经济业务的发生,一方面使公司的其他业务收入增加 6 000 元,增值税销项税额增加 540 元,另一方面公司的银行存款增加 6 540 元。银行存款的增加应记入"银行存款"账户的借方;其他业务收入的增加,应记入"其他业务收入"账户的贷方,增值税销项税额的增加应记入"应交税费——应交增值税"账户的贷方。编制的会计分录如下:

> 借:银行存款　　　　　　　　　　　　　　　　　6 540
> 　　贷:其他业务收入——固定资产出租　　　　　　　　6 000
> 　　　　应交税费——应交增值税(销项税额)　　　　　　540

【例 5-49】 12 月 31 日公司结转本月销售材料的成本 24 000 元。

这项经济业务的发生,一方面公司的其他业务成本增加 24 000 元,另一方面公司的库存材料减少 24 000 元。其他业务成本的增加是费用成本的增加,应记入"其他业务成本"账户的借方;库存材料的减少是资产的减少,应记入"原材料"账户的贷方。编制的会计分录如下:

> 借:其他业务成本——材料销售　　　　　　　　　　24 000
> 　　贷:原材料——甲材料　　　　　　　　　　　　　　24 000

【例 5-50】 12 月 31 日公司结转本月出租包装物的成本 5 630 元。

这项经济业务的发生,一方面公司的其他业务成本增加 5 630 元,另一方面公司的库存包装物减少 5 630 元。包装物成本的摊销是费用支出的增加,应记入"其他业务成本"账户的借方;库存包装物的减少是资产的减少,应记入"包装物"账户的贷方。编制的会计分录如下:

> 借:其他业务成本——包装物出租　　　　　　　　　5 630
> 　　贷:周转材料——包装物　　　　　　　　　　　　　5 630

【例5-51】 承接【例5-48】,该仓库每月应计提折旧1 200元。

每月应提的折旧额是出租仓库的成本,属于其他业务成本。该项经济业务的发生,一方面公司的其他业务成本增加1 200元,另一方面公司的提取折旧额增加。其他业务成本的增加应记入"其他业务成本"账户的借方;固定资产提取的折旧额是已提折旧的增加,应记入"累计折旧"账户的贷方。编制的会计分录如下:

借:其他业务成本——折旧 1 200

　　贷:累计折旧 1 200

【例5-52】 计算公司应缴纳的车船使用税1 600元、房产税2 000元,计算并缴纳印花税1 000元。

车船使用税、房产税、印花税等属于税金及附加核算的内容。这项经济业务的发生,一方面使得公司的税金及附加增加4 600元(=1 600+2 000+1 000),另一方面使公司的应交税费增加4 600元。税金及附加的增加是费用的增加,应记入"税金及附加"账户的借方;应交税费的增加应记入"应交税费"账户的贷方;缴纳印花税时,应记入"银行存款"账户的贷方。编制的会计分录如下:

借:税金及附加 4 600

　　贷:应交税费——应交车船使用税 1 600

　　　　　　　　——应交房产税 2 000

　　　　银行存款 1 000

【例5-53】 12月31日,计算确定本月销售环节应负担城市维护建设税和教育费附加。

城市维护建设税和教育费附加是以"两税"税额为计税依据并同时征收,一方面作为企业发生的一项费用支出,另一方面形成企业的一项负债。

根据【例5-2】、【例5-13】、【例5-14】、【例5-15】、【例5-18】、【例5-19】和【例5-22】,增值税进项税额合计为73 970元;根据【例5-37】、【例5-38】、【例5-40】、【例5-41】、【例5-43】、【例5-46】、【例5-47】和【例5-48】的资料,增值税销项税额合计为108 440元,所以,本月应交增值税为34 470元(=108 440-73 970)。本企业产品不属于消费税的征税范围。

应交城市维护建设税=(消费税+增值税)×城市维护建设税税率

$$= 34\ 470×7\% = 2\ 412.90(元)$$

应交教育费附加=(消费税+增值税)×教育费附加征收率

$$= 34\ 470×3\% = 1\ 034.10(元)$$

该项经济业务的发生,一方面公司的税金及附加增加3 453元(=2 412.90+1 034.10),另一方面公司的应交税费增加3 447元。税金及附加的增加应记入"税金及附加"账户的借方;应交税费的增加应记入"应交税费"账户的贷方。编制的会计分录如下:

借:税金及附加 3 447

　　贷:应交税费——应交城市维护建设税 2 412.90

　　　　　　　　——教育费附加 1 034.10

销售过程中其他业务核算示意图如图5-8所示。

其他业务收入

	㊻ 30 000
	㊼ 8 000
	㊽ 6 000

应收账款

㊻ 33 900	

应交税费

	㊻ 3 900
	㊼ 1 040
	㊽ 540
	(52) 3 600
	(53) 3 447

银行存款

㊼ 9 040	
㊽ 6 540	
(52) 1 000	

原材料

	㊾ 24 000

其他业务成本

㊾ 24 000	
㊿ 5 630	
(51) 1 200	

周转材料

	㊿ 5 630

税金及附加

(52) 4 600	
(53) 3 447	

累计折旧

	(51) 1 200

图 5－8　销售过程中其他业务核算示意图

第六节　期间费用的核算

一、期间费用的概念

期间费用是指企业本期发生的，不能直接或间接归入营业成本，而是直接记入当期损益的各种费用。它是企业在经营过程中随着时间的推移而发生的，与产品生产活动的管理和销售有一定的关系，但与产品的制造过程没有直接关系的各种费用。也就是说，难以确定其直接的负担者。所以期间费用不记入产品制造成本，而是从当期损益中予以扣除。期间费用包括管理费用、销售费用、财务费用。

管理费用是指企业行政管理部门为组织和管理企业的生产经营活动而发生的各种费用，其内容包括：应由企业统一负担的公司经费（包括行政管理部门职工工资及福利费、物料消耗、低值易耗品摊销、办公费和差旅费等）、工会经费、董事会费（包括董事会成员津贴、会议费和差旅费等）、筹建期间内发生的开办费、行政管理部门的固定资产修理费用等后续支出、聘请中介机构费、咨询费（含顾问费）、诉讼费、业务招待费、技术转让费、矿产资源补偿费、排污费等。

销售费用是指企业在销售产品、自制半成品和提供劳务等过程中发生的各项费用，包括由企业负担包装费、运输费、装卸费、展览费、广告费，以及为销售本企业的产品而专设的销售机构(含销售网点、售后服务网点等)的职工薪酬、福利费、差旅费、办公费、折旧费、维修费等经营费用。

财务费用是指企业为筹集生产经营所需资金等而发生的筹资费用，包括利息支出(减利息收入)、汇兑差额以及相关的手续费等。财务费用的具体内容在本章第二节企业筹资业务核算中已经做了详细的阐述，这里只对期间费用中的管理费用和销售费用的内容做一介绍。

二、期间费用的账户设置

为了核算期间费用的发生情况，应设置"财务费用"账户、"管理费用"账户和"销售费用"账户，"财务费用"账户和"销售费用"账户前面已经介绍。

"管理费用"账户属于损益类账户，用来核算企业行政管理部门为组织和管理企业的生产经营活动而发生的各项费用。其借方登记发生的各项管理费用，贷方登记期末转入"本年利润"账户的管理费用，经过结转之后，本账户期末没有余额。管理费用账户应按照费用项目设置明细账中的专栏，进行明细分类核算。

"管理费用"账户的结构如下：

借	管理费用	贷
发生的管理费用	期末转入"本年利润"账户的管理费用	

三、期间费用的账务处理

下面举例说明华诚公司20×9年期间费用业务的会计处理：

【例5-54】　用现金支付企业行政部门购买办公用品费500元。

这项经济业务的发生，一方面公司的管理费用增加500元，另一方面公司的库存现金减少500元。管理费用的增加应记入"管理费用"账户的借方；现金的减少应记入"库存现金"账户的贷方。编制的会计分录如下：

借：管理费用——办公费　　　　　　　　　　　　　　　　　　500
　　贷：库存现金　　　　　　　　　　　　　　　　　　　　　　　500

【例5-55】　公司用银行存款支付产品的广告费30 000元。

这项经济业务的发生，一方面公司的销售费用增加30 000元，另一方面公司的银行存款减少30 000元。销售费用的增加应记入"销售费用"账户的借方；银行存款的减少应记入"银行存款"账户的贷方。编制的会计分录如下：

借：销售费用——广告费　　　　　　　　　　　　　　30 000
　　贷：银行存款　　　　　　　　　　　　　　　　　　　　30 000

【例5-56】　12月18日以银行存款专设销售机构相关固定资产发生维护费用800元；行政管理部门管理用设备发生日常修理费用3 300万元；财务部门管理设施修理发生支出400元。

除与存货的生产和加工相关的固定资产的修理费用按照存货成本确定原则进行处理外，

行政管理部门、企业专设的销售机构等发生的固定资产修理费用等后续支出记入管理费用或销售费用。该项经济业务的发生,使企业的销售费用增加了800元,应记入"销售费用"账户的借方,同时管理费用也增加了3 700元(=3 300+400),应记入"管理费用"账户的借方;另一方面企业的银行存款减少了4 500元,应记入"银行存款"账户的贷方。编制的会计分录如下:

借:销售费用——修理费　　　　　　　　　　　　　　800
　　管理费用——修理费　　　　　　　　　　　　　3 700
　　贷:银行存款　　　　　　　　　　　　　　　　　　　　4 500

【例5-57】 公司的管理人员张三出差归来报销差旅费2 230元,原借款2 000元。

职工个人借款通过"其他应收款"账户核算,当初办理借款时的会计处理为:"借记其他应收款,贷记库存现金或银行存款"。管理人员差旅费报销应在企业的管理费用中列支。该项经济业务的发生,一方面使公司的管理费用增加2 230元,另一方面公司的其他应收款减少2 000元,公司的库存现金减少230元。管理费用的增加应记入"管理费用"账户的借方;其他应收款的减少是资产(债权)的减少,应记入"其他应收款"账户的贷方,现金的减少应记入"库存现金"账户的贷方。编制的会计分录如下:

借:管理费用——差旅费　　　　　　　　　　　　　2 230
　　贷:其他应收款——张三　　　　　　　　　　　　　　2 000
　　　　库存现金　　　　　　　　　　　　　　　　　　　　230

【例5-58】 公司月末摊销以前已经付款的报刊费680元。

报刊费属于企业的管理费用。该项经济业务的发生,一方面使公司的管理费用增加680元,另一方面公司的预付账款减少680元。管理费用的增加应记入"管理费用"账户的借方;预付费用的减少是资产的减少,记入"预付账款"账户的贷方。编制的会计分录如下:

借:管理费用——办公费　　　　　　　　　　　　　　680
　　贷:预付账款　　　　　　　　　　　　　　　　　　　　680

【例5-59】 公司下设一独立销售机构,本月发生职工薪酬15 000元、业务经费20 000元、固定资产折旧1 800元。

销售机构所发生的职工薪金、业务经费、固定资产折旧属于销售费用。这项经济业务的发生,一方面公司的销售费用增加36 800元,另一方面使得公司的应付职工薪酬增加15 000元,银行存款减少20 000元,固定资产折旧增加1 800元。销售费用的增加应记入"销售费用"账户的借方;应付职工薪酬的增加应记入"应付职工薪酬"账户的贷方,银行存款减少应记入"银行存款"账户的贷方,固定资产提取的折旧额的增加,应记入"累计折旧"账户的贷方。编制的会计分录如下:

借:销售费用——职工薪酬　　　　　　　　　　　15 000
　　　　　　——业务经费　　　　　　　　　　　　20 000
　　　　　　——折旧　　　　　　　　　　　　　　 1 800
　　贷:应付职工薪酬——工资　　　　　　　　　　　　15 000
　　　　银行存款　　　　　　　　　　　　　　　　　　20 000
　　　　累计折旧　　　　　　　　　　　　　　　　　　 1 800

期间费用总分类核算示意图如图5-9所示。

库存现金				管理费用		
	㊴	500		㊴	500	
	㊲	230		㊶	3 700	
				㊲	2 230	
				㊳	680	

银行存款				销售费用		
	㊵	30 000		㊵	30 000	
	㊶	4 500		㊶	800	
	㊹	20 000		㊹	36 800	

其他应收款				预付账款		
	㊲	2 000		㊳		680

应付职工薪酬				累计折旧		
	㊹	15 000		㊹		1 800

图 5-9　期间费用总分类核算示意图

第七节　利润形成与分配业务核算

一、利润形成与分配业务概述

利润是指企业在一定会计期间所实现的最终经营成果,也就是企业所实现的利润或亏损总额。企业为了按期计算其生产经营过程中形成的利润或损失,要求企业定期地将其生产经营过程中存在因果关系的收入与费用进行配比,收入大于费用支出的差额部分为利润;反之,则为亏损。利润主要包括营业利润、营业外收支净额、所得税和其他综合收益的税后净额四部分。

营业利润＝营业收入－营业成本－税金及附加－销售费用－管理费用－财务费用－
　　资产减值损失－信用减值损失＋其他收益＋投资收益＋
　　公允价值变动收益＋资产处置收益
　　利润(或亏损)总额＝营业利润＋营业外收入－营业外支出
　　净利润＝利润总额－所得税费用
　　综合收益总额＝净利润(或净亏损)＋其他综合收益的税后净额

其中,营业收入等于主营业务收入和其他业务收入之和;营业成本包括主营业务成本和其他业务成本;营业外收入是指反映企业发生的营业利润以外的收益,主要包括债务重组利得、与企业日常活动无关的政府补助、盘盈利得、捐赠利得等;营业外支出是指企业发生的营业利润以外的支出,主要包括债务重组损失、公益性捐赠支出、非常损失、盘亏损失、非流动资产毁损报废损失等。其他收益是指与企业日常活动相关的政府补助,如成本费用的补贴、超税负返还、研发费用补助等。

对资产减值损失、信用减值损失、公允价值变动收益、资产处置收益、其他综合收益的税后净额等内容将在《中级财务会计》中讲述。

利润实现后,根据《公司法》、公司章程和股东大会表决通过,对税后利润进行分配,一部分以利润的形式分配给投资者,一部分以盈余公积的形式留存在企业,作为企业后续发展资金,还有一部分以未分配利润的形式留在企业账面上,留待以后年度处理的利润。

利润总额构成中的营业利润,部分内容在销售过程核算和期间费用核算中已经做了介绍,下面将对营业利润构成项目中的投资收益、营业外收支、其他收益等核算内容进行阐述,以便说明企业在一定时期内的净利润的形成过程,并在此基础上,进一步讨论净利润分配的核算内容。

二、利润形成的业务核算

(一) 利润形成的账户设置

1.“投资收益”账户

“投资收益”账户属于损益类账户,是用来核算企业对外投资所取得的利润、股利和债券利息等收入减去投资损失后的净收益。其贷方登记取得的投资收益或期末投资损失的转出数,借方登记投资损失和期末投资净收益的转出数,期末将本账户差额转入“本年利润”账户,结转后无余额。该账户应按投资收益的种类设置明细账,进行明细分类核算。

“投资收益”账户的结构如下:

借	投资收益	贷
发生的投资损失 期末转入“本年利润”账户的投资净收益	实现的投资收益 期末转入“本年利润”账户的投资净损失	

2.“营业外收入”账户

“营业外收入”账户属损益类账户,是用来核算企业发生的与其日常活动无直接关系的各项利得(如政府补助、盘盈利得、捐赠利得、债务重组利得等各项营业外收入)的发生及其结转情况。其贷方登记营业外收入的实现即营业外收入的增加,借方登记期末转入“本年利润”账户的数额;结转后该账户无余额。该账户可按照收入的具体项目进行明细分类核算。

“营业外收入”账户的结构如下:

借	营业外收入	贷
期末转入“本年利润”账户的营业外收入	实现的营业外收入(增加)	

3.“营业外支出”账户

“营业外支出”账户属于损益类账户,是用来核算与企业生产经营活动无直接关系的各项支出(如捐赠支出、非常损失、盘亏损失、债务重组损失等各项营业外支出)的发生及其结转情况。其借方登记营业外支出的发生额,贷方登记期末转入“本年利润”账户的数额;结转后该账户无余额。营业外支出账户可按照支出的具体项目进行明细分类核算。

"营业外支出"账户的结构如下：

借	营业外支出	贷
发生的营业外支出（增加）	期末转入"本年利润"账户的营业外支出	

4．"其他收益"账户

"投资收益"账户属于损益类账户，是用来核算与企业日常活动相关的政府补助。其贷方登记取得的政府补助，借方登记其他收益的转出，即转入到"本年利润"账户，结转后无余额。该账户可以按政府补助的种类设置明细账，进行明细分类核算。

"其他收益"账户的结构如下：

借	其他收益	贷
转入"本年利润"账户的其他收益	收到与企业日常经营活动有关的政府补助	

5．"本年利润"账户

"本年利润"账户属所有者权益类账户，用来核算企业一定时期内实现的净利润或净亏损情况。企业期（月或年）末结转利润时，应将各收入、费用类账户的金额转入本账户，结平各收入、费用类账户。期末，将"主营业务收入""其他业务收入""营业外收入""投资收益"和"其他收益"等账户的贷方发生额从其借方转入"本年利润"账户的贷方；将"主营业务成本""其他业务成本""税金及附加""管理费用""销售费用""财务费用""营业外支出"和"所得税费用"等账户的借方发生额从其贷方转入"本年利润"的借方；将本期转入的收入类发生额的合计数和费用类发生额的合计数进行比较，如果余额在贷方，表示本期实现的净利润；如果期末余额在借方，表示本期发生的净亏损。年度终了，应将"本年利润"账户的贷方余额或借方余额，转入"利润分配——未分配利润"账户，结转后本账户无余额。

"本年利润"账户的结构如下：

借	本年利润	贷
期末转入的各项费用： 　主营业务成本 　其他业务成本 　税金及附加 　管理费用 　财务费用 　销售费用 　投资净损失 　营业外支出 　所得税费用	期末转入的各项收入： 　主营业务收入 　其他业务收入 　投资净收益 　营业外收入 　其他收益	
期末余额：发生的净亏损 实现的净利润转入"未分配利润"的贷方	期末余额：实现的净利润 实现的净亏损转入"未分配利润"的借方	

6. "所得税费用"账户

"所得税费用"账户属损益类账户,用来核算企业按照税法规定计算出的所得税费用及其结转情况。其借方登记企业按照税法规定计算确定的所得税费用额,贷方登记期末转入"本年利润"账户的所得税费用额,经过结转之后,该账户期末无余额。

"所得税费用"账户的结构如下:

借	所得税费用	贷
计算出的所得税费用	期末转入"本年利润"账户的所得税费用	

(二) 利润形成过程的核算举例

下面举例说明华诚有限责任公司20×9年利润形成过程的核算:

【例5-60】 公司12月10日取得国库券利息收入15 000元。

这项经济业务的发生,一方面使公司的银行存款增加15 000元;另一方面公司投资收益增加15 000元。银行存款的增加,应记入"银行存款"账户的借方;国库券利息的增加作为"投资收益"的增加,应记入"投资收益"账户的贷方。编制的会计分录如下:

借:银行存款　　　　　　　　　　　　　　　　15 000
　　贷:投资收益　　　　　　　　　　　　　　　　　　15 000

【例5-61】 12月15日公司用银行存款10 000元支付一项公益性捐赠。

企业的公益性捐赠属于营业外支出。这项经济业务的发生,一方面公司的银行存款减少10 000元,另一方面公司的营业外支出增加10 000元。营业外支出的增加是费用支出的增加,应记入"营业外支出"账户的借方;银行存款的减少应记入"银行存款"账户的贷方。编制的会计分录如下:

借:营业外支出——捐赠　　　　　　　　　　　10 000
　　贷:银行存款　　　　　　　　　　　　　　　　　10 000

【例5-62】 12月20日,收到研究开发补贴款100 000元。

这项经济业务的发生,收到与日常生产经营有关的政府性补助属于其他收益,一方面使公司的银行存款增加100 000元;另一方面公司其他收益增加100 000元。银行存款增加应记入"银行存款"账户的借方;其他收益的增加是收入的增加,应记入"其他收益"账户的贷方,编制的会计分录如下:

借:银行存款　　　　　　　　　　　　　100 000
　　贷:其他收益　　　　　　　　　　　　　　100 000

【例5-63】 12月30日公司将因债权人撤销而无法支付的应付账款50 000元,予以转销。

这项经济业务的发生,一方面使公司的应付账款减少50 000元;另一方面公司的营业外收入增加50 000元。应付账款的减少应记入"应付账款"账户的借方;营业外收入的增加应记入"营业外收入"账户的贷方,编制的会计分录如下:

借:应付账款　　　　　　　　　　　　　50 000

贷：营业外收入   50 000

【例 5 - 64】 12 月 31 日，将本月各类收入账户的发生额结转到"本年利润"账户。

会计期末，企业未结转各种损益类账户之前，本期实现的各项收入以及与之相配比的成本费用是分散反映在不同的损益类账户上的，为了遵循配比的要求，使本期的收支相抵减，以便确定本期经营成果，就需要编制结账分录，结清各损益类账户。这项经济业务的发生，一方面使得公司的有关损益类账户所记录的各种收入减少了，另一方面使得公司的利润额增加了。各项收入的结转是收入的减少，应记入"主营业务收入""其他业务收入""投资收益""营业外收入""其他收益"账户的借方；利润的增加是损益类的增加，应记入"本年利润"账户的贷方。各收入账户的发生额如下：

主营业务收入＝ 792 000 元［＝180 000 元（【例 5 - 37】）＋186 000 元（【例 5 - 38】）＋72 000 元（【例 5 - 40】）＋360 000 元（【例 5 - 41】）－6 000 元（【例 5 - 43】）］

其他业务收入＝44 000 元［＝30 000（【例 5 - 46】）＋8 000 元（【例 5 - 47】）＋6 000 元（【例 5 - 48】）］

投资收益＝15 000 元（【例 5 - 60】）

其他收益＝100 000 元（【例 5 - 62】）

营业外收入＝50 000 元（【例 5 - 63】）

编制的会计分录如下：

借：主营业务收入   792 000
　　其他业务收入   44 000
　　投资收益   15 000
　　其他收益   100 000
　　营业外收入   50 000
　　贷：本年利润   1 001 000

【例 5 - 65】 12 月 31 日，将本月各类费用账户的发生额结转到"本年利润"账户。

这项经济业务的发生，一方面需要将记录在有关损益类账户中的各项支出予以转销，另一方面结转支出会使得公司的利润减少。各项支出的结转是费用支出的减少，应记入"主营业务成本""税金及附加""其他业务支出""管理费用""财务费用""销售费用""营业外支出"账户的贷方；利润的减少是所有者权益的减少，应记入"本年利润"账户的借方。各费用账户的发生额如下：

主营业务成本＝471 570 元（【例 5 - 46】）

税金及附加＝8 047 元［＝4 600（【例 5 - 52】）＋3 447（【例 5 - 53】）］

其他业务支出＝30 830 元［＝24 000（【例 5 - 49】）＋5 630（【例 4 - 50】）＋1 200（【例 4 - 51】）］

管理费用＝62 260 元［＝25 250（【例 5 - 25】）＋2 600（【例 5 - 27】）＋20 000（【例 5 - 28】）＋1 500（【例 5 - 32】）＋800（【例 5 - 33】）＋5 000（【例 5 - 34】）＋500（【例 5 - 54】）＋3 700（【例 5 - 56】）＋2 230（例 5 - 57）＋680（【例 5 - 58】）］

财务费用＝125 000 元［＝2 500（【例 5 - 7】）＋2 500（【例 5 - 8】）＋120 000（【例 5 - 12】）］

销售费用＝79 700 元［＝10 00（【例 5 - 27】）＋1 300（【例 5 - 28】）＋800（【例 5 - 38】）＋

30 000(例 5-55)+800(【例 5-56】)+36 800(【例 5-59】)〕

　　营业外支出＝10 000 元(【例 5-61】)

　　编制的会计分录如下：

　　借：本年利润　　　　　　　　　　　　　　　787 407

　　　贷：主营业务成本　　　　　　　　　　　　　　　　471 570

　　　　税金及附加　　　　　　　　　　　　　　　　　　8 047

　　　　其他业务支出　　　　　　　　　　　　　　　　　30 830

　　　　管理费用　　　　　　　　　　　　　　　　　　　62 260

　　　　财务费用　　　　　　　　　　　　　　　　　　　125 000

　　　　销售费用　　　　　　　　　　　　　　　　　　　79 700

　　　　营业外支出　　　　　　　　　　　　　　　　　　10 000

　　会计利润＝1 001 000-787 407＝213 593(元)

　　【例 5-66】　12 月 31 日，按本期实现利润总额的 25％计算企业所得税。

　　所得税费用是企业按照国家税法的有关规定，对企业某一经营年度的应纳税所得额，按照规定的所得税税率计算缴纳的一种税款。这里所说的应纳税所得额，与税前会计利润(即根据会计准则确认的收入与费用配比计算的利润数)可能不同。由于会计法规和税收法规是两个不同的经济范畴，它们分别遵循着不同的原则和方法，规范着不同的对象。在实际工作中，企业在计算应交纳所得税时，是在会计利润的基础上按照税法的规定加以调整。

　　计算公式如下：

$$应纳税所得额＝会计利润＋纳税调整增加额-纳税调整减少额$$

$$应交所得税＝应纳税所得额×所得税税率$$

　　【例 5-60】国债利息收入 15 000 属于免税收入，应该作纳税调整减少额。

　　应纳税所得额＝213 593-15 000＝198 593(元)

　　本期应交所得税额＝198 593×25％＝49 648.25(元)

　　所得税计算出来之后，一般没有即时缴纳，所以在形成所得税费用的同时也产生了企业的一项负债。这项经济业务的发生，一方面使公司的所得税费用增加 49 646.75 元，另一方面公司的应交税费增加 49 646.75 元。所得税费用的增加是费用的增加，应记入"所得税费用"账户的借方；应交税费的增加应记入"应交税费"账户的贷方。编制的会计分录如下：

　　借：所得税费用　　　　　　　　　　　　　　49 648.25

　　　贷：应交税费——应交所得税　　　　　　　　　　　49 648.25

　　【例 5-67】　12 月 31 日，将计算出的所得税费用转入"本年利润"账户。

　　这项经济业务的发生，一方面公司的所得税费用减少 49 648.25 元，另一方面公司的利润额减少 49 648.25 元。所得税费用的减少是费用支出的减少，应记入"所得税费用"账户的贷方；利润的减少是所有者权益的减少，应记入"本年利润"账户的借方。编制的会计分录如下：

　　借：本年利润　　　　　　　　　　　　　　　49 648.25

　　　贷：所得税费用　　　　　　　　　　　　　　　　　49 648.25

　　当年公司税后利润＝213 593-49 648.25＝163 944.75(元)

企业所得税
法介绍

利润形成核算示意图如图 5-10 所示。

营业外支出		银行存款		投资收益	
⑥ 10 000	⑥ 10 000	⑥ 15 000	⑥ 10 000	⑥ 15 000	⑥ 15 000
		⑥ 100 000			

应付账款		本年利润		其他收益	
⑥ 50 000		⑥ 787 407	⑥ 1 001 000	⑥ 100 000	⑥ 100 000
		⑥ 49 648.25			

主营业务成本		销售费用		营业外收入	
	⑥ 471 570		⑥ 79 700	⑥ 50 000	⑥ 50 000

其他业务成本		财务费用		主营业务收入	
	⑥ 30 830		⑥ 125 000	⑥ 792 000	

税金及附加		管理费用		其他业收入	
	⑥ 8 047		⑥ 62 260	⑥ 44 000	

所得税费用		应交税费	
⑥ 49 648.25	⑥ 49 648.25		⑥ 49 648.25

图 5-10　利润形成核算示意图

三、利润分配的业务核算

如前所述,企业的利润总额扣除所得税费用后为净利润,对于净利润需要按照国家的有关规定在各相关方面进行合理的分配。

利润分配就是企业根据股东大会或类似权力机构批准的、对企业可供分配利润指定其特定用途和分配给投资者的行为。股份公司实现的净利润应按公司法、公司章程以及股东大会决议的要求进行分配。

根据《公司法》等有关法规的规定,企业当年实现的净利润,首先应弥补以前年度尚未弥补的亏损,对于剩余部分,应按照下列顺序进行分配:

(1)提取法定盈余公积。法定盈余公积按照本年实现净利润的一定比例提取,《公司法》规定公司制企业按当年净利润的10%提取;企业提取的法定盈余公积金累计额超过注册资本50%以上的,可以不再提取。法定盈余公积金可用于弥补亏损、扩大公司生产经营或转增资本,但企业用盈余公积金转增资本后,法定盈余公积金的余额不得低于转增前公司注册资本的25%。

(2)提取任意公积金。公司从税后利润中提取法定公积金后,经股东会或者股东大会决议,还可以从税后利润中提取任意公积金。任意盈余公积,不是强制要求计提的,是公司根据企业情况,自由决定计提比例的盈余公积,企业也可以根据需要不计提任意盈余公积。

(3)分配给投资者利润或股利。企业实现的净利润在扣除上述项目后,再加上年初未分配利润和其他转入数(公积金弥补的亏损等),形成可供投资者分配的利润。用公式表示为:

$$可供投资者分配的利润＝净利润－弥补以前年度的亏损－提取的法定盈余公积－$$
$$提取的任意盈余公积＋年初未分配利润＋公积金转入数$$

可供投资者分配的利润,应按下列顺序进行分配:

(1) 支付优先股股利,是指企业按照利润分配方案分配给优先股股东的现金股利,优先股股利是按照约定的股利率计算支付的。

(2) 支付普通股现金股利,是指企业按照利润分配方案分配给普通股股东的现金股利,普通股现金股利一般按各股东持有股份的比例进行分配。如果是非股份制企业则为分配给投资人的利润。

(3) 转作资本(或股本)的普通股股利,是指企业按照利润分配方案以分派股票股利的形式转作的资本(或股本)。

可供投资者分配的利润经过上述分配之后,为企业的未分配利润,年末未分配利润可按下式计算:

$$当年末未分配利润＝可供投资者分配的利润－优先股股利－普通股股利$$

未分配利润是企业留待以后年度进行分配的利润或等待分配的利润,它是所有者权益的一个重要组成部分。相对于所有者权益的其他部分来说,企业对于未分配利润的使用有较大的自主权。

(一) 利润分配过程的账户设置

为了核算企业利润分配的具体业务,需要设置"利润分配""盈余公积""应付股利"等账户。

1. "利润分配"账户

"利润分配"账户属所有者权益类账户,是用以核算企业利润的分配(或亏损的弥补)和历年分配(或弥补)后的未分配利润(或未弥补亏损)的账户。该账户借方登记从"本年利润"账户转入的本年净亏损数额以及本期企业按照规定提取的盈余公积、分配给股东或投资者的股利或利润,贷方登记从"本年利润"账户转入的本年实现的净利润数额以及用盈余公积弥补亏损的数额。年末余额如果在借方,表示未弥补的亏损额;年末余额如果在贷方,表示未分配利润额。"利润分配"账户一般应设置以下几个主要的明细账户:"盈余公积补亏""提取法定盈余公积""提取任意盈余公积""应付现金股利""转作资本(或股本)的普通股股利""未分配利润"等。年末,应将"利润分配"账户下的其他明细账户的余额转入"未分配利润"明细账户,经过结转后,除"未分配利润"明细账户有余额外,其他各个明细账户均无余额。

"利润分配"账户的结构如下:

借	利润分配	贷
实际分配的利润额: 　提取法定盈余公积 　提取任意盈余公积 　应付现金股利 　转作资本的股利 　年末转入的亏损	盈余公积补亏 年末从"本年利润"账户转入的本年实现的净利润	
年内余额:已分配利润额 年末余额:未弥补亏损额	期末余额:未分配利润	

2. "盈余公积"账户

"盈余公积"账户属所有者权益类账户,是用来核算企业从税后利润中提取的盈余公积金。其贷方登记提取的盈余公积金,即盈余公积金的增加,借方登记实际使用的盈余公积金,即盈余公积金的减少。期末余额在贷方,表示结余的盈余公积金。"盈余公积"应设置下列明细账户:"法定盈余公积""任意盈余公积"等。

"盈余公积"账户的结构如下:

借	盈余公积	贷
实际使用的盈余公积(减少)	年末提取的盈余公积金(增加)	
	期末余额:结余的盈余公积金	

3. "应付股利"账户

"应付股利"账户属负债类账户,是用来核算企业按照股东大会或类似权力机构决议分配给投资人股利(现金股利)或利润的增减变动及其结余情况。其贷方登记应付给投资人股利(现金股利)或利润的增加,借方登记实际支付给投资人的股利(现金股利)或利润,即应付股利的减少。期末余额在贷方,表示尚未支付的股利(现金股利)或利润。这里需要注意的是企业分配给投资人的股票股利不在本账户核算。该账户应按投资者设置明细账进行明细核算。

"应付股利"账户的结构如下:

借	应付股利	贷
实际支付的利润或股利	应付未付的利润或股利	
	期末余额:尚未支付的利润或股利	

(二)利润分配过程的核算举例

【例5-68】　按净利润的10%提取盈余公积金16 394.48元(=163 944.75×10%),假设没有以前年度未弥补的亏损。

该项经济业务的发生,一方面使利润减少(即利润分配增加)了16 394.03元,另一方面使盈余公积增加了16 394.03元。已分配利润额的增加是所有者权益的减少,应记入"利润分配"账户的借方;盈余公积金的增加是所有者权益的增加,应记入"盈余公积"账户的贷方。编制会计分录如下:

借:利润分配——提取法定盈余公积　　　　　　　　　16 394.48

　　贷:盈余公积——法定盈余公积　　　　　　　　　　　16 394.48

【例5-69】　公司按照股东大会决议,分配给股东的现金股利30 000元,股票股利50 000元。

注意,股票股利和现金股利是有区别的。对于现金股利,在股东大会批准利润分配方案之后,立即进行账务处理;股票股利在股东大会批准利润分配方案并办理了增资手续之后,才能进行相应的账务处理。这项经济业务的发生,需要处理两部分内容:一方面,公司的已分配利润额增加80 000元(=30 000+50 000);另一方面,现金股利虽然已决定分配给股东,但在分配的当时并不实际支付,所以形成公司的一项负债,使得公司的应付股利增加30 000元。已分配利润的增加是所有者权益的减少,应记入"利润分配"账户的借方,应付股利的增加是负债的增加,应记入"应付股利"账户的贷方;对于股票股利,在分配时,应按面值记入"实收资本"账

户(如有超面值部分应增加资本公积)。编制的会计分录如下:

(1)现金股利:

借:利润分配——应付现金股利　　　　　　　　　　　　　30 000

　　贷:应付股利　　　　　　　　　　　　　　　　　　　　　　　30 000

(2)股票股利:

借:利润分配——转作股本的股利　　　　　　　　　　　　50 000

　　贷:实收资本　　　　　　　　　　　　　　　　　　　　　　　50 000

【例 5-70】 12 月 31 日,结转本期实现的净利润即"本年利润"账户的余额转入"利润分配"账户所属的"未分配利润"。

公司当期实现的净利润为 163 944.75 元(=213 593-49 648.25)。结转净利润这项经济业务,一方面使得公司记录在"本年利润"账户的净利润减少 163 944.75 元,另一方面公司可供分配的利润增加 163 944.75 元。结转净利润时,应将净利润从"本年利润"账户的借方转入"利润分配"账户的贷方(如果结转亏损,则进行相反的处理)。编制的会计分录如下:

借:本年利润　　　　　　　　　　　　　　　　　　　　　163 944.75

　　贷:利润分配——未分配利润　　　　　　　　　　　　　　　　163 944.75

【例 5-71】 12 月 31 日,将"利润分配"账户的所有明细账户的余额转入"利润分配——未分配利润"账户。

这项经济业务的发生,应将各个明细账户的余额从其相反方向分别转入"未分配利润"明细账户中。也就是借方的余额从贷方结转,贷方的余额从借方结转。编制的会计分录如下:

借:利润分配——未分配利润　　　　　　　　　　　　　　96 394.48

　　贷:利润分配——提取法定盈余公积　　　　　　　　　　　　　16 394.48

　　　　　　——应付现金股利　　　　　　　　　　　　　　　　　30 000

　　　　　　——转作资本(或股本)的普通股股利　　　　　　　　50 000

利润分配业务核算示意图如图 5-11 所示。

图 5-11　利润分配业务核算示意图

本章小结

本章主要介绍了如何应用借贷记账法在制造业企业经营循环中基本经济业务的会计处理。制造业企业的经营循环包括筹资、供应、生产、销售、利润形成及分配这五个环节。相应地,对制造企业经营循环各环节的主要经济业务及其会计处理可分为:筹资业务核算、固定资产购置和材料采购业务核算、产品生产阶段主要业务核算、销售业务核算和利润形成及利润分配核算。

关键术语

实收资本(或股本)capital(orstock)　　银行存款 cash in bank

库存现金 cash　　应交税费 accrued tax

原材料 raw materials　　应付账款 account payable

应收票据 note receivable　　预收账款 deposit received

生产成本 cost of manufacture　　库存商品 finished goods

应付职工薪酬 accrued payroll　　固定资产 fixed assets

累计折旧 accumulated depreciation　　财务费用 finance charge

管理费用 administrative expenses　　销售费用 selling expenses

制造费用 manufacturing overhead　　投资收益 investment income

应计收入 accrued revenue　　应计费用 accrued expense

主营业务收入 revenue　　主营业务成本 cost of sales

所得税 income tax　　本年利润 current year profits

盈余公积 surplus reserves　　利润分配 profit distribution

未分配利润 undistributed profit

思考题

1. 制造业企业的主要经济业务内容包括哪些?

2. 企业筹集资金的渠道有哪些?试分析其优缺点。

3. 短期借款利息的会计处理与长期借款利息有何区别?

4. 原材料实际采购成本包括哪些内容?材料采购费用如何记入材料的采购成本?

5. 产品生产成本由哪些成本项目所组成?

6. 为什么要分别设置"生产成本"和"制造费用"账户归集生产费用?

7. 制造费用的分配标准有哪些?如何对制造费用进行分配?

8. 如何确认和计量商品的销售收入?

9. 如何计算企业的营业利润?

10. 企业的利润总额由哪些项目组成?如何计算企业的净利润?

11. 企业进行利润分配的顺序如何?

自测题

一、单项选择题

1. 采购材料业务必须（　　）才能借记"原材料"账户。
    A. 已签订经济合同　　　　　　　　B. 已结算货款
    C. 已收到发票账单　　　　　　　　D. 材料已验收入库

2. 采购材料支付的增值税为价外税，可以从产品销售时取得的销项税额中抵扣。因此，企业收到的增值税专用发票上列示的增值税额，应借记（　　）账户。
    A. 在途物资　　　　　　　　　　　B. 应交税费——应交增值税（进项税额）
    C. 应收账款　　　　　　　　　　　D. 应交税费——应交增值税（销项税额）

3. 生产成本账户的贷方登记（　　）。
    A. 为生产产品发生的各项费用　　　B. 完工入库产品的生产成本
    C. 已销产品的生产成本　　　　　　D. 期末转入本年利润账户的成本

4. 在产品制造企业中，外购材料的实际成本不包括（　　）。
    A. 材料买价　　　　　　　　　　　B. 运输途中材料丢失
    C. 外地运杂费　　　　　　　　　　D. 运输途中合理损耗

5. （　　）账户在期末费用分配以后，一般没有余额。
    A. 应付利息　　　　　　　　　　　B. 生产成本
    C. 制造费用　　　　　　　　　　　D. 累计折旧

6. 有限责任公司增资扩股时，如果有新的投资者加入，则新加入的投资者缴纳的出资额大于按约定比例计算的其在注册资本中所占份额部分应记入的贷方账户是（　　）。
    A. 实收资本　　　　　　　　　　　B. 股本
    C. 资本公积　　　　　　　　　　　D. 盈余公积

7. 下列账户中，期末时应将其本期发生额结转入"本年利润"账户借方的是（　　）。
    A. 其他业务收入　　　　　　　　　B. 制造费用
    C. 其他业务支出　　　　　　　　　D. 库存商品

8. 下列账户中与"制造费用"账户不可能发生对应关系的账户是（　　）。
    A. "银行存款"账户　　　　　　　　B. "长期待摊费用"账户
    C. "应付职工薪酬"账户　　　　　　D. "库存商品"账户

9. 利润总额是企业一定时期的经营成果，其内容不包括（　　）。
    A. 营业利润　　　　　　　　　　　B. 投资收益
    C. 营业外收支净额　　　　　　　　D. 所得税

10. 企业设置"固定资产"账户是用来反映固定资产的（　　）。
    A. 磨损价值　　　　　　　　　　　B. 累计折旧
    C. 原始价值　　　　　　　　　　　D. 净值

二、多项选择题

1. 下列账户中，可能与"本年利润"账户发生对应关系的有（　　）。
    A. 库存商品　　　　　　　　　　　B. 主营业务成本

C. 主营业务收入   D. 投资收益

E. 所得税

2. 构成生产成本的组成项目是(　　)。

    A. 直接材料   B. 直接人工   C. 制造费用   D. 管理费用

3. 下列项目属于营业外支出的有(　　)。

    A. 非常损失   B. 罚款支出

    C. 公益救济性捐赠   D. 确实无法收回的应收账款

4. 材料的采购成本包括(　　)。

    A. 材料买价   B. 材料运杂费

    C. 运输途中的合理损耗   D. 材料验收入库后的保管费用

    E. 材料采购人员的旅差费

5. 下列各项中会引起年末未分配利润数额变化的是(　　)。

    A. 弥补亏损   B. 用资本公积转增资本

    C. 本年利润转入   D. 提取盈余公积

6. "税金及附加"账户借方登记的内容有(　　)

    A. 增值税   B. 消费税

    C. 城市维护建设税   D. 印花费

    E. 所得税

7. 年末必须结平为零的账户是(　　)。

    A. 生产成本   B. 主营业务收入   C. 其他业务成本   D. 在途物资

    E. 销售费用

8. 根据权责发生制,下列项目中应记入本期收入和费用的有(　　)。

    A. 收到上月的销货款   B. 下期的费用已付款

    C. 本期的费用尚未支付   D. 本期实现的收入已收款

    E. 本期实现的收益未收款

9. "生产成本"账户(　　)。

    A. 是用以归集产品生产过程中所发生的全部生产费用并据以计算产品成本的账户

    B. 借方登记月份内发生的全部生产费用

    C. 贷方登记转入"库存商品"账户的完工产品成本

    D. 月末如有借方余额,表示尚未完工产品的成本

    E. 月末如有借方余额,表示成品资金占用额

10. 产品的制造成本(生产成本)包括的内容有(　　)。

    A. 为制造产品而发生的材料费用   B. 为制造产品而发生的人工费用

    C. 为制造产品而发生的固定资产折旧费用   D. 自然灾害造成的材料毁损

    E. 生产加工车间的一般性材料消耗

三、判断题

1. 盈余公积金是指按照国家有关规定从资本中提取的公积金。   (　　)

2. 收入可以表现为企业资产的增加或负债的清偿,或两者兼而有之。   (　　)

3. 期间费用是指不能记入产品成本,而应直接记入当期损益,从当期利润中扣除的费用,

例如管理费用、销售费用和制造费用。　　　　　　　　　　　　　　（　　）

4. 与存货的生产和加工相关的固定资产的修理费用等后续支出记入制造费用。（　　）

5. 收入,是指企业在日常活动中形成的、会导致所有者权益增加的、与所有者投入资本无关的经济利益的总流入。　　　　　　　　　　　　　　　　　　　　（　　）

6. 凡是由本期产品成本负担的费用,应按实际支付数全部记入本期成本。（　　）

7. 原材料的单位成本是购进原材料时从供货方取得的发票上列明的原材料的单价。（　　）

8. 由于生产费用和期间费用的支付和归属期往往不一致,因此需要设置"应付账款"和"预付账款",以保证产品成本、期间费用核算的准确性。　　　　　　　　（　　）

9. 固定资产在使用过程中逐渐损耗而转移到产品中去的那部分价值称之为折旧,企业所发生的折旧全部记入管理费用中。　　　　　　　　　　　　　　　　　（　　）

10. 与企业日常活动有关的政府补助,应当按照经济业务实质,记入其他收益。（　　）

练习题

一、目的:练习有关资金筹集业务的核算。

资料:京海有限责任公司 20×9 年 4 月发生下列经济业务:

(1) 接受华美公司投资 500 000 元,存入银行。

(2) 收到玉河电子公司投资,其中设备价款 100 000 元交付使用,材料价 20 000 元验收入库,分别收到相应的增值税专用发票,增值税税率 13%。

(3) 从中国工商银行取得期限为 6 个月的生产经营用借款 200 000 元,已存入银行。

(4) 上述借款年利率 6%,计提本月的借款利息。

(5) 经有关部门批准将资本公积金 50 000 元转增资本。

(6) 从中国建设银行银行取得为期 2 年的借款 300 000 元,已存入银行。

(7) 用银行存款 100 000 元偿还短期借款本金。

要求:根据上述资料编制会计分录。

二、目的:练习固定资产购置业务的核算。

资料:京海有限责任公司 20×9 年发生下列固定资产购置业务:

(1) 企业购入生产用不需要安装的甲设备一台,买价 80 000 元,增值税税额 10 400 元,运杂费 1 250 元,保险费 250 元(不考虑增值税),全部款项已用银行存款支付。

(2) 企业购入生产用需要安装的乙设备一台,买价 150 000 元,增值税税额 19 500 元,运杂费 2 000 元(不考虑增值税),款项已用银行存款支付。

(3) 企业对上述的乙设备进行安装,耗用材料 1 580 元,用银行存款支付安装公司安装费 2 720 元(不考虑增值税)。

(4) 上述设备安装完毕,经验收合格交付生产使用,结转工程成本。

(5) 企业用从建设银行借入的长期借款进行生产线扩建,工期一年。耗用材料计 280 000 元,分配工资为 50 000 元,分担制造费用为 38 000 元。

(6) 企业接建设银行通知,借入长期借款的利息为 50 000 元,用银行存款支付。

(7) 生产线扩建完毕,达到预定可使用状态,经验收合格交付使用,结转建造成本。

要求:根据上面所给的经济业务编制会计分录。

三、目的:练习材料采购过程的核算及材料采购成本的计算。

资料:京海有限责任公司 20×9 年 5 月份发生下列材料采购业务:

(1) 采购员张三预支差旅费 1 000 元,以现金支付。

(2) 向大都工厂购入下列材料,增值税 13%,货款未付。

甲材料 4 000 kg,@50 元,计 200 000 元

乙材料 3 000 kg,@35 元,计 105 000 元

应交增值税　　　　　　　39 650 元

合计　　　　　　　　　　344 650 元

(3) 以银行存款支付上述甲、乙材料运杂费 900 元,以现金支付装卸搬运费 545 元,材料在运输途中。按材料重量比例分配运杂费和装卸费。

(4) 向滨河工厂购入下列材料,增值税 13%,货款以商业承兑汇票结算。

甲材料 6 000 kg,@49 元,计 294 000 元

乙材料 1 000 kg,@36 元,计 36 000 元

应交增值税　　　　　　　42 900 元

合计　　　　　　　　　　372 900 元

(5) 以银行存款支付甲、乙材料的运杂费 1 400 元和仓储保险费 660 元,材料尚未到达。分别按材料重量比例和材料买价比例分配记入材料采购成本。

(6) 商业承兑汇票到期,以银行存款支付上述材料款 372 900 元

(7) 以银行存款 210 000 元预付向庆丰工厂购买丙材料款。

(8) 收到庆丰工厂丙材料的有关单证,数量 3 000 kg,@90 元,计价款 270 000 元,增值税额 35 100 元,扣除前已预付的 210 000 元外,其余用银行存款支付,但材料尚未收到。

(9) 采购员张三报销差旅费 780 元,前预支款项尚余 220 元收回现金。

(10) 月末,本月采购甲、乙、丙三种材料均已验收入库,计算并结转已验收入库的甲、乙、丙材料的实际采购成本。

要求:根据上列材料采购的经济业务,编制会计分录(要写出必要的明细科目)。

四、目的:练习有关材料收发业务的核算。

资料:京海公司 20×9 年 9 月份发生下列经济业务:

(1) 从嘉美公司购入甲材料,专用发票上注明的价款 200 000 元,增值税额 26 000 元,款项已付,材料验收入库。

(2) 从蓝海公司购买乙材料,已预付 100 000 元,账单到达企业,专用发票注明材料价款 140 000 元,增值税额 18 200 元,余款未付,月末材料尚未到达企业。

(3) 月末,从海华公司购入的甲材料到货,估计其计划成本 100 000 元,凭证账单未到,货款未付。

(4) 从仁海公司购入丙材料,增值税专用发票注明买价 20 000 元,增值税额 2 600 元,货款暂欠;用银行存款支付材料运费及保险费 500 元,材料已验收入库。

(5) 公司本月仓库发出材料:基本生产车间生产产品领用甲材料 168 000 元,乙材料 58 000 元,车间一般性消耗领用甲材料 10 000 元,公司管理部门领用丙材料 4 000 元。

要求:根据上述经济业务进行相关的账务处理。

五、目的:练习产品生产业务的核算和产品成本的计算。

资料:京海公司20×9年10月份有关产品生产的资料如下:

(1)京海公司生产A、B两种产品。20×9年10月初A产品月初在产品成本为:直接材料5 000元,直接人工2 880元,制造费用1 500元;B产品月初在产品成本为:直接材料3 000元,直接人工1 640元,制造费用800元。

(2)10月份发生下列业务:

① 本月各种材料耗用汇总如下:制造A产品领用甲材料35 000元,制造B产品领用乙材料18 000元,车间一般消耗乙材料3 000元,厂部一般消耗乙材料1 800元,共计57 800元。

② 本月应付职工工资如下:制造A产品工人工资28 000元;制造B产品工人工资20 000元;车间管理人员工资18 000元;厂部管理人员工资10 000元。

③ 开出现金支票60 000元,发放上月职工工资。

④ 以银行存款10 200元购买新年礼品发放给职工,其中A产品生产工人3 700元,B产品生产工人2 600元,车间管理人员2 400元,厂部管理人员1 500元。

⑤ 据实列支本月发生的职工福利费。

⑥ 计提本月折旧费共8 400元。其中:车间厂房、设备折旧费6 000元,厂部固定资产折旧费2 400元。

⑦ 厂部用现金支票750元购买办公用品。

⑧ 用银行存款30 000元预付下一年度的财产保险。

⑨ 摊销应由本月车间负担的保险费800元。

⑩ 计算应付本月银行借款利息1 450元。

⑪ 以银行存款1 800元,支付车间设备修理费。

⑫ 职工张平报销药费180元,以现金付讫。

⑬ 采购部门陈立出差预借差旅费2 000元,以现金支付。

⑭ 以银行存款支付本月电费3 600元。其中:A产品生产耗用电1 200元,B产品生产用电1 800元,车间照明用电200元,厂部照明用电400元。

⑮ 陈立出差回单位后,凭有关单据报销差旅费1 920元,退回现金80元。

⑯ 以现金支付车间办公用品150元。

要求:

1.根据(2)10月份发生的经济业务,编制会计分录。

2.编制"制造费用分配表"(见表5-9),将表中的有关数字结转到"生产成本"账户中。

表5-9 制造费用分配表

产品名称	分配标准 (生产工时)	制造费用	
		分配率	分配金额
A产品	6 000		
B产品	4 000		
合　计	10 000		

3.月末,A产品本月生产100件全部完工;B产品生产200件中完工150件,月末在产品成本为:直接材料2 875元,直接人工1 485元,制造费用640元。编制"产品成本计算表"表5-10、

表 5-11 并结转完工产品的成本。

表 5-10　A产品成本计算表

成本项目	月初在产品成本	本月生产费用	生产费用合计	完工产品总成本	单位成本
直接材料					
直接人工					
制造费用					
合计					

表 5-11　B产品成本计算表

成本项目	月初在产品成本	本月生产费用	生产费用合计	完工产品总成本	单位成本	月末在产品成本
直接材料						
直接人工						
制造费用						
合计						

六、目的:练习制造业企业销售过程的核算。

资料:京海20×9年11月份发生有关销售经济业务如下:

(1)向东方公司出售A产品500件,每件售价230元,增值税税率13%。A产品已发出,增值税专用发票也已开具,收到全部款项存入银行。

(2)预收荣华公司购买A产品的货款10 000元,存入银行。

(3)向东风公司出售B产品400件,每件售价180元,增值税税率13%,代垫运费500元。产品已发出,增值税专用发票也已开具,但款项尚未收到。

(4)向星旺公司发出A产品80件,每件售价230元,价款18 400元,B产品100件,每件售价180元,价款18 000元,应收取的增值税销项税额4 732元,已收到星旺公司签发的3个月期限的商业承兑汇票一张,面值41 132元。

(5)向荣华公司发出A产品60件,每件售价230元,价款13 800元,应收取的增值税销项税额1 794元,除冲销原预收货款外,所差款项已收到荣华公司开来的转账支票。

(6)收到东风公司开出的转账支票支付前欠81 860元。支票已解存银行。

(7)用银行存款支付销售产品的运杂费3 500元,支付产品广告费8 000元。

(8)结算本月份销售机构职工工资3 000元,机构设备折旧费800。

(9)按规定计算B产品应缴纳的消费税(按销售价计算的消费税率为10%)。

(10)月末,结转本月已销售产品的生产成本。本月已销售产品的生产成本:A产品640件,单位生产成本140元;B产品500件,单位生产成本110元。

要求:

1.根据上述经济业务编制会计分录。

2.计算本月产品销售利润。

七、目的:练习利润与利润分配的核算。

资料:京海公司 20×9 年 11 月 30 日有关损益类账户分类账的余额如表 5-12 所示。"利润分配"账户贷方余额 39 515 元。

表 5-12 有关损益类账户分类账的余额

账户名称	借方累计余额	贷方累计余额
主营业务收入		500 000
主营业务成本	280 000	
税金及附加	30 000	
销售费用	25 000	
其他业务收入		6 000
其他业务支出	35 000	
管理费用	3 000	
财务费用	2 000	
营业外收入		4 000
营业外支出	1 500	

12 月份内发生以下收支经济业务:

(1) 出售 A 产品一批,售价 101 700 元(含增值税税率 13%),货款收到存入银行。

(2) A 产品的销售成本为 51 000 元。

(3) 按 10% 税率计算销售 A 产品应交纳的消费税。

(4) 现金支付产品销售过程中的运杂费、包装费 800 元。

(5) 以银行存款支付厂部办公经费 600 元。

(6) 以银行存款支付银行借款利息 1 700 元,前两个月已计提借款利息 1 000 元。

(7) 以银行存款支付违约罚金 500 元。

(8) 没收加嘉公司逾期未还包装物加收的押金 1 800 元。

(9) 以现金支付公司机动车修理费 400 元。

(10) 按税法规定,以银行转账支付车般使用税 600 元,房产税 900 元,印花税 300 元。

(11) 出售公司多余的材料物资 80 千克,每千克售价 20 元,货款 1 808 元(含税)已收到,存入银行,材料物资的成本为每千克 16 元。

(12) 计算本月应缴纳的城市维护建设税(7%)和教育费附加(3%)。

要求:

1. 编制以上业务的会计分录。

2. 计算全年利润总额。

3. 计算全年应交所得税额。

4. 按税后利润的 10% 计算应提取的盈余公积金及相应的会计分录。

5. 按扣除盈余公积后的 10% 计算分配给投资者的利润及相应的会计分录。

6. 将各损益账户累计余额及所得税额转入"本年利润"账户。

7. 将全年实现的净利润自"本年利润"账户转入"利润分配"账户。

八、目的:制造业生产经营业务的综合练习。

资料：京海公司 20×9 年 12 月初，"本年利润"账户的期初贷方余额为 880 000 元，12 月份有关业务资料如下：

（1）向达明厂购入甲材料 1 000 公斤，价款 63 000 元，乙材料 500 公斤，价款 41 000 元，增值税额 13 520 元，价税均未付。

（2）以银行存款支付上项材料的运杂费 420 元，按甲、乙两种材料的重量比例记入材料采购成本。材料已验收入库。

（3）向华联商厦出售 A 产品 700 件，每件售价 500 元；B 产品 200 件，每件售价 1 600 元，增值税率 13%，货款及税均未收到。

（4）以银行存款上缴上月消费税 5 000 元，增值税 5 000 元，城市维护建设税 700 元，所得税 33 000 元，教育费附加 300 元。

（5）厂长李强报销差旅费 1 500 元。

（6）仓库发出甲材料 113 000 元，其中：A 产品耗用 40 000 元，B 产品耗用 63 000 元，车间修理耗用 5 500 元，厂部修理耗用 4 500 元。

（7）以银行存款支付产品的广告费 3 500 元。

（8）以银行存款预付下一年度仓库租金 7 200 元。

（9）用银行存款支付给某小学的赞助费 5 000 元。

（10）以银行存款 70 000 元偿付前欠黄河工厂货款。

（11）开出银行转账支付上月的职工工资 50 500 元。

（12）分配本月工资费用，其中：A 产品生产工人工资 26 000 元，B 产品生产工人工资 18 000 元，车间管理人员工资 4 500 元，厂部管理人员工资 5 000 元。

（13）以银行存款 5 350 元支付过节费，其中 A 产品生产工人 2 600 元，B 产品生产工人 1 800 元，车间管理人员 450 元，厂部管理人员 500 元

（14）据实列支本月发生的职工福利费。

（15）购入设备一台，价值 40 000 元，增值税 5 200 元，发生运费、保险费 1 000 元，均以存款支付。设备当即交付使用

（16）计提固定资产折旧 10 000 元，其中：车间 8 000 元，厂部 2 000 元。

（17）收到华联商厦购货欠款 113 900 元，存入银行。

（18）以银行存款支付短期借款利息 5 000 元。

（19）以现金支付厂部办公费 500 元，车间办公费 400 元。

（20）以银行存款支付水电费，增值税专用发票金额 4 000 元，增值税 520 元，其中：生产 A 产品耗用 1 500 元，生产 B 产品耗用 2 000 元，车间一般耗用 300 元，厂部一般耗用 200 元。

（21）结转本月制造费用，按产品生产工人工资比例分配。

（22）A 产品全部完工 400 件，产品已验收入库，结转实际生产成本；B 产品全部未完工。

（23）某客户违反合约，获得赔款收入 2 000 元存入银行。

（24）接受捐赠设备一台，随同增值税专用发票一张，价值 20 000 元，税率 13%。

（25）以现金支付销售产品运费 600 元。

（26）以银行存款支付公益性捐赠支出 1 000 元。

（27）结转销售 A 产品 700 件的生产成本，每件平均生产成本 170 元；销售 B 产品 200 件的生产成本，每件平均生产成本 800 元。

(28) 根据"应交税金——应交增值税"明细账的记录,计算本月应纳增值税。根据增值税的 7% 计提应交城市维护建设税,3% 计提应交教育费附加。

(29) 假定本月无纳税调整项目,按本月利润总额的 25% 计提应交的所得税。

(30) 将本期损益类账户的余额结转至"本年利润"账户。

(31) 计算全年实现的净利润并结转。

(32) 按本年净利润的 10% 和 5% 分别计提法定盈余公积金和任意盈余公积金;向投资者分配利润 30 000 元。

(33) 将本年已分配的利润转入"利润分配——未分配利润"明细账户。

要求:对以上业务做出会计分录,并写明必要的明细科目。

第六章

账户分类

学习目标

本章主要阐述账户分类的几种方法。

通过本章的学习,目的是要使初学者通过研究账户的分类,加深对这些账户之间内在联系的深刻认识。在了解各账户特性的基础上,了解各账户的共性和相互之间的联系,掌握各种账户在提供会计核算指标上的规律性,掌握账户的使用方法,正确地设置和运用账户,进一步提高运用账户进行会计核算的实务知识和技能。掌握账户按会计要素的分类,即资产类账户、负债类账户、所有者权益类账户、收入类账户、费用类账户、利润类账户;掌握账户按用途和结构的分类,即盘存账户、资本账户、结算账户、集合分配账户、跨期摊提账户、损益类账户、成本计算账户、财务成果账户、调整账户、待处理财产账户;理解账户按统驭关系分类、按报表关系分类、按与会计主体关系分类以及按期末余额状态分类。

导入案例

小铭同学学习了制造企业经营业务的核算这一章后,懂得了资产类账户的借方登记增加数、贷方登记减少数,比如固定资产、应收账款、原材料等账户,但有个问题一直想不明白,累计折旧账户也是属于资产类账户,但该账户的贷方却登记增加数、借方登记减少数。为什么同样都是资产类账户,却存在两种完全相反的结构呢?

第一节　账户分类概述

一、账户分类的目的与意义

为了满足会计信息使用者的会计信息需求,需要运用会计科目在账簿中开设一系列的账户。每一个账户都有其特定的核算内容,只能运用于特定的经济业务的核算,只能对某项经济业务中某一方面的会计数据进行分类记录,只从某一个侧面来反映会计要素的变化及其结果。一个账户一般不能用其他账户来替代,每个账户都有它独特的经济性质、用途和结构。正因为这样,每个账户才有区别于其他账户的特征。但我们知道,就某一个会计要素而言,它不是孤立存在的,它与自身同要素的对应账户或其他五个会计要素中的对应账户是不可分割的统一体。六大会计要素之间虽有区别,但联系密切,无论是静止状态还是运动状态,会计要素内部或相互之间都存在着联系。对六大会计要素的科学核算,能提供完整而有体系的会计信息。因此,作为反映各种会计要素手段的账户之间,也必然不是互相孤立的,它们之间必然互相依存、互为条件,它们的增减变动在数量金额上是互相关联的关系。也就是说,账户之间存在着某种共性。账户的整体集合,构成一个完整的有机体系。只有完整地运用这个体系,才能反映和监督会计对象的全部内容。为了正确地设置和运用账户,就需要从理论上进一步认识各个账户的经济内容、用途结构及其在整个账户体系中的地位和作用。

现代管理理论认为,分类是一种基本的管理。科学地进行账户的分类有助于科学地进行管理。按不同的标准对账户分类,可以从不同的角度认识账户,并把全部账户划分为各种类别。其分类标准一般有按会计要素分类,按用途和结构分类,按报表关系分类,等等。

二、账户分类的原则

(一)账户分类的标准要明确、有规律性

账户分类的目的是为了寻找事物的规律性,以便于对纷纭复杂的事物加以整理,使其清晰,这就要求所确定的账户分类标识必须能体现其规律性,类别之间界限清楚。

(二)账户的分类具有实用性

账户分类标准的选择和分类结果符合实际需要,依次为经济管理提供有用的信息。为了同经济管理协调一致,满足经济管理的要求,账户和分类都必须考虑管理的要求。一方面,对企业发生的一切经济业务都要有相应的账户去加以核算;另一方面,提供的会计信息既要能够满足宏观经济管理的需要,又要满足微观经济管理的需要。在账户分类时,既要把共同反映同一性质,具有相同作用的账户归为同一类别,又要根据管理的要求,把共同反映某一方面数据的账户归为同有一类别。另外,账户的分类还要便于使用,设置账户的目的是为了及时、完整地反映企业发生的经济业务,更好地加强经济管理,为有关方面提供所需信息。为此,账户分类应当简明扼要,做到实用性强,便于应用。

三、账户分类的标志与作用

(一)账户分类的标志

运用不同的分类标志,可以把账户划分为不同的类别,账户分类的标志实质上就是从什么角度去寻找它们的共性。凡在提供核算指标方面有共同性的账户,就它们的共同性而言属于一类账户,而它们之间的共性也成为该类账户的共同性标志。为了进一步研究账户各自的特性和它们的共同性,应研究和掌握账户的分类标志。账户的分类标志一般有五类:按会计要素分类,按用途和结构分类,按统驭关系分类,按与会计报表关系分类,按与会计主体关系分类。

(二)账户分类的作用

1. 有助于满足企业管理需要

会计是企业经济管理的重要组成部分,会计管理主要是通过提供和运用数据资料来实现的,账户的设置和运用是重要手段,如果企业为了加强成本管理,就要设置成本计算类账户。根据企业管理的不同需要,会计核算就是设置相应的账户。因此,通过对账户分类,设置完整的账户体系,使它们能全面、系统地记录企业的经济活动过程和结果,有助于满足企

业管理要求会计提供分门别类以及详略有别的数据资料的需要。

2. 有助于会计账簿格式的设计

在单位内部会计管理中,由于不同经营活动各具其特点,对不同性质的会计要素的信息披露方式是不一样的。例如,对于一般的有形资产的增减变动以及结余额,不仅要向有关管理当局披露有关金额方面的信息,而且还应适当披露有关实物量方面的信息,在相应的会计账簿格式的设计时,应设置和运用"数量金额式"账页格式;对于像负债和所有者权益类的会计要素,只需要披露有关时间和金额方面的信息就可以了,在相应的会计账簿格式的设计时,应设置和运用"三栏式"账页格式;另外,对于一些费用类要素,不仅要反映费用的总额,还要按项目反映费用构成的详细情况,在相应的会计账簿格式的设计时,应设置和运用"多栏式"账页格式。会计账户的设置,应考虑便于设计会计账簿格式的问题。

3. 有助于会计报表的编制

账户记录是编制会计报表的前期工作,是编制报表的基础与依据,编制会计报表是账户记录工作延伸的结果和综合,会计报表是会计核算的最终产品。账户通过对数据报表信息的要求进行分类,形成报表所需要揭示的财务信息和其他经济信息,为经济管理提供系统的、分门别类的会计资料。例如,资产负债表是用来反映某一时点上的财务状况,是对某一时点上企业现存经济资源及其来源的说明。它的数据资料由资产、负债和所有者权益三类账户提供。若不能正确确定为编制会计报表提供数据资料的账户,就不能正确编制会计报表。

第二节　账户按会计要素分类

一、资产类账户

资产类账户是核算企业各种资产增减变动及结余额的账户。按照资产的流动性和经营管理核算的需要,又分为反映流动资产、非流动资产等账户。反映流动资产的账户,按照各项资产的流动性和在生产经营过程中所起的作用,又可分为反映货币资金的账户,如"库存现金""银行存款"等账户;反映结算债权的账户,如"应收账款""其他应收款"账户;反映存货的账户,如"原材料""库存商品"等账户;反映非流动资产的账户,如"固定资产""累计折旧"等账户。

二、负债类账户

负债类账户是核算企业各种负债增减变动及结余额的账户。按负债的清偿期限不同可分为反映流动负债、非流动负债等账户。反映流动负债的账户,按照形成负债的原因又分为反映由于生产经营活动形成的负债账户和反映由于经营成果形成的负债账户。反映由于生产经营活动形成的负债账户,如"应付账款""预收账款""短期借款"等账户;反映由于经营成果形成的负债账户,如"应交税费""应付利润"等账户。反映非流动负债的账户,如"长期借款""长期应付款""应付债券"等账户。

三、所有者权益类账户

所有者权益类账户是核算企业所有者权益增减变动及结余额的账户。按照权益的来源又可分为反映投入资本的账户、反映从利润中提取资金的账户和反映未分配利润的账户。反映投入资本的账户,如"实收资本"账户;反映从利润中提取资金的账户,如"盈余公积"账户;反映未分配利润的账户,如"利润分配""本年利润"等账户。

四、收入类账户

这里的收入是指广义的收入。收入类账户是核算企业在生产经营过程中所取得的各种经济利益的账户。按照收入与企业的生产经营活动是否有关,又分为营业性收入账户和非营业性收入账户。反映营业性收入的账户,如"主营业务收入""其他业务收入"账户;反映非营业性收入的账户,如"营业外收入"账户。

五、费用类账户

这里的费用是指广义的费用。费用类账户是核算企业在生产经营过程中发生的各种费用支出的账户。按照费用与企业的生产经营活动是否有关,又可分为营业性成本费用账户和非营业性成本费用账户。反映营业性成本费用的账户按照生产经营过程各个阶段所发生的成本费用,可以分为反映购进过程的成本费用账户、反映生产过程的成本费用账户和反映销售过程的成本费用账户。反映生产过程的成本费用账户,如"生产成本""制造费用"等账户;反映销售过程的成本费用账户,如"主营业务成本""其他业务成本""销售费用"等账户;反映购进过程的成本费用账户,如"在途物资"账户;反映非营业性成本费用的账户,如"营业外支出"账户。

六、利润类账户

利润类账户是核算利润的形成和分配情况的账户。可分为核算利润形成情况的账户和核算利润分配情况的账户两类。核算利润形成情况的账户有"本年利润",核算利润分配情况的账户有"利润分配"账户。

企业的账户按会计要素分类,见图6-1。

研究账户按会计要素分类的目的在于理解和掌握如何设置账户以及提供核算指标的规律性,以便正确地运用账户,为经济管理提供一套完整的会计核算指标体系。

账户
- 资产账户
  - 流动资产账户
    - 货币资金账户
      - "库存现金"账户
      - "银行存款"账户
      - "其他货币资金"账户
    - 结算债权账户
      - "应收账款"账户
      - "应收票据"账户
      - "预付账款"账户
      - "其他应收款"账户
    - 存货账户
      - "原材料"账户
      - "周转材料"账户
      - "库存商品"账户
  - 非流动资产账户
    - "长期股权投资"账户
    - "固定资产"账户
    - "累计折旧"账户
    - "无形资产"账户
- 负债类账户
  - 流动负债类账户
    - 生产经营性负债账户
      - "短期借款"账户
      - "应付账款"账户
      - "应付职工薪酬"账户
      - "预收账款"账户
      - "其他应付款"账户
    - 经营成果性负债账户
      - "应交税费"账户
      - "应付利润"账户
  - 非流动负债类账户
    - "应付债券"账户
    - "长期借款"账户
    - "长期应付款"账户
- 所有者权益类账户
  - 投入资本账户——"实收资本"账户
  - 提取利润账户——"盈余公积"账户
  - 未分配利润账户
    - "本年利润"账户
    - "利润分配"账户
- 收入类账户
  - 营业性账户
    - "主营业务收入"账户
    - "其他业务收入"账户
  - 非营业性账户——"营业外收入"账户
- 费用类账户
  - 营业性账户
    - 销售过程账户
      - "主营业务成本"账户
      - "其他业务成本"账户
      - "税金及附加"账户
      - "销售费用"账户
    - 生产过程账户
      - "生产成本"账户
      - "制造费用"账户
      - "管理费用"账户
    - 购进过程账户——"在途物资"账户
  - 非营业性账户
    - "营业外支出"账户
    - "所得税费用"账户
- 利润类账户
  - 利润形成账户——"本年利润"账户
  - 利润分配账户——"利润分配"账户

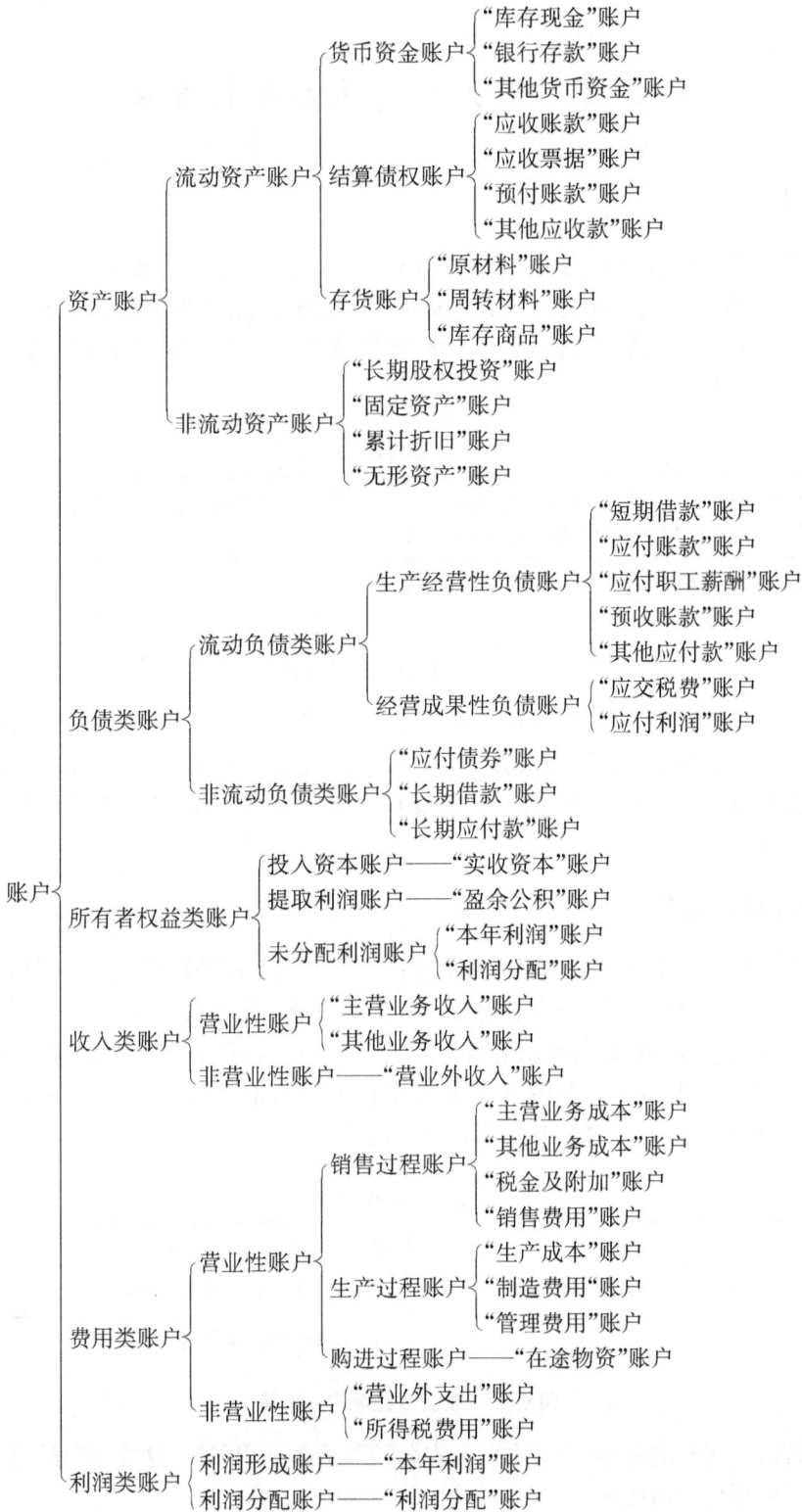

图 6-1 账户按会计要素分类

第三节 账户按用途与结构分类

一、盘存账户

盘存账户是用来核算和监督各种财产物资和货币资金的增减变动及其结存情况的账户。这类账户的借方登记各种财产物资或货币资金的收入或增加数;贷方登记其支出或减少数;账户的余额总是在借方,表示各项财产物资或货币资金的结存数额。盘存账户的结构可用图 6-2 表示。

借方	盘存账户	贷方
期初余额:期初财产物资或货币资金结存额 发生额:本期财产物资或货币资金增加额	发生额:本期财产物资或货币资金减少额	
期末余额:期末财产物资或货币资金的结存额		

图 6-2 盘存账户的结构

属于盘存账户的有"原材料""库存商品""库存现金""银行存款""固定资产"等账户。

盘存账户均可以通过财产清查的方法,如实地盘点法、核对账目法等方法,检查实存的财产物资及其在经营管理上存在的问题。这类账户中除货币资金外,其实物明细账均可以提供实物和货币两种指标。

二、投资权益账户

投资权益账户是用来核算投资者投资的增减变动及实有额的账户。它是任何企业必须设置的基本账户。在这类账户中,贷方登记投资者投资的增加数或其他所有者权益的增值额,借方登记投资者投资的减少数或其他所有者权益的抵减额。若其余额在贷方,表示投资者权益的实有数额;若没有余额或余额在借方,在有限责任公司的企业组织形式下,表示投资者的权益已降至零。投资权益账户的结构可用图 6-3 表示。

借方	投资权益账户	贷方
本期发生额:本期所有者权益的递减数	期初余额:期初所有者权益余额 本期发生额:本期所有者权益的增加数	
	期末余额:期末所有者权益余额	

图 6-3 投资权益账户的结构

属于投资权益账户的有"实收资本""资本公积""盈余公积"等。这类账户的总分类账及其明细分类账只能提供价值指标。

资本公积产生的主要原因在于资本溢价等,属于资本的非经营积累;盈余公积是留存收益形成的公积金,是企业经济活动中产生的资本增值。这两部分,由于所有权属于企业的投资者,本质上是投资者对企业的一种权益性投资。因此,将"资本公积""盈余公积"账户归入投资权益账户。

三、结算账户

结算账户是用来核算和监督企业同其他单位或个人之间发生的债权、债务结算情况的账户。按照账户的用途和结构具体分类,结算账户又可分为债权结算账户、债务结算账户和债权债务结算账户三类。

(一) 债权结算账户

债权结算账户是专门用于核算和监督企业同各个债务单位或个人之间结算业务的账户。这类账户的借方登记债权的增加数;贷方登记债权的减少数;这类账户的余额一般在借方,表示期末债权的实有数,债权结算账户的结构可通过图 6-4 表示。

借方	债权结算账户	贷方
期初余额:期初尚未收回的应收款项及未结算的预付款项 发生额:本期应收款项的增加额及预付款项增加额	发生额:本期应收款项的减少额及预付款项的减少额	
期末余额:期末尚未收回的应收款项及未结算的预付款项		

图 6-4　债权结算账户的结构

属于债权结算账户的有"应收账款""其他应收款""预付账款"等账户。

(二) 债务结算账户

债务结算账户是专门用于核算和监督企业同各个债权单位或个人之间结算业务的账户。这类账户的贷方登记债务的增加数;借方登记债务的减少数;这类账户的余额一般在贷方,表示期末债务的实有数。债务结算账户的结构可用图 6-5 表示。

借方	债务结算账户	贷方
发生额:本期应付款项及预收款项的减少额	期初余额:期初结欠的应付款项及未结算预收款项的数额 发生额:本期应付款项及预收款项的增加额	
	期末余额:期末结欠的应付款项及未结算的预收款项的数额	

图 6-5　债务结算账户的结构

属于债务结算账户的有"短期借款""应付账款""应付职工薪酬""应交税费""应付利润""预收账款"和"其他应付款"等账户。

(三) 债权债务结算账户

债权债务结算账户是用于核算和监督企业与某一单位或个人之间发生的债权和债务往来结算业务的账户。在实际工作中,与企业经常发生结算业务的往来单位,有时是企业的债权人,有时是企业的债务人。例如,企业向同一单位销售产品,有些款项是预收的,预收款项时,该单位是企业的债务人。有些款项是应收未收的,应收未收款项构成了企业的债权。为了集中反映企业同某一单位或个人所发生的债权和债务的往来结算情况,可以在一个账户中核算应收和应付款项的增减变动和余额。债权债务结算账户的借方登记债权的增加数和债务的减少数;贷方登记债务的增加数和债权的减少数;余额可能在借方,也可能在贷方。从明细分类账的角度看,借方余额表示期末债权的实有数,贷方余额表示期末债务的实有数;从总分类账户的角度看,借方余额表示期末债权大于债务的差额,贷方余额表示期末债务大于债权的差额。债权债务结算账户的结构可通过图6-6表示。

借方	债权债务结算账户	贷方
期初余额:期初债权大于债务的差额	期初余额:期初债务大于债权的差额	
发生额:本期债权增加额、本期债务减少额	发生额:本期债务增加额、本期债权减少额	
期末余额:期末债权大于债务的差额	期末余额:期末债务大于债权的差额	

图6-6 债权债务结算账户的结构

当企业不单独设置"预收账款"账户时,可以用"应收账款"账户同时反映销售产品或提供劳务的应收款项和预收款项,"应收账款"账户便是债权债务结算账户;当企业不单独设置"预付账款"账户时,用"应付账款"账户同时反映购进材料的应付款项和预付款项,"应付账款"也是债权债务结算账户;当企业将其他应收款和其他应付款的增减变动和结果都集中在"其他往来"账户中核算时,"其他往来"账户也是一个债权债务结算账户。债权债务结算账户需根据总分类账户所属明细分类账户的余额方向分析判断其账户的性质。

结算账户只能提供货币指标,都是按照发生结算业务的对应单位或个人开设明细分类账户,以便及时进行结算和核对账目。

四、集合分配账户

集合分配账户是用来归集和分配经营过程中某个阶段发生的某种费用的账户。设置这类账户,一方面可以将某一经营过程中实际发生的间接费用和计划指标进行比较,考核间接费用的超支和节约情况;另一方面也便于将这些费用摊配出去。集合分配账户的借方登记费用的发生数,贷方登记费用的分配数,期末一般没有余额。属于集合分配账户的有"制造费用"账户。集合分配账户的结构可通过图6-7表示。

借方	集合分配账户	贷方
发生额:本期某个经营过程中发生的全部费用额	发生额:结转分配到应负担该项费用的成本计算对象上的费用	

图6-7 集合分配账户的结构

五、跨期摊配账户

跨期摊配账户是用来核算和监督应由若干个会计期间共同担负的费用,并将这些费用在各个会计期间进行分摊的账户。企业在生产经营过程中,有些费用是在某一个会计期间支付的,但应由几个受益的会计期间共同负担,以正确地计算各个会计期间的损益。企业应采用权责发生制,严格划清费用的受益期限,所以应设置账户将应由若干期间共同负担的费用,合理地分摊到各个会计期间。为此,需要设置跨期摊配账户。属于跨期摊配账户的有"长期待摊费用"账户。

"长期待摊费用"账户属于资产类账户,是用于反映已经支付但应记入本期和以后若干期的费用,其借方用来登记实际支出数,贷方用来登记在各受益期末记入当期成本或费用的摊销额,即先支出后摊销。该账户的期末余额一般在借方,表示已支付而尚未摊销的应由以后各期负担的费用。跨期摊配账户的结构可通过图6-8表示。

借方	跨期摊配账户	贷方
期初余额:期初已支付而尚未摊销的待摊费用数额 发生额:本期费用的支付数额	发生额:本期费用的摊销数	
期末余额:已支付而尚未摊销的待摊费用数额		

图 6-8　跨期摊配账户的结构

六、损益计算账户

损益计算账户是指用来核算和反映影响企业最终财务成果,即利润或亏损的各项收入和费用账户。这类账户可分为反映收入计算的账户和反映费用计算的账户两大类。

(一)收入计算账户

收入计算账户是用来核算和反映企业在一定时期内实现的各种收益的账户。收入计算账户主要包括"主营业务收入""其他业务收入""营业外收入""投资收益"(贷方余额)账户等。收入计算账户的贷方登记企业一定期间内收益的增加数,借方登记收益的减少数以及期末转入"本年利润"账户的数额,期末一般没有余额。收入计算账户的结构可通过图6-9表示。

借方	收入计算账户	贷方
发生额:收益的减少数、结转到"本年利润"账户的数额	发生额:归集本期内各项收益的发生额	

图 6-9　收入计算账户的结构

(二)费用计算账户

费用计算账户是用来核算企业在一定时期内发生的,应记入当期损益的各项成本、费用和支出(或损失)的账户。费用计算账户主要包括"主营业务成本""税金及附加""其他业务成本""销售费用""管理费用""财务费用""营业外支出""投资收益"(借方余额)账户等。费用计算账户的借方登记企业一定期间内费用的增加数,贷方登记本期费用的减少或转销数以及期末转入"本年利润"账户的数额,期末一般没有余额。费用账户的结构可通过图6-10表示。

借方	费用计算账户	贷方
发生额:归集本期内各项费用的发生额	发生额:本期费用的减少或转销数、结转到"本年利润"账户的数额	

图 6-10　费用账户的结构

七、成本计算账户

成本计算账户是用来核算和监督企业生产经营过程中某一阶段发生的全部费用,并据此计算该阶段各个成本计算对象实际成本的账户。这类账户的借方汇集生产经营过程中某个阶段发生的、应记入成本的全部费用;贷方登记转出已完成某个阶段的成本计算对象的实际成本;这类账户的期末余额都在借方,表示尚未完成某个阶段成本计算对象的实际成本。成本计算账户的结构可通过图 6-11 表示。

借方	成本计算账户	贷方
期初余额:期初尚未完成某个经营阶段的成本计算对象的实际成本 发生额:归集经营过程某个阶段发生的全部费用额	发生额:结转已完成某个经营阶段的成本计算对象的实际成本	
期末余额:尚未完成该阶段的成本计算对象的实际成本		

图 6-11　成本计算账户的结构

属于成本计算账户的主要有"材料采购""生产成本"等账户。这类账户除设置总分类账户以外,还应按各个成本计算对象分别设置明细分类账进行明细分类核算,提供有关成本计算对象的货币指标和实物指标。

八、财务成果账户

财务成果账户是用来计算并确定企业在一定时期(月份、季度或年度)内全部经营活动最终成果的账户。这类账户的贷方登记一定期间发生的各项收入数;借方汇集一定期间内发生的、与收入相配比的各项费用数。期末如为贷方余额表示收入大于费用的差额,为企业实现的利润总额;如为借方余额,表示收入少于费用的差额,即为企业发生的亏损总额。财务成果账户的结构可通过图 6-12 表示。

借方	财务成果账户	贷方
发生额:转入的各项费用	发生额:转入的各项收入	
期末余额:发生的亏损总额	期末余额:实现的利润总额	

图 6-12　财务成果账户的结构

属于财务成果账户的主要有"本年利润"账户。这类账户只反映企业在一年内财务成果的形成,平时的余额为本年的累计利润总额或亏损总额,年终结转后无余额。

九、调整账户

调整账户是为调整某个账户的余额,以表示被调整账户的实际余额而开设的账户。在会计核算工作中,由于经营管理上的需要或其他原因,要求某些账户反映该项经济活动的原始数据。但实际工作中,该项经济活动的原始数据又往往会发生增减变化。例如,固定资产由于使用,其价值不断减少,但从经营管理的角度考虑,需要"固定资产"账户反映固定资产的原始价值。为反映固定资产不断减少的价值,需开设"累计折旧"账户,通过"累计折旧"账户为"固定资产"账户进行调整,反映固定资产的净值。反映经济活动原始数据的账户,称为"被调整账户";对被调整账户进行调整的账户,称为"调整账户"。调整账户按调整方式划分,又可分为抵减账户、附加账户和抵减附加账户三类。

(一) 抵减账户

抵减账户亦称备抵账户,它是用来抵减被调整账户的余额,以求得被调整账户实际余额的账户。其调整方式,可用下列计算公式表示:

$$被调整账户余额-抵减账户余额=被调整账户实际余额$$

抵减账户的余额一定要与被调整账户的余额方向相反,上述公式才能成立。如果被调整账户的余额在借方,调整账户的余额一定在贷方,如"固定资产"与"累计折旧"账户;如果被调整账户的余额在贷方,调整账户的余额一定在借方,如"本年利润"与"利润分配"账户。抵减账户与被调整账户的抵减方式,可通过图6-13表示。

借方	被调整账户	贷方		借方	被调整账户户	贷方
余额:某项经济活动的原始数据						余额:某项经济活动的原始数据

借方	抵减账户	贷方		借方	抵减账户户	贷方
	余额:该项经济活动的抵减数额				余额:该项经济活动的抵减数额	

图6-13　抵减账户与被调整账户的抵减方式

从图表6-13可以看出这类被调整账户与抵减账户的关系,并可通过下式表示:

$$被调整账户的借方余额-抵减账户的贷方余额=该项经济活动的实际数额$$

从图表6-14可以看出这类被调整账户与抵减账户的关系,并通过下式表示:

$$被调整账户的贷方余额-抵减账户的借方余额=该项经济活动的实际数额$$

(二) 附加账户

附加账户是用来增加被调整账户的余额,以求得被调整账户实际余额的账户。其调整方式可用下列计算公式表示:

$$被调整账户余额+附加账户余额=被调整账户实际余额$$

附加账户的余额一定要与被调整账户的余额方向一致,上述公式才能成立。如果被调整账户的余额在借方,附加账户的余额也一定在借方;如果被调整账户的余额在贷方,附加账户的余额也一定在贷方。附加账户与被调整账户的附加方式，可通过图6-14表示。

借方	被调整账户	贷方
余额:某项经济活动 的原始数据		

借方	附加账户户	贷方
余额:某项经济活动 的附加数额		

图6-14 附加账户与被调整账户的附加方式

从图表6-15可以看出这类被调整账户与附加账户的关系，并可通过下式表示:

被调整账户的借(贷)方余额＋附加账户的借(贷)方余额＝该项经济活动的实际数额

(三)抵减附加账户

抵减附加账户是依据调整账户与被调整账户的余额方向，用来抵减被调整账户余额，或者用来附加被调整账户余额，以求得被调整账户实际余额的账户。当调整账户的余额与被调整账户的余额方向相反时，该类账户起抵减账户的作用，其调整方式与抵减账户相同;当调整账户的余额与被调整账户的余额方向一致时，该类账户起附加账户的作用，其调整方式与附加账户相同。这类账户的具体运用将在财务会计学中阐述。

属于调整账户的，在本书中只有"累计折旧""利润分配"两个账户。调整账户不能离开被调整账户而独立存在，有调整账户就一定有被调整账户，它们是相互联系、相互结合在一起的一组账户。调整账户与被调整账户所反映的经济内容是相同的，被调整账户反映原始数据，调整账户反映对原始数据的调整数额，二者结合起来使用，提供经营管理上所需要的某些特定指标。

十、待处理财产账户

待处理财产账户是指用来反映和监督企业在财产清查过程中查明的各种财产的盈亏或毁损及其报经批准后的转销数额。应设置"待处理财产损溢"账户，其设置"待处理流动资产损溢"账户和"待处理固定资产损溢"两个明细分类账户，进行明细分类核算。借方登记各项财产的盘亏或毁损数额和各项盘盈财产报经批准后的转销数额;贷方登记各项财产的盘盈数额和各项盘亏或毁损财产报经批准后的转销数额。期末一般没有余额。待处理财产账户的结构可通过图6-15表示。

借方	待处理财产账户	贷方
发生额:发生待批准处理财产物资盘亏或毁损 数、结转已批准处理财产物资盘盈数	发生额:发生待批准处理财产物资盘盈数、结转 已批准处理财产物资盘亏或毁损数	

图6-15 待处理财产账户的结构

企业的账户按用途和结构来分类，可用图6-16表示。

研究账户按用途和结构分类，目的在于理解和掌握各类账户所提供的指标及种类、账户结构的规律性，以便准确地运用账户，为经济管理提供有用的会计核算指标体系。

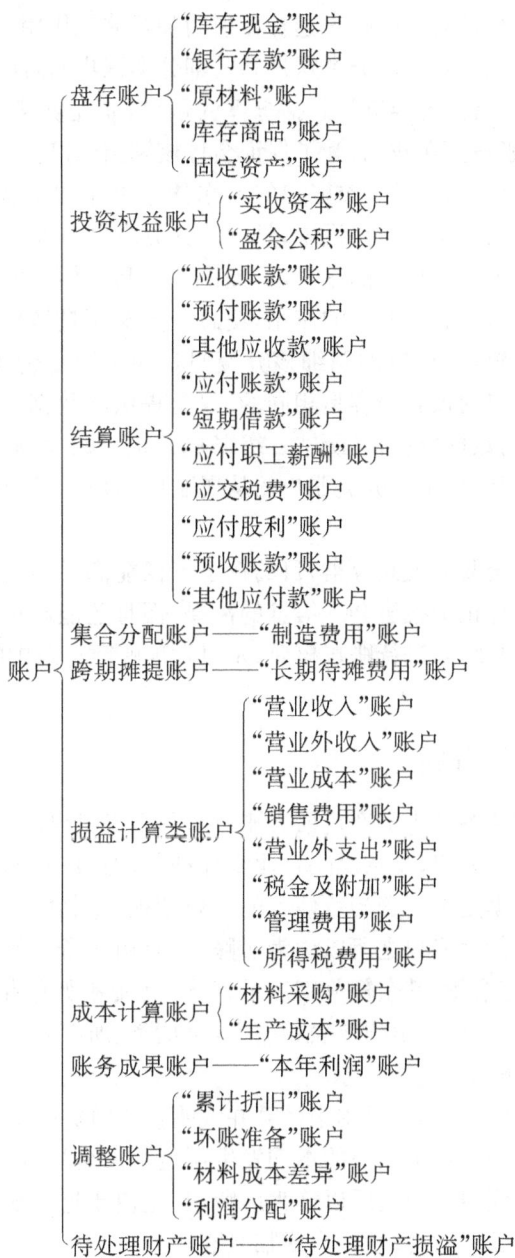

图 6-16 账户按用途和结构的分类

账户
- 盘存账户
  - "库存现金"账户
  - "银行存款"账户
  - "原材料"账户
  - "库存商品"账户
  - "固定资产"账户
- 投资权益账户
  - "实收资本"账户
  - "盈余公积"账户
- 结算账户
  - "应收账款"账户
  - "预付账款"账户
  - "其他应收款"账户
  - "应付账款"账户
  - "短期借款"账户
  - "应付职工薪酬"账户
  - "应交税费"账户
  - "应付股利"账户
  - "预收账款"账户
  - "其他应付款"账户
- 集合分配账户——"制造费用"账户
- 跨期摊提账户——"长期待摊费用"账户
- 损益计算类账户
  - "营业收入"账户
  - "营业外收入"账户
  - "营业成本"账户
  - "销售费用"账户
  - "营业外支出"账户
  - "税金及附加"账户
  - "管理费用"账户
  - "所得税费用"账户
- 成本计算账户
  - "材料采购"账户
  - "生产成本"账户
- 账务成果账户——"本年利润"账户
- 调整账户
  - "累计折旧"账户
  - "坏账准备"账户
  - "材料成本差异"账户
  - "利润分配"账户
- 待处理财产账户——"待处理财产损溢"账户

第四节 账户的其他分类

一、账户按统驭关系分类

账户按统驭与被统驭的关系分类,可分为统驭账户和被统驭账户两大类。

统驭账户又称控制账户,是对所辖明细账户起控制作用的账户。被统驭账户又称辅助账户、被控制账户或从属账户,是对统驭账户起补充说明和具体化作用的账户。

账户的统驭与被统驭关系是对总分类账户和明细分类账户而言的。总分类账户根据一级科目设置,是对会计对象的具体内容进行总括核算的账户,能提供某一具体内容数据资料,因此,又称总账账户或一级账户。在我国,为了保证会计核算指标口径一致,并具有可比性,保证会计核算资料能够进行综合汇总,总分类账户的名称、核算内容及具体使用方法目前由财政部统一制定。明细分类账户根据明细科目设置,是以总分类账户为基础,在总分类账户进行总括核算的基础上做进一步明细分类核算的账户,可提供某一具体内容的详细、具体的数据资料。明细分类账户对其总分类账户起着补充的作用,使总分类核算具体化。明细分类账户依据企业经济业务的具体内容设置,所提供的明细核算资料是为了满足企业内部经营管理的需要。总分类账户和明细分类账户的核算内容是相同的,只是提供的数据资料的详细程度不同。因此,总分类账户提供总括的数据资料,是所辖二级账户的统驭账户,而二级账户又是所辖明细分类账户的统驭账户;二级账户是总分类账户的从属账户,而明细分类账户又是其二级账户的从属账户。

研究账户按统驭与被统驭的关系分类,目的在于不仅能满足经营管理上要求提供详略有别的数据资料的需要和对外正确报告会计信息的需要,而且还能利用总分类账户和明细分类账户之间的平行登记关系与结果进行账账核对,及时发现账簿记录中的错误并加以纠正,使提供的数据正确、会计信息可靠。

二、账户按报表关系分类

账户按与会计报表的关系分为资产负债表账户和利润表账户两类。

资产负债表账户也称实账户,是指反映企业实际拥有的经济资源和对资源的所有权的账户。这类账户所提供的数据是编制资产负债表的主要依据,包括资产类账户、负债类账户、所有者权益类账户。资产负债表账户之所以称为实账户,是由于资产类、负债类、所有者权益类账户,在会计期末一般都有余额,其余额分别表示资产、负债和所有者权益的实存数。在资产负债表账户中,资产类账户的余额填列在表的左方,负债类、所有者权益类账户的余额填列在表的右方,左右两方的余额总计完全相等。

利润表账户也称为虚账户,是指只用来计算并说明企业净资产变化的原因,不反映企业持有经济资源及其权益的账户。这类账户的本期发生额是用来编制损益表的主要依据。损益类账户属于利润表账户。利润表账户之所以称为虚账户,是由于这类账户在计算出净收益后不再有期末余额,因此一般又称为过渡性账户或临时账户。

账户按与会计报表的关系分类,不仅体现账户所反映的经济内容,而且把账户分类与期末结账和编制会计报表联系起来,有助于进一步理解会计核算方法之间的关系和更熟练地利用账户所提供的数据正确编制报表。研究账户按列入会计报表的分类,目的在于通过这些账户的具体核算,提供期末编制会计报表所需要的数据。

三、账户按与会计主体关系分类

账户按会计主体分类,分为表内账户和表外账户。表内账户是指用来核算一个会计主体的资产、负债、所有者权益、收入、费用及经营成果的账户,前面列举的账户都是为编制本企业会计报表服务的,其余额或发生额都会进入本企业的会计报表,称为表内账户。表外账户是指用来核算不属于本会计主体的资产的账户,如采用经营租赁方式租入固定资产账户、代管商品物资等账户,不能进入本企业的会计报表,称为表外账户。研究账户按会计主体分类的目的在于严格划清会计核算和监督内容的空间界限,为本企业的经营管理者提供更多的资料。

四、账户按期末余额状态分类

账户按期末余额分类,可分为借方余额账户、贷方余额账户和期末无余额账户。借方余额账户是指账户的借方发生额表示增加,贷方发生额表示减少,期末余额一般在借方的账户。资产类账户一般都是借方余额账户。贷方余额账户是指账户的借方发生额表示减少,贷方发生额表示增加,期末余额一般在贷方的账户。负债类和所有者权益类账户的期末余额一般都在贷方。期末无余额账户是指期末结账时,将本期汇集的借(贷)方发生额分别从贷(借)方转出,结转后期末没有余额的账户。收益类账户和费用类账户为期末没有余额的账户。通常将期末有余额的账户称为实账户,实账户的期末余额代表着企业的资产、负债或所有者权益;期末无余额的账户称为虚账户,虚账户的发生额反映企业的损益情况。研究账户按期末余额分类,目的在于把握账户期末余额代表的内容及期末结转的规律性,以便正确地组织会计核算。

研究账户的分类,是为了从相互联系的账户中探求其相互区别,认识设置和运用账户的规律性。账户分类标准是依据账户具有的一些特征确定的,每一个账户都带有若干特征,因此每一个账户都可以按不同的标准加以分类。例如,"原材料"账户,从会计要素来看,它属于资产类账户,反映企业在生产经营过程中必不可少的流动资产;从用途和结构来看,它属于盘存类账户,反映企业实际的库存材料价值,而且是借方登记材料的增加额,贷方登记材料的减少额,余额在借方;从提供指标的详细程度来看,它属于总分类账户,总括地反映企业材料的增减变动及结存情况;从列入会计报表来看,它属于资产负债表账户,账户的期末余额应作为企业资产的一部分,列入资产负债表;从会计主体来看,它属于表内账户,代表着本企业可以控制或拥有的经济资源;从期末余额来看,它属于借方余额账户,反映库存材料的实际价值。总之,借助于账户的分类,可以揭示账户的特征,有利于加深对账户的认识。

案　例

[案例 6-1]

A 先生开设了一家公司,投资 10 万元,因为公司业务比较少,再加上为了减少办公费用,他决定不请会计,自己记账。20×7 年年末设立时没有发生业务,除了记录银行存款 10 万元之外,没有其他账簿记录。20×8 年支付了各种办公费用 28 000 元,取得收入 88 000 元,购置了计算机等设备 20 000 元,房屋租金 15 000 元,支付工资 25 000 元,A 先生只是记了银行存款日记账,企业现在的账目余额也是 10 万元。他认为没有赚钱所以没有缴税,20×9 年 1 月 15 日税务局检查认为该公司账目混乱,有偷税嫌疑。请问你如何看待这件事? A 先生在什么地方错了? 应该如何改进?

[案例 6-2]

B 学生学习了账户按照所反映的经济内容分类及按照用途与结构的分类,非常得意地说,我懂了,凡是写着费用的会计科目除了没有期末余额之外都与资产类账户一样,凡是成本类账户一定没有期末余额,凡是应收账款账户一定是资产类账户,凡是应付账款账户一定是负债账户,累计折旧也是资产类账户。你认为他的说法对吗?

本章小结

本章主要阐述账户按会计要素分类、账户按用途与结构分类及其账户的其他分类。在第四章企业经营核算的基础上,讲述了账户的概念、账户分类的作用、设置账户的必要性。账户是具体提供记录经济业务的地方,所以账户具有结构,即增加的金额、减少的金额、增加减少以后的结果记录在账户的什么地方。账户可以按照不同的标志进行分类,无论是按会计要素分类还是按用途和结构分类,其目的在于为经济管理提供一套完整有用的会计核算指标体系。除此之外,其他一些分类是为了更加深入认识账户之间的相互联系。学习本章需要注意掌握每个账户之间的关系,并通过研究账户的分类,掌握各种账户的共性,探讨各账户之间的内在联系,以达到正确设置和运用账户的目的。

关键术语

会计账户 account
实账户 real account
资产类账户 assets account
盘存账户 inventory account
收入类账户 revenue account
资本账户 capital account
调整账户 adjustment account
跨期摊提费用账户 inter-period expenses account

账户结构 account structure
虚账户 nominal account
负债类账户 liability account
费用类账户 expense account
所有者权益类账户 owners' equity account
结算账户 balance account
备抵账户 allowance account

思考题

1. 什么是账户结构?
2. 会计账户进行分类的意义何在?
3. 账户按照会计要素进行分类可以分成哪几类?为什么在此基础上还需要按照其他的分类?
4. 账户按用途和结构分类可以分为哪几类账户?
5. 什么是债权债务结算账户?它们的账户结构有何特点?在设立这些账户时有什么特殊之处?
6. 盘存类账户和成本计算类账户之间是否有联系?
7. 什么是调整账户?有哪些调整账户?它们的账户结构有何特点?

自测题

一、单项选择题

1. "坏账准备"账户按会计要素分类属于（　　）。
   A. 资产类账户　　B. 损益类账户　　C. 负债类账户　　D. 备抵调整账户

2. 下列账户中，不属于盘存账户的是（　　）。
   A. 原材料　　　　B. 库存商品　　　C. 固定资产　　　D. 长期待摊费用

3. 企业在不单独设"预付账款"账户的情况下，可用（　　）代替。
   A. 应收账款　　　B. 预收账款　　　C. 应付账款　　　D. 其他往来

4. "制造费用"账户按用途结构分用于（　　）。
   A. 负债账户　　　B. 成本类账户　　C. 集合分配账户　　D. 成本计算账户

5. （　　）账户的借方登记债权增加和债务减少。
   A. 债权结算　　　B. 固定资产　　　C. 材料采购　　　D. 资产结算

6. "生产成本"账户如有借方余额，按其用途结构分类属于（　　）。
   A. 对比账户　　　　　　　　　　B. 盘存账户
   C. 集合分配账户　　　　　　　　D. 跨期摊配账户

7. 下列不属于抵减账户的是（　　）账户。
   A. 利润分配　　　B. 坏账准备　　　C. 累计折旧　　　D. 应付利息

8. 在下列所有者权益账户中，反映所有者原始投资的账户是（　　）。
   A. 实收资本　　　B. 盈余公积　　　C. 本年利润　　　D. 利润分配

9. "税金及附加"账户按其经济内容分类属于（　　）。
   A. 负债类账户　　B. 收入类账户　　C. 费用计算账户　　D. 费用类账户

10. 下列账户按其用途结构分类不属于费用计算账户的是（　　）。
    A. 管理费用　　　B. 财务费用　　　C. 制造费用　　　D. 销售费用

二、多项选择题

1. 下列账户中，属于资产结算账户的有（　　）。
   A. 应收股利　　　B. 应收利息　　　C. 应付账款　　　D. 应付股利

2. 下列账户中属于调整账户的有（　　）。
   A. 累计折旧　　　B. 本年利润　　　C. 应收账款　　　D. 坏账准备

3. 下列账户属于成本计算账户的有（　　）。
   A. 固定资产　　　B. 在途物资　　　C. 生产成本　　　D. 制造费用

4. 下面属于损益类的账户是（　　）。
   A. 生产成本　　　B. 主营业务收入　　C. 税金及附加　　D. 其他业务成本

5. 某企业材料按计划成本计价核算，"原材料"账户期末余额为50 000元，如果"材料成本差异"账户为借方余额2 000元；"材料成本差异"账户为贷方余额1 000元。则上述两种情况下原材料的实际成本分别为（　　）。
   A. 52 000　　　　B. 48 000　　　　C. 51 000　　　　D. 49 000

6. 下列账户属于投资权益账户的有(   )。
   A. 本年利润　　B. 实收资本　　　　C. 资本公积　　　　D. 盈余公积
7. 下列账户中可能属于盘存账户的有(   )。
   A. 原材料　　　B. 库存商品　　　　C. 银行存款　　　　D. 固定资产
8. 下列账户中期末如有余额表现在借方的有(   )。
   A. 债权结算账户 B. 投资权益账户　C. 盘存账户　　　　D. 成本计算账户
9. "长期待摊费用"账户按其不太标志分类可能属于(   )。
   A. 资产类账户　B. 集合分配账户　C. 费用类账户　　　D. 跨期摊配账户
10. 下列账户中属于债权结算账户的有(   )。
   A. 预付账款　　B. 应付账款　　　　C. 应收账款　　　　D. 应收票据

三、判断题

1. "应付账款"账户的余额在总在贷方。　　　　　　　　　　　　　　　　　(   )
2. "累计折旧"账户的贷方登记的是提取折旧额,表示折旧额的增加,所以是负债类账户。
　　　　　　　　　　　　　　　　　　　　　　　　　　　　　　　　　(   )
3. 跨期摊提账户均为资产类账户。　　　　　　　　　　　　　　　　　　　(   )
4. "生产成本"账户和"制造费用"账户均属成本计算账户。　　　　　　　　　(   )
5. "营业外收入"和"本年利润"账户都是属于财务成果类账户。　　　　　　　(   )
6. "主营业务收入"账户是反映营业收入的账户,"其他业务收入"账户是反映非营业收入的账户。　　　　　　　　　　　　　　　　　　　　　　　　　　　　　　　(   )
7. "本年利润"账户和"利润分配"账户按其用途结构分类同属于一个类别。　(   )
8. 调整账户按其调整方式的不同又可以分为抵减附加账户。　　　　　　　(   )
9. 按账户用途结构的分类,实质上是按会计对象的具体内容进行的分类。　(   )
10. "累计折旧"账户按其经济内容分类属于抵减账户。　　　　　　　　　　　(   )

练习题

一、目的:练习账户按经济内容的分类。
资料:将下列账户按经济内容进行分类,再按用途结构进行分类:

短期借款	其他应付款	利润分配	累计折旧
销售费用	材料成本差异	原材料	应交税金
应付账款	银行存款	生产成本	制造费用
应收账款	实收资本	财务费用	长期待摊费用
管理费用	主营业务收入	应收票据	在途物资
本年利润	固定资产	营业外收入	所得税费用

二、目的:练习结算类账户的运用。
资料:利和股份公司所属的某机械制造厂在材料采购业务核算中设置了"应付账款"和"预付账款"两个账户,20×9 年 10 月份"应付账款"和"预付账款"账户及其所属明细账户的期初余额如下:"应付账款"贷方余额 125 000 元,其中"应付账款——A 工厂"78 000 元,"应付账款——B 工厂"47 000 元,"预付账款"借方余额 65 000 元,其中"预付账款——C 工厂"35 000

元,"预付账款——D 工厂"30 000 元。该企业 10 月份发生下列业务:

(1)用银行存款 50 000 元归还所欠 A 工厂的货款。

(2)收到 C 工厂发来的材料 48 000 元,其中材料价款 40 000 元,增值税进项税额 5 200 元,代垫外地运杂费 1 200 元,材料验收入库,款项上个月已经预付 35 000 元,差额部分暂未支付。

(3)从 B 工厂购买材料价款 10 000 元,增值税进项税额 1 300 元,款项未付,材料尚未入库。

(4)通过银行补付欠 C 工厂的差额款。

要求:编制本月业务的会计分录,开设并登记"应付账款""预付账款"总分类账户和明细分类账户。

三、目的:练习双重性质账户的运用。

资料:承练习题 2,如果该企业不设置"预付账款"账户,企业发生的预付账款业务在"应付账款"账户中核算,其他资料不变。

要求:根据上述业务编制会计分录,开设并登记"应付账款"账户并结账。

四、目的:练习"原材料"账户和"材料成本差异"账户之间的调整关系。

资料:企业原材料按照计划成本组织核算,"原材料"账户期末余额为 145 000 元,如果:

(1)"材料成本差异"账户为借方余额 3 000 元;

(2)"材料成本差异"账户为贷方余额 2 000 元。

要求:分别上述两种情况计算该企业期末原材料的实际成本,并分析说明上述两个账户之间的关系。

五、目的:练习"固定资产"账户和"累计折旧"账户之间的调整关系。

资料:企业"固定资产"账户的期末余额为 256 000 元,"累计折旧"账户期末余额为 70 000 元。

要求:

(1)计算固定资产净值;

(2)说明固定资产账户与累计折旧账户之间的关系。

第七章

会计凭证

学习目标

本章节阐述了填制和审核会计凭证的基础知识。通过本章学习,要求了解会计凭证的概念、作用,明确会计凭证的种类及审核凭证的主要内容,掌握填制会计凭证的要求和方法。

导入案例

企业的现金应由专职的出纳人员保管,现金的收支应由出纳员根据现金的收付款凭证办理,业务办理完毕后由出纳员在有关的凭证上签字盖章。这是现金收支业务的正常账务处理程序。

但在大连某实业公司这个正常的账务处理程序却被打乱了。企业的现金由会计人员保管,现金的收支也由会计人员办理。更为可笑的是:该企业的记账凭证是由出纳员张某先盖好印章放在会计人员那里,给会计人员作弊提供了可乘之机。该实业公司会计(兼出纳)邵某就是利用这种既管钱,又管账的"方便"条件,尤其是借用盖好章的记账凭证,编造虚假支出,贪污公款 1.4 万余元。

第一节　会计凭证的作用与分类

一、会计凭证的概念

会计凭证,是具有一定格式,用以记录经济业务发生和完成情况,明确经济责任的书面证明,也是登记账簿的依据。填制和审核会计凭证是会计核算的一项重要方法。

二、会计凭证的作用

审核和填制会计凭证是会计核算的基础环节,也是会计监督的一种专门方法。为保证会计信息的客观、真实,任何单位对所发生的每一项经济业务,都必须取得或填制凭证,由执行、完成该项经济业务的有关人员从外部取得或自行填制,以书面形式反映或证明经济业务的发生或完成情况。会计凭证应记录经济业务的发生日期、具体内容以及数量和金额,并在凭证上签名或盖章,明确经济责任。

会计凭证必须经过会计机构、会计人员严格的审核,经审核无误后,才能作为登记账簿的依据。因此,正确地填制和审核会计凭证,对实现会计职能和完成会计工作的任务具有重要的意义。会计凭证的作用归纳起来有四个方面。

(一) 会计凭证是提供原始资料、传导经济信息的工具

会计信息是经济信息的重要组成部分。它一般是通过数据,以凭证、账簿、报表等形式反映出来的。随着生产的发展,及时准确的会计信息在企业管理中的作用越来越重要。任何一项经济业务的发生,都要编制或取得会计凭证。会计凭证是记录经济活动的最原始资料,是经济信息的载体。通过会计凭证的加工、整理和传递,可以直接取得和传导经济信息,既协调了会计主体内部各部门、各单位之间的经济活动保证生产经营各个环节的正常运转,又为会计分析和会计检查提供了基础资料。

(二) 会计凭证是登记账簿的依据

任何单位,每发生一项经济业务,如现金的收付、商品的进出以及往来款项的结算等,都必须通过填制会计凭证来如实记录经济业务的内容、数量和金额,审核无误后,才能登记入账。如果没有合法的凭证作为依据,任何经济业务都不能登记到账簿中去。因此,做好会计凭证的填制和审核工作,是保证会计账簿资料真实性、正确性的重要条件。

(三) 会计凭证是加强经济责任制的手段

由于会计凭证记录了每项经济业务的内容,并要由有关部门和经办人员签章,这就要求有关部门和有关人员对经济活动的真实性、正确性、合法性负责。这样,无疑会增强有关部门和有关人员的责任感,促使他们严格按照有关政策、法令、制度、计划或预算办事。如有发生违法乱纪或经济纠纷事件,也可借助会计凭证确定各经办部门和人员所负的经济责任,并据以进行正确的裁决和处理,从而加强经济管理的岗位责任制。

(四) 会计凭证是实行会计监督的条件

通过会计凭证的审核,可以查明各项经济业务是否符合法规、制度的规定,有无贪污盗窃、铺张浪费和损公肥私行为,从而发挥会计的监督作用,保护各会计主体所拥有资产的安全完整,维护投资者、债权人和有关各方的合法权益。

三、会计凭证的种类

会计凭证按其填制程序和用途的不同,可分为原始凭证和记账凭证,这也是最基本的分类。

(一) 原始凭证

原始凭证是在经济业务发生或完成时取得或填制的,是用以记录经济业务的具体内容和完成情况的书面证明。它是进行会计核算的原始资料,也是填制记账凭证的依据。

原始凭证按其来源不同,可以分为自制原始凭证和外来原始凭证。

自制原始凭证是本单位内部经办业务的部门和人员,在某项经济业务发生或完成时自行填制的凭证。例如,仓库保管员填制的"收料单"(见图 7 - 1)、车间向仓库领用材料时填制的"领料单"(见图 7 - 2)、因公出差人员填写的差旅费报销单(见图 7 - 3)等。

收料单

20×9 年 05 月 10 日   编码:01

材料编号	材料名称	规格	材质	单位	数量		实际单价	材料金额	运杂费	合计(材料实际成本)
					应收	实收				
A01	丙酮	SW10	——	千克	2 000.00	2 000.00				

供货单位	上海化工厂	结算方法	转账结算	合同号	Q058	计划单价	材料/计划成本
备　注		——				——	——

主管:　　　　质量检验员:　　　　仓库验收:　　　　　　　经办人:李克

（业务联）

图 7-1　收料单

领料单

领料部门:运输部
用　　途:修理汽车　　　　　　　20×9 年 07 月 03 日　　　　　　06 第　　153 号

材料			单位	数量		成本									
编号	名称	规格		请领	实发	单价	总价								
							百	十	万	千	百	十	元	角	分
01	火花塞		个	100	100										
合　计				100	100										

部门经理:　　　　会计:　　　　仓库:　　　　　　经办人:于军

（业务联）

图 7-2　领料单

20×9 年 07 月 18 日

所属部门	销售部	姓名	杨晓兰	出差天数	自 7 月 5 日至 7 月 14 日共 10 天		
出事差由	考察市场			借旅支费	日　期		金额¥
					结算金额:¥		

出发		到达		起止地点	交通费	住宿费	伙食费	其　他
月	日	月	日					
7	5	7	5	广州—北京	920.00			
7	5	7	13	北京—北京	175.00	1 200.00	500.00	
7	14	7	15	北京—广州	820.00			
合　计				零拾零万参仟陆佰壹拾伍元零角零分	¥3 615.00			

总经理:　　　财务经理:　　　部门经理:李四　会计:　　　　出纳:　　　报销人:杨晓兰

图 7-3　差旅费报销单

自制原始凭证按其填制手续和内容不同,又可分为一次凭证、累计凭证和汇总原始凭证。

一次凭证是指只反映一项经济业务,或者同时反映若干项同类性质的经济业务,其填制手续是一次完成的凭证。日常的原始凭证多属此类,如前述"收料单""领料单"等。另外,外来原始凭证一般均属一次凭证。

累计凭证是指连续记载一定时期内不断重复发生的同类经济业务,填制手续是随着经济业务发生而分次进行的。最有代表性的是"限额领料单",如图7-4所示。使用累计凭证,在一张凭证内可连续多次登记相同性质的经济业务,随时结出累计数及结余数,并按照费用限额进行费用控制,期末按实际发生额记账,因此能减少凭证数量,简化凭证填制手续。

领料部门:第二生产车间 　　　　　　　　　　　　　　　　凭证编号:00000887
用　　途:生产线路板 　　　　　20×9年9月　—　日 　　　发料仓库:电子元件仓库

材料类别	材料编号	材料名称及规格	计量单位	领用限额	实际领用	单　价	金　额	备　注
原材料	A007	二极管 WP7	盒	100	90			

供应部门负责人:刘海东 　　　　　　　　　　生产计划部门负责人:陈国庆

日　期	数　量		领料人签章	发料人签章	扣除代用数量	退料			退料结余
	请领	实发				数量	收料人	退料人	
20×90901	20	20	李文华	何丽娟					80
20×90905	40	40	李文华	何丽娟					40
20×90915	30	30	李文华	何丽娟					10

图7-4 限额领料单

汇总原始凭证是指根据许多同类经济业务的原始凭证定期加以汇总而重新编制的凭证。例如,月末根据月份内所有领料单汇总编制的发出材料汇总表(见表7-1),就是汇总原始凭证。汇总原始凭证可以简化编制记账凭证的手续,但它本身不具备法律效力。

表7-1 发出材料汇总表

20×9年2月28日

会计科目(用途)	领料部门	原材料	燃　料	合　计
生产成本	定制品生产车间	6 600		6 600
	标准件生产车间	2 112		2 112
	小计	8 712		8 712
制造费用	车间管理耗用	220		220
管理费用	总部管理部门耗用	110		110
合　计		9 042		9 042

会计主管 　　　　　　　　复核 　　　　　　　　　　　　制表

外来原始凭证是在经济业务活动发生或完成时,从其他单位或个人直接取得的原始凭证。

例如，供货单位开具的增值税专用发票（见图 7－5）、供货单位开具的增值税普通发票（见图 7－6）、开户银行开具的进账单回单（见图 7－7）以及报销差旅费时职工提供的车票机票等都是外来原始凭证。

320015316　　增值税专用发票　　NO00448130　　5100184140 00448130

开票日期：20X9年7月14日

购买方	名　　称：华诚有限责任公司 纳税人识别号：914489430284900129 地址、电话：深圳市宝安区西乡街328号 0755-25941111 开户行及账号：			密码区	67/*+3*0/611*++0/+0*/*+3+2/9 *11*+66666**066611*+66666* 1**+216***6000*261*2*4/*547 203994+-42*64151*6915361/3*		
货物或应税劳务、服务名称	规格型号	单位	数量	单价	金额	税率	税额
*铝材*铝材料		吨	20	6000	120000.00	13%	15600
合　　计					¥ 120000		¥ 15600
价税合计（大写）	壹拾叁万伍仟陆佰元整				（小写）　¥ 135600.00		
销售方	名　　称：四川明亮灯具配件有限公司 纳税人识别号：915101055678234563 地址、电话：四川省成都市青羊区青羊西路2号 83293534 开户行及账号：工商银行青羊支行 150604400503004650			备注			

收款人：　　复核：　　开票人：吴小小　　销售方：（章）

国税函（2014）257号浙江印钞厂

第一联：记账联　销售方记账凭证

图 7－5　增值税专用发票

044031845　　深圳增值税普通发票　　NO00673670　　044031845003 00673670

开票日期：20X9年7月19日

购买方	名　　称：华诚有限责任公司 纳税人识别号：914489430284900129 地址、电话：深圳市宝安区西乡街328号 0755-25941111 开户行及账号：徽商银行松岗支行 1506080988830290			密码区	67/*+3*0/611*++0/+0*/*+3+2/9 *11*+66666**066611*+66666* 1**+216***6000*261*2*4/*547 203994+-42*64151*6915361/3*		
货物或应税劳务、服务名称	规格型号	单位	数量	单价	金额	税率	税额
※加工劳务※维修费			1	9029.13	9029.13	3%	270.87
合　　计					¥ 9029.13		¥ 270.87
价税合计（大写）	玖仟叁佰元整				（小写）　¥ 9300.00		
销售方	名　　称：深圳三义修配有限公司 纳税人识别号：914403017604887625 地址、电话：深圳市福田区深南西路红牌大厦1516室 0755-885208 开户行及账号：农行福田支行 622150582201536463			备注			

收款人：　　复核：　　开票人：董阿丽　　销售方：（章）　深圳三义修配有限公司

国税函（2014）257号浙江印钞厂

第一联：记账联　销售方记账凭证

图 7－6　增值税普通发票

交通银行　进账单　（回　单）　1

20×9 年 5 月 14 日

<table>
<tr><td rowspan="3">出票人</td><td>全　　称</td><td>昌盛实业有限公司</td><td rowspan="3">收款人</td><td>全　　称</td><td>华诚有限责任公司</td></tr>
<tr><td>账　　号</td><td>110007632313001078967</td><td>账　　号</td><td>110007609048708091012</td></tr>
<tr><td>开户银行</td><td>交通银行北京西城支行</td><td>开户银行</td><td>交通银行北京分行</td></tr>
</table>

金额	人民币（大写）　捌仟贰佰叁拾玖元捌角整	亿	千	百	十	万	千	百	十	元	角	分
							¥	8	2	3	9	8	0

票据种类	转账支票	票据张数	1	
票据号码	239098215			
				开户银行签章
	复核　　　记账			

此联是开户银行交给持票人的回单

图 7-7　进账单

（二）记账凭证

记账凭证是会计人员根据审核无误的原始凭证进行分类、整理，并确定会计分录而编制的凭证，是登记账簿的直接依据。从原始凭证到记账凭证是经济信息转换成会计信息的过程，是会计的初始确认阶段。记账凭证的作用就在于为记账提供必要的依据和准备。

记账凭证按其用途不同，可以分为专用记账凭证和通用记账凭证。

专用记账凭证是指分类反映经济业务的记账凭证。按照其反映经济业务内容不同，又可分为收款凭证、付款凭证和转账凭证。

收款凭证是用于记录现金和银行存款收款业务的记账凭证，如收到包装物押金，收到销货款存入银行等。其格式见图 7-8。

借方科目：库存现金　　　　　　20×9 年 5 月 20 日　　　　　　现收字第 009 号

摘　要	贷方科目		记账	金　额									
	总账科目	明细科目		千	百	十	万	千	百	十	元	角	分
收到出租包装物押金	其他应付款	光华公司	□					5	0	0	0	0
			□										
			□										
			□										
			□										
			□										
合　计			□				¥	5	0	0	0	0

附件 1 张

会计主管：　　　记账：　　　出纳：　　　审核：马明　　　填制：王海

图 7-8　收款凭证

付款凭证是用于记录现金和银行存款付款业务的记账凭证,如用银行存款偿还前欠购料款,用银行存款支付水电费,以现金发放职工工资等。其格式见图7-9。

借方科目:银行存款　　　　　　20×9年5月20日　　　　　　现收字第007号

摘　要	借方科目		记账	金　额									
	总账科目	明细科目		千	百	十	万	千	百	十	元	角	分
偿还上月购料款	应付账款	上海光华公司	☐				3	6	8	7	5	0	0
			☐										
			☐										
			☐										
			☐										
			☐										
合　计			☐			¥	3	6	8	7	5	0	0

附件1张

会计主管:　　　　记账:　　　　出纳:　　　审核:马明　　　填制:王海

图7-9　付款凭证

转账凭证是用来反映非货币资金业务的凭证,如生产产品耗用材料、产成品验收入库等。其格式如图7-10所示。

转账凭证

转字第020号

20×9年5月20日

摘　要	总账科目	明细科目	借方金额									贷方金额									√
			亿	千	百	十	万	百	十	元	角	分	亿	千	百	十	万	百	十	元	角	分	
车间领用机物料	制造费用	机物料						1	2	8	0	0											☐
	原材料	机物料																1	2	8	0	0	☐
																							☐
																							☐
																							☐
																							☐
合　计						¥	1	2	8	0	0					¥	1	2	8	0	0	☐

附单据2张

会计主管:　　　　记账:　　　　出纳:　　　审核:马明　　　填制:王海

图7-10　转账凭证

通用记账凭证是指用来反映所有经济业务的记账凭证。其格式与转账凭证相同。

记账凭证按其填制方式不同,可以分为复式记账凭证和单式记账凭证。

单式记账凭证是在每张记账凭证上只填列每笔会计分录中的一方科目,其对应科目仅填在表头,作为参考,不据以记账。填列每笔分录中借方科目的称为借项记账凭证,填列贷方科目的称为贷项记账凭证。根据复式记账法,每笔经济业务至少要填制两张单式记账凭证,并用编号将其联系起来,以便查对。设置单式记账凭证的目的:一是便于按科目汇总,因每张凭证只填列一个科目,可减少汇总时出现的差错;二是推进会计部门内部的岗位责任制,实行分工记账,每个会计人员都有其相应负责的账户;三是有利于贯彻内部控制制度,防止差错和舞弊。但由于单式记账凭证张数多,不易保管,且内容分散,填制凭证的工作量较大,故使用的单位很少。单式记账凭证的一般格式,见表7-2、表7-3。

表7-2 借项记账凭证

对应科目:银行存款　　　　　　　　　20×9年5月1日　　　　　　　　　编号1½

摘　要	一级科目	二级科目或明细科目	金　额	记　账	附件1张
转账支付本月广告宣传费	销售费用	广告费	30 000	√	

会计主管　　　　记账　　　　审核　　　　出纳　　　　制单

表7-3 贷项记账凭证

对应科目:销售费用　　　　　　　　　20×9年5月1日　　　　　　　　　编号1²⁄₅

摘　要	一级科目	二级科目或明细科目	金　额	记　账	附件1张
转账支付本月广告宣传费	银行存款	交通银行	30 000	√	

会计主管　　　　记账　　　　审核　　　　出纳　　　　制单

复式记账凭证是在一张凭证上列示每笔会计分录所涉及的全部科目。上述通用记账凭证和专用记账凭证均为复式记账凭证。复式记账凭证的优点是便于反映经济业务的全貌及会计科目间的对应关系,且填写方便,附件集中,便于凭证的审核。其缺点是不便于分工记账,也不利于科目汇总。

根据上述分类,可以做如下归纳,如图7-11所示。

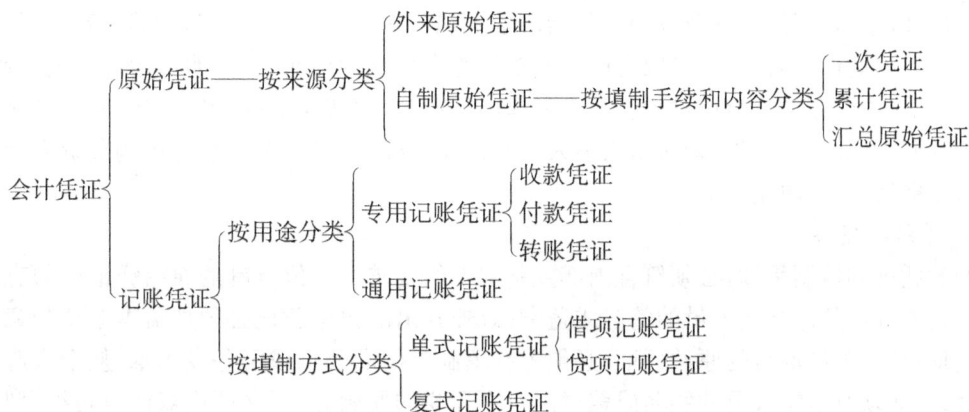

图7-11 会计凭证的分类

第二节　会计凭证的填制与审核

一、原始凭证的填制与审核

(一) 原始凭证的基本内容

由于经济业务内容和经济管理要求不同,各种原始凭证的名称、格式和内容也是多种多样的。但每一种原始凭证都必须客观地、真实地记录和反映经济业务的发生、完成情况,明确有关单位和经办人员的经济责任,因此每种原始凭证都必须具备以下几方面的基本内容:

(1) 原始凭证的名称,如领料单、发票、差旅费报销单等;

(2) 填制凭证的日期及编号;

(3) 接受凭证单位的名称;

(4) 经济业务的数量和金额;

(5) 填制凭证单位的名称或填制人姓名;

(6) 经办人员的签名或盖章,如借款单上应有借款人签名,发票背面一般由经办人员签名等。

此外,为了满足计划、业务、统计等管理部门的需要,有的原始凭证还需要注明与该笔经济业务有关的计划指标、预算定额和经济合同编号等。

(二) 原始凭证的填制

原始凭证的填制一般有三种形式:一是根据实际发生或完成的经济业务,由经办人员直接填制,如根据实际领用的材料名称和数量填制领料单等;二是根据账簿记录对有关经济业务进行归类、整理填列,如月末编制的制造费用分配表、利润分配表等;三是根据若干张反映同类经济业务的原始凭证定期汇总填制,如汇总原始凭证等。

电子发票信息

尽管原始凭证种类不同,其具体填制依据和方法也不尽一致,但就原始凭证应反映经济业务、明确经济责任而言,填制原始凭证时,应严格遵循下列要求。

1. 记录要真实

原始凭证所填列的经济业务内容包括数量、金额,必须真实可靠,符合实际情况。从外单位取得的原始凭证如有遗失,应取得原签发单位盖有公章的证明,并注明原始凭证的号码、金额和内容等,由经办单位会计机构负责人和单位负责人批准后,才能代作原始凭证。若确实无法取得证明的,如车票丢失,则应由当事人写明详细情况,由经办单位会计机构负责人和单位负责人批准后,代作原始凭证。

2. 手续要完备

原始凭证的填制手续,必须符合内部控制制度的要求。单位自制的原始凭证必须有经办部门负责人或者其他指定人员的签名或盖章;对外开出的原始凭证必须加盖本单位公章或财务专用章;从外单位取得的原始凭证,必须盖有填制单位的公章或财务专用章;从个人取得的原始凭证,必须有填制人员的签名或盖章。一式几联的原始凭证,必须用双面复写纸套写,并注明各联的用途;发生销货退回时,除填制退货发票外,还必须有退货验收证明,退款时必须取得对方的收款收据或者汇款银行的凭证,不得以退货发票代替收据;职工公出借款凭据,必须附在记账凭证之后,收回借款时,应当另开收据或者退还借据副本,不得退还原借款收据;经上级有关部门批准的经济业务,应当将批准文件作为原始凭证附件,如果批准文件需要单独归档,则应当在凭证上注明批准机关名称、日期和文件字号。

3. 内容要齐全

原始凭证所要求填列的项目必须逐项填列齐全,不得遗漏和省略。如果项目填写不全,则不能作为经济业务的合法证明,也不能作为有效的会计凭证。

4. 书写要清楚、规范

原始凭证要按规定填写,文字要简明扼要,字迹要清楚,易于辨认,不得使用未经国务院公布的简化汉字。大小写金额必须相符且填写规范,小写金额用阿拉伯数字逐个书写,不得写连笔字。在小写金额前要填写人民币符号"￥",人民币符号"￥"与阿拉伯数字之间不得留有空白,用外币计价、结算的凭证,金额前同样要加注外币符号。凡阿拉伯数字前写有币种符号的,数字后面不再写货币单位。除表示单价等情况外,所有以元为单位的阿拉伯金额数字一律填写到角、分,无角、分的,角位分位可写"00"或符号"—";有角无分的,分位写"0",不得用符号"—"代替。大写金额用汉字壹、贰、叁、肆、伍、陆、柒、捌、玖、拾、佰、仟、万、亿、元(圆)、角、分、零、整(正)等,一律用正楷或行书字书写。大写金额前未印有"人民币"字样的,应加写"人民币"三个字,"人民币"字样和大写金额之间不得留有空白。大写金额到元或角为止的,后面要写"整"或"正"字断尾;大写金额有分的,不写"整"或"正"字。阿拉伯数字中间有"0"时,汉字大写金额要写"零"字;阿拉伯数字金额中间连续有几个"0"时,汉字大写金额中可以只写一个"零"字,如小写金额为 1 008.00,大写金额应写成"人民币壹仟零捌元整";阿拉伯金额数字元位是"0",或者数字中间连续有几个"0"、元位也是"0",但角位不是"0"时,汉字大写金额可以只写一个"零"字,也可以不写"零"字,如小写金额为 1 680.32,大写金额应写成"人民币壹仟陆佰捌拾元零叁角贰分",或写成"人民币壹仟陆佰捌拾元叁角贰分";阿拉伯金额数字角位是"0",而分位不是"0"时,汉字大写金额"元"后面应写"零"字,如 16 509.03,大写金额应写成"人民币壹万陆仟伍佰零玖元零叁分"。

原始凭证记载的各项内容均不得涂改、刮擦、挖补。原始凭证有错误的,应当由出具单位重开或更正,更正处应当加盖出具单位印章。对于支票等重要的原始凭证若填写错误,一律不得在凭证上更正,应按规定手续注销留存,另行重新填写。

5. 填制要及时

各种原始凭证一定要及时填写,做到不拖延、不积压,并按规定的程序及时送交会计机构、会计人员进行审核。

(三) 原始凭证的审核

为了保证原始凭证内容的真实性和合法性,防止不符合填制要求的原始凭证影响会计信息的质量,必须由会计机构、会计人员对一切外来的和自制的原始凭证进行严格的审核。对原始凭证进行审核,是充分发挥会计监督作用的重要环节,也是会计机构、会计人员的法定职责。审核内容主要包括以下两个方面。

1. 原始凭证合法、合理及合规项的审核

审核原始凭证所反映的经济业务是否符合国家现行的法律法规、政策制度以及本单位的相关规定,有无弄虚作假、违法乱纪、贪污舞弊等行为;审核经济活动的内容有无背离内部控制原则;审核经济业务活动是否符合提高经济效益的要求;是否符合有关的计划和预算开支标准等。

2. 原始凭证填制规范性的审核

审核原始凭证的基本内容是否符合填制规范,审核原始凭证填制日期、记录经济业务的文字和数字是否符合实际情况,有无计算错误,项目填写是否齐全,有关单位和人员是否已签章,大小写金额是否相符,书写是否清晰。原始凭证审核是一项十分细致而又严肃的工作,会计机构、会计人员必须按照国家统一的会计制度的规定对原始凭证进行审核,对不真实、不合法的原始凭证有权不予受理,并向单位负责人报告;对记载不准确、不完整的原始凭证予以退回,并要求按照国家统一的会计制度的规定更正、补充。原始凭证经审核无误后,才能作为编制记账凭证和登记明细分类账的依据。

二、记账凭证的填制与审核

(一) 记账凭证的基本内容

记账凭证虽然种类不一,编制依据各异,但各种记账凭证的主要作用,都在于对原始凭证进行归类、整理,并按照借贷记账法的要求,运用会计科目,编制会计分录,据以登记账簿,因此都必须具备下列基本内容:

(1) 记账凭证的名称;

(2) 填制记账凭证的日期;

(3) 记账凭证的编号;

(4) 经济业务的内容摘要;

(5) 会计科目(包括一、二级或明细科目)及其记账方向;

(6) 经济业务的金额;

(7) 所附原始凭证张数;

(8) 会计主管、记账、审核、出纳、制单等有关人员签章。

(二) 记账凭证的填制

采用专用记账凭证时,收款凭证和付款凭证根据现金、银行存款和其他货币资金收付业务有关的原始凭证进行填制。涉及银行存款和其他货币资金的收付业务,一般应以经银行盖章的单据(如送款单、收款通知、支款通知等)作为原始凭证。这样做是为了保证收付业务的可靠性,也便于同银行对账。实际工作中,出纳人员应根据审核批准的收付款凭证,记录货币资金的收入支出。出纳人员对于已经收款的收款凭证和已经付款的付款凭证及其所附的各种原始凭证,都要加盖"收讫"和"付讫"的戳记,以免重收重付。对于库存现金、银行存款和其他货币资金之间相互划转的业务,如从银行提取现金,或将现金存入银行,为了避免重复记账,一般只编制付款凭证,不编制收款凭证。即从银行提取现金时,只编制银行存款付款凭证;将现金存入银行时,只编制现金付款凭证。

转账凭证除了根据与货币资金收付业务无关的原始凭证填制外,还有的是根据账簿记录直接填制。例如,根据有关资产账户提取减值准备,将收入、费用类账户的月末余额转入"本年利润"账户,将"本年利润"账户的年末余额转入"利润分配"账户,以及更正账簿错误等。根据账簿记录编制的记账凭证一般没有原始凭证,所以并非所有的记账凭证都附原始凭证。

记账凭证填制的正确与否,直接关系到账簿记录的真实性和正确性。因此,填制记账凭证,除了要遵守填制原始凭证的要求外,还必须注意以下几点。

1. 摘要简明

记账凭证的摘要应用简明扼要的语言,正确概括出经济业务的主要内容,不能简而不明,也不能过于烦琐。例如,对于收付款业务,摘要中要写明收付款单位名称、款项增减原因以及结算凭证号;对于材料采购业务,摘要中要写明供应单位名称、材料品种、数量和单价。

2. 科目运用准确

必须按会计制度统一规定的会计科目填列,不得改动、简写,不能只写科目编号,不写科目名称;同时,二级科目和明细科目也要填列齐全,并正确对应记账方向,以便于记账。

3. 连续编号

记账凭证在一个月内应当连续编号,以便核查。采用通用记账凭证时,可按经济业务发生的顺序编号。采用收款凭证、付款凭证和转账凭证,可使用"字号编号法",即按凭证类别顺序编号。例如,收字第×号、付字第×号,转字第×号等。如果一笔经济业务,需要编制多张记账凭证时,可采用"分数编号法"。例如,一笔经济业务需要编制两张转账凭证,凭证的顺序号为16号时,可编转字第 $16\frac{1}{2}$、转字 $16\frac{2}{2}$ 号。前面的整数为总顺序号,后面分数为该项经济业务的分序号,分母表示该项经济业务的记账凭证总张数,分子表示该项经济业务的分顺序号。每月月末最后一张记账凭证的编号旁边要加注"全"字,以免凭证散失。

4. 附件齐全

记账凭证所附的原始凭证必须完整无缺,并在记账凭证上注明所附原始凭证的张数。如果一张原始凭证涉及两张或两张以上的记账凭证,可把原始凭证附在一张主要的记账凭证后面,并在其他记账凭证上注明"原始凭证×张,附于第×号凭证之后"或者附上原始凭证复印件。结账、更正错误等直接根据账簿记录填制的记账凭证,可以不附原始凭证。

(三) 记账凭证的审核

为了保证账簿记录的正确性和会计信息的质量,记账凭证必须经过专人审核,才能作为登记账簿的依据。记账凭证审核的内容一般包括以下几个方面:

(1) 审核记账凭证所附原始凭证是否齐全,记账凭证记录的经济业务与所附原始凭证反映的经济业务是否相符。

(2) 审核记账凭证中所使用的会计科目、借贷方向是否正确,二级或明细科目是否齐全,金额是否与原始凭证的金额相符,有无计算错误。

(3) 记账凭证所需填列的项目是否完整,有关人员是否都已签字盖章。在审核中如发现记账凭证填制错误,应当重新填制。已经登记入账的记账凭证,在当年内发现填写错误时,可以用红字填写一张与原内容相同的记账凭证,在摘要栏注明"注销某月某日某号凭证"字样,同时再用蓝字重新填制一张正确的记账凭证,注明"订正某月某日某号凭证"字样。如果会计科目没有错误,只是金额错误,也可以将正确数字与错误数字之间的差额,另填制一张调整的记账凭证,调增金额用蓝字,调减金额用红字。发现以前年度记账凭证有错误的,应当用蓝字填制一张更正的记账凭证。

第三节 会计凭证的传递与保管

一、会计凭证的传递

会计凭证传递是指会计凭证从取得或填制开始,到整理装订归档为止,在本单位内部各有关部门和人员之间,按规定的要求进行传送和处理的程序。

会计凭证的传递要能够满足内部控制制度的要求,使传递程序合理有效,同时尽量节约传递时间,减少传递的工作量。各单位应根据具体情况确定每一种会计凭证的传递路线、传递时间和传递手续。

(一) 传递路线

各单位应根据经济业务的特点、机构设置、人员分工情况,以及经济管理上的需要,明确规定会计凭证的联次及其流程。既要使会计凭证经过必要的环节进行审核和处理,又要避免会计凭证在不必要的环节停留,从而保证会计凭证沿着最简捷、最合理的路线传递。例如,收料单一般由供应部门填发,然后交仓库据以验收材料,仓管员验收后填写实收数,并由主管人员或指定人员复核,再分送仓库记账人员、供应部门和会计部门,供应部门作必要的核对后进行记录,会计部门经审核后编制记账凭证,并交记账人员记账。

(二) 传递时间

会计凭证的传递时间是指各种凭证在各经办部门、环节所停留的最长时间。它应根据各部门和有关人员在正常情况下办理经济业务所需时间来合理确定。明确会计凭证的传递时间,能防止拖延办理和积压凭证,保证会计工作的正常秩序,提高工作效率。一切会计凭证的传递和处理,都应在报告期内完成。否则,将会影响会计核算的及时性。

(三) 传递手续

会计凭证的传递手续是指在凭证传递过程中的衔接手续。应该做到既完备严密,又简便易行。凭证的收发、交接都应按一定的手续制度办理,以保证会计凭证的安全和完整。

二、会计凭证的保管

会计凭证保管是指会计凭证记账后的整理、装订、归档和存查工作。会计凭证的保管主要有下列要求。

(一) 会计凭证的整理归类

会计凭证应定期装订成册,防止散失。会计部门在依据会计凭证记账后,应定期(每天、每旬或每月)对各种会计凭证进行分类整理,将各种记账凭证按照编号顺序,连同所附的原始凭证一起加具封面和封底,装订成册,并在装订线上加贴封签,由装订人员在装订线封签处签名或盖章,防止抽换凭证。会计凭证封面应注明单位名称、凭证种类、凭证张数、起止号数、年度、月份、会计主管人员和装订人员等有关事项,会计主管人员和保管人员应在封面上签章。

原始凭证较多时,可单独装订,但应在其封面注明所属记账凭证的日期、编号和种类,同时在所属的记账凭证上注明"附件另订"及原始凭证的名称和编号,以便查阅。各种经济合同和重要的涉外文件等凭证,应另编目录,单独登记保管,并在有关记账凭证和原始凭证上注明。

（二）会计凭证的造册归档

每年装订成册的会计凭证，在会计年度终了时可暂由单位会计机构保管一年，期满后应当编造清册移交本单位档案机构统一保管；未设立档案机构的，应在会计机构内部指定专人保管。出纳人员不得监管会计档案。会计凭证必须做到妥善保管，存放有序，查找方便，并要严防毁损、丢失和泄密。

（三）会计凭证的借阅

会计凭证原则上不得外借。本单位人员如有特殊原因需查阅已入档的会计凭证时，必须报请批准，办理借阅手续，借阅时不得拆散原卷册，并应限期归还。其他单位如有特殊原因确实需要使用时，经本单位负责人批准，可以复制。向外单位提供原始凭证复印件，应在专设的登记簿上登记，并由提供人员和收取人员共同签名、盖章。

（四）会计凭证的销毁

会计凭证的保管期限，一般为 30 年。保管期未满，任何人都不得随意销毁会计凭证。按规定销毁会计凭证时，必须开列清单，报经批准后，由档案部门和会计部门共同委派人员监销。在销毁会计凭证前，监督销毁人员应认真清点核对，销毁后，在销毁清册上签名或盖章，并将监销情况报告本单位负责人。

本章小结

编制和审核会计凭证是会计核算的基本方法之一。会计凭证是记录经济业务，明确经济责任和据以登记账簿的书面证明。

会计凭证可分为原始凭证和记账凭证两类。原始凭证是在经济业务发生或完成时取得或填制的，用以记录经济业务的具体内容和完成情况的书面证明；记账凭证是会计人员根据审核无误的原始凭证进行分类、整理，并确定会计分录而编制的凭证。

企业必须对会计凭证进行合法性、合理性和有效性的审核。

正确组织会计凭证的传递，对于及时处理和登记经济业务、明确经济责任、实行会计监督等具有重要意义。因此，会计凭证在企业内部的传递程序应当科学、合理。在每个会计期期末，会计凭证应由专人整理、装订成册，加以保管。

关键术语

会计凭证 accounting document　　　　收款凭证 receipt voucher
原始凭证 source document　　　　　　付款凭证 payment voucher
记账凭证 accounting voucher　　　　　转账凭证 transfer voucher
外来原始凭证 source document from outside
复式记账凭证 multiple account titles voucher
自制原始凭证 internal source document
会计凭证传递 transfer accounting documents

自测题

一、单项选择题

1. 从银行提取现金 1 000 元,应编制(   )。
    A. 现金收款凭证　　　　　　　　　　B. 现金付款凭证
    C. 银行存款收款凭证　　　　　　　　D. 银行存款付款凭证

2. 下列属于外来原始凭证的是(   )。
    A. 领料单　　　　B. 银行收款通知单　C. 出库单　　　　D. 发料汇总表

3. 下列科目可能是收款凭证借方科目的是(   )。
    A. 原材料　　　　B. 银行存款　　　　C. 应付账款　　　　D. 固定资产

4. 下列不属于会计凭证的是(   )。
    A. 出库单　　　　B. 购货发票　　　　C. 收料单　　　　D. 住宿收据

5. 外来原始凭证一般都是(   )。
    A. 累计凭证　　　B. 记账凭证　　　　C. 单式凭证　　　　D. 一次凭证

6. 以下经济业务中,应填制转账凭证的是(   )。
    A. 职工借支差旅费 5 000 元　　　　B. 以现金 2 000 元购买办公用品
    C. 销售甲产品收入现金 3 000 元　　D. 购入设备一台,价款 60 000 元未付

7. 将同类经济业务汇总编制的原始凭证是(   )。
    A. 一次凭证　　　B. 累计凭证　　　　C. 记账凭证　　　　D. 汇总原始凭证

8. 某单位会计部第 8 号记账凭证的会计事项需要填制 3 张记账凭证,则三张凭证编号为(   )。

    A. 8,9,10　　　　　　　　　　　　　B. $8\frac{1}{3}$,$8\frac{2}{3}$,$8\frac{3}{3}$

    C. $\frac{25}{3}$,$\frac{26}{3}$,$\frac{27}{3}$　　　　　　　　　　　D. 8 - 1,8 - 2,8 - 3

9. 如果企业发生货币资金之间的收付业务,对此进行的正确的会计处理是(   )。
    A. 编制收款凭证　B. 编制付款凭证　　C. 编制转账凭证　　D. 编制原始凭证

10. 下列人员中,填制记账凭证的是(   )。
    A. 出纳人员　　　B. 会计人员　　　　C. 经办人员　　　　D. 主管人员

二、多项选择题

1. 记账凭证按与货币收付业务是否有关可分为(   )。
    A. 汇总记账凭证　B. 收款凭证　　　　C. 付款凭证　　　　D. 转账凭证
    E. 复式记账凭证

2. 填制原始凭证时应做到(   )。
    A. 内容完整　　　B. 记录真实　　　　C. 科目正确　　　　D. 遵纪守法

3. 下列凭证属于复式记账凭证的有(   )。
    A. 收款凭证　　　B. 付款凭证　　　　C. 转账凭证　　　　D. 通用记账凭证

4. 原始凭证按其用途不同,可分为(   )。
    A. 外来凭证　　　B. 自制凭证　　　　C. 累计凭证　　　　D. 通知凭证

5. 下列各项属于记账凭证必须具备的内容是( )。

A. 记账凭证名称　　B. 接收单位名称　　C. 日期编号　　　　D. 会计分录

6. 下列业务中,需要填制付款凭证的是( )。

A. 向金融机构借款,已存入银行　　　　B. 用银行存款购买原材料

C. 支付员工工资　　　　　　　　　　　D. 将现金存入银行

E. 结转原材料的采购成本

7. 发现原始凭证有文字书写错误,可以采用的处理方法是( )。

A. 由本单位代为更正　　　　　　　　　B. 由出具单位重开

C. 由出具单位更正　　　　　　　　　　D. 由本单位负责人代为更正

E. 找第三方代开

8. 下列各项中,属于自制原始凭证的包括( )。

A. 借款单　　　　　　　　　　　　　　B. 领料单

C. 工资结算汇总表　　　　　　　　　　D. 材料请购单

E. 记账凭证

9. 填制会计凭证的目的有( )。

A. 记录经济业务　　　　　　　　　　　B. 明确经济责任

C. 登记账簿　　　　　　　　　　　　　D. 编制报表

E. 抓好办理会计手续的必要环节

10. 组织会计凭证传递的依据有( )。

A. 经济业务特点　　B. 内部组织机构　　C. 人员分工　　　　D. 经营管理要求

E. 凭证的种类

三、判断题

1. 付款凭证是只用于银行存款付出业务的记账凭证。　　　　　　　　　　　( )

2. 自制原始凭证是企业内部经办业务的部门和人员填制的凭证。　　　　　　( )

3. 一次凭证是指反映一项经济业务的凭证。　　　　　　　　　　　　　　　( )

4. 制造费用分配表属于记账凭证。　　　　　　　　　　　　　　　　　　　( )

5. 原始凭证是登记日记账和明细账的依据。　　　　　　　　　　　　　　　( )

6. 限额领料单只限于领用一次材料。　　　　　　　　　　　　　　　　　　( )

7. 企业出售产品一批,售价5 000元,收到一张转账支票送存银行。这笔业务应编制的记账凭证为转账凭证。　　　　　　　　　　　　　　　　　　　　　　　　　　　　　　( )

8. 为简化核算,可将类似的经济业务汇总编制一张汇总原始凭证。　　　　　( )

9. 审核原始凭证记录的经济业务是否符合企业生产经营活动的需要、是否符合有关计划和预算,属于合理性审核。　　　　　　　　　　　　　　　　　　　　　　　　　　　　( )

10. 单式记账凭证是依据单式记账法填制的。　　　　　　　　　　　　　　( )

练习题

一、原始凭证的填制

资料:建新工厂(开户银行:中国工商银行华新分理处,账号:136257378,地址:永宏市华新

路 26 号,税务登记号:120112650101232,增值税税率 13%)20×9 年 09 月发生如下经济业务:

(1) 1 日财务科出纳员张宏开出现金支票一张 2 000 元,从银行提取现金,以备零用。要求:填写现金支票(现金支票存根留存作编制记账凭证的依据)。

(2) 1 日,供销科林敏因采购材料去广州,经供销科长黄云批准,填写"借款单"向财务科借现金 800 元。复核人刘欣,财务科长王建。

(3) 1 日,收到本市路德工厂前欠的货款 60 000 元,收到转账支票一张并转存银行。要求:填写"进账单"一份。(路德工厂开户行:工行厂办,账号:2857826)。

(4) 2 日,收到大冶市天际公司(地址:滨河路 30 号,开户行:工行河办,账号 623759,税务登记号:140202112348676)前欠的货款 32 000 元。要求:代对方填制信汇凭证,对方汇出日期为 20×9 年 5 月 26 日。

(5) 2 日,向本市路德工厂(地址:新建路 12 号,税务登记号:130102520102036)销售甲产品 300 件,单价 200 元,乙产品 400 件,单价 300 元,货已发出,货款暂未收到。要求:填写增值税专用发票("记账联"作为填制记账凭证的依据)和"出库单"("财务联"作为填制记账凭证的依据)。

要求:根据以上经济业务,填制有关的原始凭证。

二、专用记账凭证的编制

资料:某单位 20×9 年 8 月份发生下列经济业务:

(1) 4 日,收到欣欣公司归还前欠货款 30 000 元,存入银行。

(2) 7 日,向黎明工厂购入甲材料 60 000 元,增值税税率 13%,货款以商业承兑汇票支付。

(3) 9 日,从银行提取现金 36 000 元。

(4) 12 日,销售甲产品一批,计 63 000 元,增值税税率 13%,收回款项存入银行。

(5) 18 日,车间领用 A 材料 20 000 元,用于生产甲产品。

(6) 27 日,管理人员张鹏出差回来,报销差旅费 2 560 元,交回现金 440 元。

要求:根据上列经济业务,编制专用记账凭证,并按现收、银收、现付、银付、转字进行编号。

三、通用记账凭证的编制

某企业 20×9 年 8 月份发生的部分交易或者事项如下:

(1) 8 月 1 日,从 D 银行取得一年期借款 500 000 元,存入银行。

(2) 8 月 5 日,职工张林预借差旅费 2 000 元,付给现金。

(3) 8 月 12 日,仓库发出 E 材料一批,其中,生产车间生产 F 产品领用 100 000 元,管理部门领用 4 000 元。

(4) 8 月 18 日,以银行存款支付本月厂部办公费 12 000 元。

(5) 8 月 31 日,计算本月应纳所得税额 75 000 元。

(6) 8 月 31 日,计算本月固定资产折旧费,其中,生产车间设备折旧费 10 000 元,管理用固定资产折旧费 6 000 元。

(7) 8 月 31 日,从银行提取现金 8 000 元备用。

要求:根据上述经济业务内容,编制通用记账凭证。

第八章

会计账簿

学习目标

本章主要阐述会计账簿的基本理论和实务规范。通过本章的学习,明确会计账簿的概念、意义,掌握会计账簿的各种种类;能够熟练掌握各种会计账簿的设置与登记方法,熟悉各种明细分类账的格式及其适用范围;了解账簿的启用规则以及熟悉错账更正的规则;明确对账的内容,掌握期末结账的方法;了解账簿的更换和保管等。

导入案例

20×8年1月,某上市公司会计人员王某脱产学习一个星期,会计科长指定出纳李某临时兼管王某的债权债务账目的登记工作,未办理会计工作交接手续。20×8年2月,该公司档案科会同会计科销毁了一批保管期限已满的会计档案,已报经公司领导批准,但未编制会计档案销毁清册。20×8年3月,该公司与A商贸公司商谈房屋租赁事项,双方签订了房屋租赁合同。合同约定:租赁期自20×8年4月1日起至20×9年6月30日止,月租金10万元。20×8年收到房屋租金共计90万元,未纳入上市公司统一财务核算,并作为年终奖金发给全体职工。请结合会计账簿的有关知识对以上行为加以评述。

第一节　会计账簿的意义与种类

一、会计账簿的概念

会计账簿是以会计凭证为依据,对全部经济业务进行全面、系统、连续、分类地记录和核算的簿籍,是由专门格式并以一定形式联结在一起的账页所组成。前面讲述,在会计核算工作中,各单位对每一项经济业务都必须取得或填制会计凭证,以反映和监督每笔经济业务的发生或完成情况。但是,由于会计凭证数量繁多,又很分散,而且每张会计凭证所记载的只是个别的经济业务,只能零散地反映个别经济业务内容,不能连续地、系统地、全面地反映和监督在一定时期内某类和全部经济业务的变化情况。为了把各种会计凭证所反映的经济业务序时地、分类地进行登记,形成系统的会计信息资料,就必须运用设置和登记会计账簿这一会计核算的专门方法。各单位发生的各项经济业务事项应当在依法设置的会计账簿上统一登记、核算,不得违反会计法和国家统一会计制度的规定私设会计账簿登记、核算。

二、会计账簿的意义

设置和登记会计账簿是会计核算工作的重要内容,它对于各单位加强经济管理工作有着十分重要的意义。

(一)会计账簿是对会计凭证资料的系统总结

在会计核算中,通过会计凭证的填制和审核,可以反映和监督每项经济业务的完成情况。但一张会计凭证只能反映一项或几项经济业务,所提供的信息是零星的、片断的、不连续的,不能把某一时期的全部经济活动完整地反映出来。而会计账簿既能够提供总括的核算资料,又能够提供详细的明细分类资料;既能够提供分类核算资料,又能够提供序时核算资料,反映各单位经济活动的轨迹,这对于加强经济核算、提高管理水平、探索资金运动的规律具有重要的作用。

(二)会计账簿是考核各单位经营情况的重要依据

通过登记会计账簿,可以发现整个经济活动的运行情况,完整地反映各单位的财务状况和经营成果,评价各单位的总体经营情况;同时,可以监督和促进各单位遵纪守法、依法经营。

(三)会计账簿是财务会计报告资料的主要来源

企业定期编制的资产负债表、损益表和现金流量表等会计报表的各项数据均来源于会计账簿的记录。企业在编制企业财务情况说明书时,对于生产经营状况、利润实现和分配情况、税金缴纳情况、各种财产物资变动情况的说明,也都必须以会计账簿记录的数据为依据。从这个意义上说,会计账簿的设置和登记是否准确、真实、齐全,直接影响到企业财务报告的质量。

三、会计账簿的种类

(一)会计账簿按其用途分类

1. 序时账簿

序时账簿也称为日记账,它是根据会计部门收到会计凭证的先后顺序,逐日逐笔进行登记,每日结出余额。序时账簿可以用来及时、详细地反映经济业务的发生和完成情况,提供连续系统的会计资料,而且也可以用来和总分类账、明细分类账的有关账户进行相互核对。序时账簿按其记录经济业务范围的不同,又可以分为普通序时账簿和特种序时账簿。

(1)普通序时账簿。普通序时账簿也称普通日记账,是用来记录全部经济业务完成情况的账簿。它的特点是将每日发生的全部经济业务,按其发生的时间先后顺序,根据原始凭证在会计账簿中逐笔编制会计分录,因此也可称为分录日记账。在会计实务中,由于经济业务的复杂多样性,采用一本会计账簿逐日逐笔序时记录全部的经济业务,显然比较困难,也不利于分工,因此现在已很少采用普通序时账簿。这种会计账簿主要适用于实行了会计电算化的单位。

(2)特种序时账簿。特种序时账簿也称特种日记账,是用来记录某一类经济业务的完成情况。它的特点是对某一类重要的、发生频繁的经济业务进行逐笔序时登记。例如,对现金和银行存款的收付业务,各单位必须设置库存现金日记账和银行存款日记账,以便加强货币资金的管理,提供货币资金收付业务的详细、及时的会计信息。

2. 分类账簿

分类账簿是对全部经济业务按照总分类账户和明细分类账户进行分类登记的会计账簿。所以,分类账簿按其反映经济内容详细程度的不同,又分为总分类账簿和明细分类账簿。

（1）总分类账簿。总分类账簿也称总分类账，简称总账，是按照总分类科目即总账科目开设进行分类登记，提供总括核算资料的分类账簿。

（2）明细分类账簿。明细分类账簿也称明细分类账，简称明细账，是根据总账科目设置，按其所属明细分类科目即二级或三级明细科目开设进行分类登记的账簿。

3. 备查账簿

备查账簿又称辅助账簿，是对某些在日记账和分类账中未能登记的事项或记载不全的经济业务进行补充登记的会计账簿。例如，所有权不属于本企业的经营性租入固定资产可用"租入固定资产登记簿"，所有权不属于本企业的受托加工材料可用"受托加工材料登记簿"等。设置和登记备查账簿，可以对某些经济业务的内容进行必要补充，为加强经济管理提供所必要的参考资料。备查账簿并非每个单位都应该设置，而是根据实际需要确定是否开设备查账簿。

（二）账簿按外表形式分类

1. 订本账簿

订本账簿，简称订本账，是在使用之前就把若干固定顺序编号的账页装订成册的会计账簿。采用订本账的优点是可以避免账页散失，防止抽换账页的不正当行为；其缺点是同一账簿在同一时间内只能由一人登记，不能分工，也不能使用计算机记账。另外，由于账页固定，不能根据需要增减账页，因此必须预先估计每一个账户记账需要的页数，预留空白账页。如果账页不够，就会影响账户登记的连续性；如果账页预留过多，又会造成浪费。在现行会计制度中规定，带有统驭性和比较重要的总分类账、库存现金日记账和银行存款日记账都必须采用订本账簿。

2. 活页式账簿

活页式账簿，简称活页账，将分散的账页装存在账页夹内而不固定，可以随时增减账页的会计账簿。活页式账簿的优点是可以随时加入空白账页，便于分工记账，提高工作效率；它的缺点在于如果管理不善，账页容易散失或被抽换。为保证会计账簿资料的安全与完整，在使用时应注意按顺序编号，在使用完毕不再继续登记时，应装订成册并妥善保管。在会计实务中，活页式账簿主要用于各种明细分类账。

3. 卡片式账簿

卡片式账簿，简称卡片账，它是由许多具有一定格式的卡片组成的会计账簿。卡片式账簿在使用之前不加装订，根据记录需要随时增添卡片的数量。为了便于保管，通常将卡片存放于卡片箱中。卡片式账簿的优缺点与活页式账簿相同，与活页账不同的是，一张卡片上常常只完整地反映同项经济事项。在使用卡片账时，为防止散失和抽换，应按顺序编号，并由有关人员在卡片上签章，同时存入卡片箱中由专人保管。在使用完毕更换新账后应予以封扎，妥善保管。在会计实务中，卡片式账簿主要适用于财产明细账，如原材料卡片账、固定资产实物卡片账等。

第二节 会计账簿的设置与登记

一、会计账簿设置的原则

《中华人民共和国会计法》第三条规定：各单位必须依法设置会计账簿，并保证其真实、完整。所以，各单位都应按照国家统一会计制度的规定，根据本单位经济业务的特点和经营管理上的需要设置会计账簿。会计账簿的种类具体应该包括总分类账、明细分类账、日记账和其他辅助性账簿。实行会计电算化的单位,用计算机打印的会计账簿必须连续编号,经审核无误后装订成册,并由记账人员和会计机构负责人、会计主管人员签字或者盖章。会计账簿的设置,包括确定会计账簿的种类、设计会计账簿的格式、内容及登记方法。可按照下列原则设置会计账簿:

(1) 在国家有关会计法规的规定下,结合本单位的业务特点及管理要求设置功能各异、结构合理的会计账簿体系。

(2) 会计账簿体系的设置要便于会计人员的内部分工,格式设计要简明、实用。

(3) 在特定的账务处理程序的约束下设置相应的会计账簿体系。

(4) 会计账簿体系的设置要便于为编制会计报表提供资料。

二、账簿的基本构成与内容

会计账簿格式可以多种多样,但各种会计账簿一般应具有下列基本内容:

(1) 封面。账簿封面主要用来写明会计账簿名称和记账单位名称。

(2) 扉页。账簿扉页上应当附账簿启用及交接表,主要用来登载账簿经管人员及交接情况一览表,其主要内容有:① 单位名称;② 会计账簿名称及编号;③ 起止页数;④ 启用日期;⑤ 会计负责人;⑥ 经管人员;⑦ 移交人和移交日期;⑧ 接管人和接管日期。会计账簿启用及交接表和目录如表 8-1、表 8-2 所示。

(3) 账页。账页是会计账簿的主体,是会计账簿中用来具体记录经济业务的载体,其格式因反映经济业务内容的不同而有所不同,但基本内容应包括:① 账户的名称;② 记账日期;③ 记账凭证的种类和号数;④ 经济业务摘要;⑤ 金额;⑥ 总页次和分户页次;等等。

表 8-1　账簿启用及交接表

单位名称						印　鉴		
账簿名称	(第　　册)							
账簿编号								
账簿页数	本账簿共计		页(本账簿页数 检点人盖章)					
启用日期	公元　　　　年　　月　　日							
经管人员	负责人		主办会计		复　核		记　账	
	姓　名	盖章	姓　名	盖章	姓　名	盖章	姓　名	盖章
接交记录	经　管　人　员			接　管			交　出	
	职　务	姓　名		年　月　日	盖章	年　月　日		盖章
印花税票 粘贴处								

表 8-2 目 录

编 号	科 目	起讫页码	编 号	科 目	起讫页码	编 号	科 目	起讫页码

三、日记账的设置与登记

(一) 普通日记账

这种日记账是用来序时记录全部经济业务的会计账簿。在普通日记账中,要按照每日发生的经济业务的先后顺序编制会计分录,然后据以登记入账,因此,这种账簿也称分录日记账。它的格式采用两栏式,一般只设置"借方"和"贷方"两个金额栏,不结余额,其格式如表 8-3 所示。采用普通日记账,除了每天应按照经济业务完成时间的先后顺序,逐笔进行登记外,每天还应根据日记账中应借和应贷的账户名称和金额登记总分类账。

表 8-3 普通日记账

20×9年 月	20×9年 日	凭证字号	摘 要	对应科目	借 方 千	百	十	万	千	百	十	元	角	分	贷 方 千	百	十	万	千	百	十	元	角	分	过账
1	1	现付1	支付差旅费	管理费用					3	0	0	0	0	0											
				库存现金															3	0	0	0	0	0	
	2	转账1	购入材料,价税款未付	在途物资					5	0	0	0	0	0											
				应交税费						6	5	0	0	0											
				应付账款														5	6	5	0	0	0	0	
			...																						

(二) 特种日记账

特种日记账是用来序时地记录和反映某一类经济业务发生和完成情况的会计账簿。库存现金日记账和银行存款日记账是应用比较广泛的两种特种日记账。设置和登记库存现金日记账和银行存款日记账,可以序时反映各单位库存现金和银行存款每笔收付业务的发生情况,可以随时结出余额,并与库存现金或银行对账单核对,有利于对货币资金的保管、使用和对库存现金管理制度的执行情况进行严格的日常监督。为了防止账页散失和随意调换,以及便于查阅,根据我国的有关会计制度,库存现金日记账和银行存款日记账必须采用订本式账簿,并为每一张账页按顺序编号。各单位不得用银行对账单或者其他方法代替库存现金日记账和银行存款日记账。

1. 库存现金日记账的格式和登记方法

库存现金日记账是由出纳人员根据审核后的现金收、付款凭证按编号顺序逐笔登记。对于从银行提取现金的业务,一般只填制银行存款付款凭证,不填制库存现金收款凭证,库存现金的收入数,应根据银行存款付款凭证登记。同时,根据账款分管原则,由会计人员根据收、付款凭证,汇总登记库存现金总分类账。库存现金日记账必须日清月结,每日收付款项逐笔登记完毕后,应分别计算现金收入和支出的合计数及账面的结余额,并将库存现金日记账的账面余额与库存现金实存数相核对,借以检查每日库存现金收入、支出和结余情况。库存现金日记账一般采用三栏式,也可以采用多栏式。三栏式的基本结构为设置"收入""支出"和"余额"三个金额栏,其格式如表8-4所示。

表 8-4 库存现金日记账

20×9年 月	日	凭证字号	摘要	对方科目	收入(借方) 千百十万千百十元角分	√	支出(贷方) 千百十万千百十元角分	√	余额 千百十万千百十元角分	√
2	1		月初余额						5 0 0 0 0 0 0	
	3	现收1	收取租金	其他业务收入	2 0 0 0 0 0 0				7 0 0 0 0 0 0	
	4	现付1	预付差旅费	其他应收款			1 0 0 0 0 0		6 0 0 0 0 0 0	
			…							

多栏式库存现金日记账就是将收入栏和支出栏内进一步设对方科目,即在收入栏内设应贷科目(借方为库存现金),在支出栏内设应借科目(贷方为库存现金)。在会计实务中,采用多栏式库存现金日记账和银行存款日记账,可以将多栏式日记账各科目发生额作为登记总分类账簿的依据。在收款凭证和付款凭证数量较多时,采用多栏式日记账可以减少收款凭证和付款凭证的汇总编制手续,简化总分类账簿的登记工作,而且可以清晰地反映账户的对应关系,了解货币资金每项收支的来源或用途。采用多栏式库存现金日记账格式时,如果对应账户较多,账页篇幅必然过大,会使登记不便,容易发生错栏串行的错误。为解决这一问题,可以分别设置库存现金收入日记账、库存现金支出日记账,上述三种库存现金日记账的格式如表8-5~表8-7所示(由于版面限制,多栏式日记账采用简化的格式,如金额栏没有采用元角分的形式进行登记、没有设置登账标志"√"等)。

表8-5 多栏式库存现金日记账

20×9年		凭证字号	摘 要	贷方科目			收入合计	借方科目			支出合计	余额
月	日			其他业务收入				其他应收款				
2	1		上月结转									5 000
	3	现收1	收取租金	2 000			2 000					7 000
	4	现付1	预付差旅费					1 000			1 000	6 000
			…									

表8-6 多栏式库存现金收入日记账

20×9年		收款凭证字号	摘 要	贷方科目			收入合计	支出合计	余额
月	日			其他业务收入					
2	1		上月结转						5 000
	3	现收1	收取租金	2 000			2 000	1 000	6 000
			…						

表8-7 多栏式库存现金支出日记账

20×9年		付款凭证字号	摘 要	借方科目			支出合计
月	日			其他应收款			
2	4	现付1	预付差旅费	1 000			1 000
			…				

多栏式库存现金支出日记账应该根据现金付款凭证登记,每日应结出现金支出日记账中当日支出合计数,再转记到库存现金收入日记账中当日"支出合计"栏内;多栏式现金收入日记账应该根据库存现金收款凭证登记,按日结算出每天库存现金收入总数,登记在"收入合计"栏内,并根据转过来的"支出合计",结算出当天库存现金的结存金额。

2. 银行存款日记账

银行存款日记账应按会计主体在银行开立的账户和币种分别设置,其也是由出纳人员根据审核后的各有关银行存款收、付款凭证按编号顺序逐笔登记。对于库存现金存入银行的业务,一般只填制现金付款凭证,不填制银行存款收款凭证,银行存款的收入数,应根据现金付款凭证登记。银行存款日记账应该每日结出账面的结余额,以便于检查监督各项收支款项的发生情况,并便于定期同银行送来的对账单逐笔核对。银行存款日记账的格式,与库存现金日记账相同,一般采用三栏式,也可以采用多栏式。三栏式银行存款日记账如表8-8所示,多栏式银行存款日记账的格式可以参考多栏式库存现金日记账,此处不再赘述。

表 8-8　银行存款日记账

20×9年		凭证字号	摘　要	支票		对方科目	收入(借方)		√	支出(贷方)		√	余　额		√
月	日			种类	号数		千百十万千百十元角分			千百十万千百十元角分			千百十万千百十元角分		
3	1		月初余额										2 0 0 0 0 0		
	2	银收1	收到材料款	转账	476	其他业务收入	2 0 0 0 0 0						4 0 0 0 0 0		
	2	银付1	支付车间设备维修费	转账	512	制造费用				1 0 0 0 0 0			3 0 0 0 0 0		
			…												

四、分类账的设置与登记

分类账按其所记录的经济业务的详细程度划分,分为总分类账和明细分类账。

(一) 总分类账结构及其登记方法

总分类账,简称总账,是对各项经济业务按照总分类账户进行分类登记的会计账簿。由于总分类账能够全面地、总括地反映会计主体的经济活动情况,并为编制会计报表提供资料来源,因此,任何单位都应当设置总分类账。在总分类账中,应按照会计科目的编码顺序分设会计账户,并为每个会计账户预留若干账页。

总分类账的登记依据,取决于所采用的账务处理程序。它可以根据记账凭证逐笔逐日登记,或者根据汇总记账凭证和科目汇总表定期登记,或者根据多栏式库存现金和银行存款日记账于月终时汇总登记。每月应将当月已完成的经济业务全部登记入账,并于月终结出总分类账各账户的本期发生额和期末余额,作为编制会计报表的主要依据。总分类账的格式也因采用的记账方法和账务处理程序不同而异,可以采用三栏式格式,也可以采用按照全部账户开设的多栏式格式。三栏式总账设有"借方""贷方"和"余额"三个金额栏,分别反映某总分类账户的借方发生额和贷方发生额及其余额,"借方"或"贷方"栏表示期末余额的方向。三栏式总分类账的格式和根据记账凭证直接登记总账的过程,如图 8-1 所示。

总分类账究竟应该采用何种方法进行登记,要根据各单位所采用的会计核算组织程序来确定。这些内容将在第十一章里分别加以详细介绍。

转账凭证

20×9 年 4 月 30 日　　　　　　　　　　转字第 32 号

摘 要	总账科目	明细科目	√	借方金额	√	贷方金额	附件
				千百十万千百十元角分		千百十万千百十元角分	
计提税费	税金及附加		√	3 0 0 0 0 0 0			
	应交税费				√	3 0 0 0 0 0 0	2
	合 计			¥ 3 0 0 0 0 0 0		¥ 3 0 0 0 0 0 0	张

会计主管：吴鹏　　　记账：李明　　　　　审核：吴丽　　　　　制单：刘冬

总分类账

会计科目：税金及附加　　　　　　　　　　　　　总第 53 页　分第 1 页

20×9年		凭证字号	摘要	借方	贷方	借或贷	余 额
月	日			千百十万千百十元角分	千百十万千百十元角分		千百十万千百十元角分
4	30	转账32	计提税费	3 0 0 0 0 0 0		借	3 0 0 0 0 0 0

总分类账

会计科目：应交税费　　　　　　　　　　　　　总第 25 页　分第 1 页

20×9年		凭证字号	摘要	借方	贷方	借或贷	余 额
月	日			千百十万千百十元角分	千百十万千百十元角分		千百十万千百十元角分
4	1		月初余额			贷	5 0 0 0 0 0
4	30	转账32	计提税费		3 0 0 0 0 0 0	贷	3 5 0 0 0 0 0

图 8-1　总分登记程序图

在实际工作中,根据需要可在借贷栏内设"对方科目"栏,其格式如表 8-9 所示。

表 8-9　**总分类账**

会计科目：　　　　　　　　　　　　　　　　总第＿页　分第＿页

年		凭证字号	摘 要	借 方		贷 方		借或贷	余 额
月	日			金额	对方科目	金额	对方科目		

总账的格式还可以采用多栏式,其格式如表 8-10 所示。

表 8 - 10 多栏式总分类账

年		凭证字号	摘　要	发生额	科　目		科　目		科　目		科　目	
月	日				借	贷	借	贷	借	贷	借	贷

多栏式总分类账,把序时日记账和总分类账结合在一起,变成了一种联合账簿,故通常称它为"日记总账"。它具有序时日记账和总分类账的双重作用。采用这种账簿,可减少记账工作量,提高效率,并能较全面地反映资金运动的情况,便于分析,适用于经济业务较少的企业和单位。但这种账簿的篇幅较大,不便于保管。不过在实现了会计电算化的单位,采用这种日记账的格式却有许多优点,其格式如表 8 - 11 所示。

表 8 - 11 日记总账

20×9年		凭证字号	摘　要	发生额	库存现金		银行存款		…	原材料	
月	日				借方	贷方	借方	贷方	…	借方	贷方
5	1		上月结转								
	1	银付1	购买材料	900				900		900	
	3	银付2	提取现金	800	800			800			

(二) 明细分类账的设置及其登记方法

明细分类账,简称明细账,是对各项经济业务按照不同的明细分类账户进行分类登记的会计账簿。明细分类账所提供的有关经济活动的详细资料,也是编制会计报表的依据。各单位应根据经营管理的需要为各种材料物资、应收应付款项、费用成本和收入、成果等有关总账科目设置各种明细分类账,进行明细分类核算。明细分类账的登记方法,应根据各单位业务量的大小和经营管理上的需要,以及所记录的经济业务内容而定。明细分类账可以根据原始凭证、汇总原始凭证或记账凭证逐笔登记,也可以根据这些凭证逐月或定期汇总登记。

明细分类账反映的经济业务多种多样,因此其格式也各有不同。比较常用的格式有以下三种。

1. 三栏式明细分类账

三栏式明细分类账的账页格式与三栏式总分类账相同,只设"借方""贷方"和"余额"三个金额栏,主要适用于只需要进行金额核算,不需要进行数量核算的经济业务,如"应收账款""应付账款"等债权、债务结算账户。三栏式明细分类账的格式如表 8 - 12 所示。

表 8－12　明细分类账

一级科目:应收账款

二级科目或明细科目:A企业　　　　　　　　　　　　　　　　总第2页　分第1页

20×9年 月	日	凭证字号	摘要	收入(借方) 千	百	十	万	千	百	十	元	角	分	支出(贷方) 千	百	十	万	千	百	十	元	角	分	借或贷	余额 千	百	十	万	千	百	十	元	角	分	核对
5	1		月初余额																					借					1	0	0	0	0	0	
	5	转账3	销售商品					5	8	5	0	0	0											借					6	8	5	0	0	0	
			…																																

2. 数量金额式明细分类账

数量金额式明细分类账的账页格式和三栏式库存现金日记账的格式很相似,不同的是,它在"收入""支出""结余"三栏内,再分别设置"数量""单价""金额"等栏目。这种格式主要适用于那些既要进行金额明细核算,又要进行数量明细核算的财产物资类项目,如"原材料""库存商品"等账户。数量金额式明细分类账的格式如表8－13所示。

表 8－13　明细分类账

一级科目:原材料　　　　　　　　　　　　　　　　　　　　　　计量单位:元/千克

二级科目或明细科目:A材料　　　　　　　　　　　　　　　　最高储备:

材料规格:　　　　　　　　　　　　　　　　　　　　　　　　最低储备:

20×9年 月	日	凭证字号	摘要	借(收入)方 数量	单价	金额 千	百	十	万	千	百	十	元	角	分	贷(发出)方 数量	单价	金额 千	百	十	万	千	百	十	元	角	分	余(结存)额 数量	单价	金额 千	百	十	万	千	百	十	元	角	分
6	1		月初余额																									500	2					1	0	0	0	0	0
	6	转账3	车间领用													100	2					2	0	0	0	0	400	2					8	0	0	0	0
	10	银付2	购入	1 000	2					2	0	0	0	0	0													1 400	2				2	8	0	0	0	0
			…																																		

3. 多栏式明细分类账

多栏式明细分类账,是在一张账页内按照各明细分类科目或明细项目分设若干专栏,以便集中反映这些明细分类科目或明细项目的全部金额。它主要适用于成本费用类和损益类等账户,如"生产成本""制造费用""管理费用"等账户。在会计实务工作中,由于上述账户主要登记借方金额,所以也称借方多栏式明细账,为简化起见,借方多栏式明细分类账只反映借方金额,发生的很少的几笔贷方发生额可在借方有关项目栏内用红字登记,表示应从借方发生额中冲减。借方多栏式明细分类账的格式如表8－14所示(贷方多栏式明细账的格式可以参考借方多栏式明细分类账,大家可以自己设计和学习)。

表 8-14 明细分类账

总分类账科目:制造费用
明细分类科目:A 车间

总第 9 页　分第 1 页

20×9年		凭证号码	摘要	(借)方余额分析						合计
				材料费	人工费	办公费	折旧费	…		
月	日			百十万千百十元角分	百十万千百十元角分	百十万千百十元角分	百十万千百十元角分	百十万千百十元角分		百十万千百十元角分
7	2	银付1	支付办公费			5 0 0 0 0				5 0 0 0 0
	5	转账3	领料	3 0 0 0 0						3 0 0 0 0
			…							
	30	转账19	车间管理人员薪酬		7 4 0 0 0 0					7 0 0 0 0 0
	30	转账20	计提结转折旧费用				1 9 5 4 0 0 0			1 9 5 4 0 0 0

对于某一采用转账支票购买材料的经济业务(为简化起见不考虑购买原材料应交的增值税),将其记入相关账户的过程如图 8-2 所示。

图 8-2　总账、明细账和日记账的登记程序图

五、备查账的设置与登记

备查账是对某些在日记账和分类账等主要账簿中未能记载或记载不全的事项进行补充登记的账簿,这种账簿属于备查性质的辅助登记,没有固定的格式,各单位可根据实际需要加以设计。备查账簿的记录不列入本单位的会计报表,如"租入固定资产登记簿"等,其格式如表8-15所示。

表8-15　租入固定资产登记簿

固定资产名称及规格	租约合同号数	租出单位	租入日期	租　金	使用部门		归还日期	备　注
					日　期	单　位		

第三节　会计账簿的启用与登记规则

一、会计账簿的启用规则

(1)启用会计账簿时,应当在账簿封面上写明单位名称和账簿名称。在账簿扉页上应当附启用表,内容包括:启用日期、账簿页数、记账人员和会计机构负责人、会计主管人员姓名,并加盖名章和单位公章,同时按税务部门的规定粘贴印花税票。

(2)记账人员或者会计机构负责人、会计主管人员调动工作或者离职时,必须与接管人员办清交接手续。一般会计人员办理交接手续,由会计机构负责人(会计主管人员)监交;会计机构负责人(会计主管人员)办理交接手续,由单位负责人监交,必要时主管单位可以派人会同监交;未办清交接手续的,不予办理调动或者离职手续。交接时应当注明交接日期、接管人员或者监交人员姓名,并由交接双方人员签名或者盖章

(3)启用订本式账簿,应当从第一页到最后一页顺序编定页数,不得跳页、缺号。使用活页式账页,应当按账户顺序编号,并须定期装订成册。装订后再接实际使用的账页顺序编定页码。另加目录,记明每个账户的名称和页次。

二、会计账簿的登记规则

我国的《会计基础工作规范》规定,会计人员应当根据审核无误的会计凭证连续、系统地登记会计账簿,不能错记、漏记和重记。登记账簿的基本要求如下:

(1)登记会计账簿时,应当将会计凭证日期、编号、业务内容摘要、金额和其他有关资料逐项记入账内;做到数字准确、摘要清楚、登记及时、字迹工整。

(2)登记完毕后,要在记账凭证上签名或者盖章,并注明已经登账的符号,表示已经记账。

（3）账簿中书写的文字和数字上面要留有适当空格，不要写满格；一般应占格距的二分之一。

（4）登记账簿要用蓝黑墨水或者碳素墨水书写，不得使用圆珠笔（银行的复写账簿除外）或者铅笔书写。

（5）下列情况，可以用红色墨水记账：按照红字冲账的记账凭证，冲销错误记录；在不设借贷等栏的多栏式账页中，登记减少数；在三栏式账户的余额栏前，如未印明余额方面的，在余额栏内登记负数余额；根据国家统一会计制度的规定可以用红字登记的其他会计记录。

（6）各种账簿按页次顺序连续登记，不得跳行、隔页。如果发生跳行、隔页，应当将空行、空页画线注销，或者注明"此行空白""此页空白"字样，并由记账人员签名或者盖章。

（7）凡需要结出余额的账户，结出余额后。应当在"借或贷"等栏内写明"借"或者"贷"等字样。没有余额的账户，应当在"借或贷"等栏内写"平"字，并在余额栏内用"0"表示。库存现金日记账和银行存款日记账必须逐日结出余额。

（8）每一账页登记完毕结转下页时，应当结出本页合计数及余额，写在本页最后一行和下页第一行有关栏内，并在摘要栏内注明"过次页"和"承前页"字样；也可以将本页合计数及金额只写在下页第一行有关栏内，并在摘要栏内注明"承前页"字样。对需要结计本月发生额的账户，结计"过次页"的本页合计数应当为自本月初起至本页末止的发生额合计数；对需要结计本年累计发生额的账户，结计"过次页"的本页合计数应当为自年初起至本页末止的累计数；对既不需要结计本月发生额也不需要结计本年累计发生额的账户，可以只将每页末的余额结转次页。

三、错账的更正规则

会计账簿记录发生错误或者隔页、缺号、跳行的，不准涂改、挖补、刮擦或者用药水消除字迹，不准重新抄写，应当按照国家统一的会计制度规定的方法更正，并由会计人员和会计机构负责人（会计主管人员）在更正处盖章。使用电子计算机进行会计核算的，其会计账簿的登记、更正，应当符合国家统一的会计制度的规定。

（一）划线更正法

在结账前发现账簿记录有文字或数字错误，而记账凭证没有错误，则需要采用划线更正法。更正时，应当将错误的文字或数字上划一条红线注销，但必须使原有字迹仍可辨认，然后在红线的上方填写正确的文字或数字，并由记账及相关人员在更正处盖章以明确责任。对于错误的数字，应全部划红线更正，不得只更正其中的错误数字。对于文字错误，可只划去错误的部分。

（二）红字更正法

记账后在当年内发现记账凭证所记的会计科目错误，或者会计科目无误而所记金额大于应记金额，从而引起记账错误，则需要采用红字更正法。更正方法是：记账凭证会计科目错误时，先用红字金额编制一张内容与错误记账凭证完全相同的记账凭证，并在摘要栏中写明"更正第×号凭证错误"，并据以用红字金额登记入账，冲销原有的错误记录，然后用蓝字编制一张正确的记账凭证，并据以记账；如果记账凭证会计科目无误而所记金额大于应记金额时，按多记的金额用红字编制一张与原记账凭证应借、应贷科目完全相同的记账凭证，并在摘要栏内注明"冲转第×号凭证等证数"，并据以记账，以冲销原来多记的金额。

【例 8－1】 从蓝天公司购入甲种材料一批,买价 2 000 元,发票账单已到达企业,但材料未到,贷款未付,并编制记账凭证和登记入账。

借:原材料——甲材料   2 000
    应交税费——应交增值税(进项税额)   260
    贷:应付账款——蓝天公司   2 260

期末经过对账发现,原编记账凭证有错误,因为企业采购材料,尚未验收入库,应先通过"在途物资"账户来归集材料买价和采购费用,确定材料采购成本,然后才能转入"原材料"账户中。这属于第一种情况,因此应用红字更正法来加以更正。

首先,用红字金额编制一张与原记账凭证相同的转账凭证,并用红字登记入账。

借:原材料——甲材料   2 000

    应交税费——应交增值税(进项税额)   260

    贷:应付账款——蓝天公司   2 260

其次,再用蓝字金额编制一张正确的转账凭证,并用蓝字登记入账。

借:在途物资——蓝天公司   2 000
    应交税费——应交增值税(进项税额)   260
    贷:应付账款——蓝天公司   2 260

【例 8－2】 以库存现金 1 000 元存入银行,在填制记账凭证时,误将金额填为 10 000 元,并已记入账簿中。

借:银行存款   10 000
    贷:库存现金   10 000

更正时,应将多记的金额 9 000 元用红字编制一张与原记账凭证内容相同的记账凭证,并用红字登记入账,以冲减多记金额:

借:银行存款   9 000

    贷:库存现金   9 000

(三) 补充登记法

记账后发现记账凭证填写的会计科目无误,只是所记金额小于应记金额时,则应采用补充登记法。更正方法是:按少记的金额用蓝字编制一张与原记账凭证应借、应贷科目完全相同的记账凭证,并在摘要栏内注明"补充第×号凭证少计数",并据以记账,以补充原来少记的金额。

【例 8－3】 收到购买单位蓝天公司偿还前欠货款 7 200 元存入银行。在填制记账凭证时,误将金额填为 2 700 元,并已据以登记入账:

借:银行存款   2 700
    贷:应收账款——蓝天公司   2 700

更正时,应将少记的金额用蓝字填制一张与原错误记账凭证应借、应贷科目完全相同的记账凭证,并用蓝字登记入账,以增加原少记金额。

借:银行存款   4 500
    贷:应收账款——蓝天公司   4 500

第四节　对账和结账

一、对账

(一) 对账的含义

对账就是核对账目,一般是在会计期间(月份、季度、年度)终了时,检查和核对账证、账账、账实是否相符,以确保会计账簿记录的正确性。会计人员在填制和审核会计凭证、设置和登记会计账簿等一系列工作中出现的差错,因管理工作不善而带来的财产管理中的各种问题以及其他一些因素的影响,都可能给会计账簿记录的真实性、完整性带来影响。为了保证会计账簿记录的真实、正确、可靠,必须对会计账簿和账户所记录的有关数据加以检查和核对。

(二) 对账的内容

各单位应当定期对会计账簿记录的有关数字与库存实物、货币资金、有价证券、往来单位或者个人等进行相互核对,保证账证相符、账账相符、账实相符。对账工作每年至少进行一次。对账的内容一般包括如下几个方面。

1. 账证核对

账证核对是指核对会计账簿记录与原始凭证、记账凭证的时间、凭证字号、摘要内容、金额是否一致,记账方向是否相符。这种核对主要是在日常编制审核会计凭证和账簿登记过程中进行的。必要时,也可以采用抽查核对和目标核对的方法进行。核对的重点是会计凭证所记载的业务内容、金额和分录是否与会计账簿中的记录一致。若发现差错,应重新对账簿记录和会计凭证进行复核,直到查出错误的原因为止,以保证账证相符。

2. 账账核对

账账核对是对不同类型会计账簿之间的账簿记录是否相符进行核对。账账核对包括:① 总分类账各账户的借方期末余额合计数与贷方期末余额合计数核对相符;② 明细分类账各账户的余额合计数与有关的总分类账的余额核对相符;③ 库存现金、银行存款两种特种日记账的期末余额与其总分类账账户的借方余额核对相符;④ 会计部门各种财产物资明细分类账的期末余额与保管或使用部门的财产物资明细分类账的期末余额核对相符。

3. 账实核对

账实核对就是将会计账簿记录和实际的物资、款项等内容进行核对。账实核对包括库存现金日记账账面余额与库存现金实际库存数相互核对;银行存款日记账账面余额与银行存款各账户的银行对账单相互核对;各种材料物资明细账账面余额与材料物资实存数额相互核对;各种应收、应付款项明细账账面余额与有关的债权、债务单位或者个人相互核对;等等。保证账实相符,一般通过各单位的财产清查来进行。

二、结账

(一) 结账的含义

结账就是把一定时期内所发生的经济业务,在全部登记入账的基础上,结算出每个账户的本期发生额和期末余额,并将期末余额转入下期或下年的新账(期末余额结转到下期即为下期期初余额）。各单位应当按照规定定期结账。根据会计分期的不同,结账工作相应的可以在月末、季末、年末进行,但不能为减少本期的工作量而提前结账,也不能将本期的会计业务推迟到下期或编制报表之后再进行结账。对资产、负债和所有者权益等实账户可以在会计期末直接结账,而对那些收入、费用等虚账户,因为它们在结账前应按权责发生制要求先进行调整。所以,应在调整之后再结账。

通过结账,有利于企业管理者定期总结生产经营情况,对不同会计期间的数据资料进行比较分析,以便发现问题,进而采取措施及时解决;通过结账,也有利于编制会计报表,提供会计报表所需的数据资料,满足与企业有利益关系的投资者、债权人做出正确的投资信贷决策和国家进行宏观调控的要求。另外,企业因撤销、合并而办理账务交接时,也需要办理结账手续。

（二）结账的步骤

（1）检查结账日止以前所发生的全部经济业务是否都已经登记入账。检查会计账簿记录的完整性和正确性,不能漏记、重记每一项经济业务,也不能有错误的记账分录。值得注意的是各种收入和费用应该按照权责发生制的要求进行处理。

（2）编制结账分录。在有关经济业务都已经登记入账的基础上,要将各种收入、成本和费用等损益类账户的余额进行结转,编制各种转账分录,把上述损益类账户的余额结转到本来利润账户,再编制利润分配的会计分录。

（3）计算发生额和余额。计算出各账户的发生额和余额,并进行结转,最终计算出资产、负债和所有者权益类账户的本期发生额和余额。

（三）结账的方法

结账分为月结、季结和年结三种。月度结账时,应该结出本月借、贷双方的月内发生额合计和期末余额,在摘要栏内注明"本月合计"字样,并在数字上、下面通栏各画一条单红线,以表示本月账簿记录已经结束;季度结账应在本季度最后一个月的结账数字的红线下边一行,把本季度三个月的借、贷双方"本月合计"数汇总,并在摘要栏内注明"本季合计"字样,在数字下面通栏画一条单红线,以表示本季度账簿记录已经结束;年度结账时,应将四个季度的借、贷双方"本季合计"数加以汇总,在摘要栏内注明"本年合计"字样,并在数字下面通栏画一条双红线,表示本年度账簿记录已经结束。年度终了结账时,所有总账账户都应当结出全年发生额和年末余额。各账户的年末余额,应转入下一会计年度的新账簿。

（1）对不需按月结计本期发生额的账户,每次记账以后,都要随时结出余额,每月最后一笔余额即为月末余额。月末结账时,只需要在最后一笔经济业务事项记录之下通栏画一条单红线,不需要再结计一次余额。

（2）库存现金、银行存款日记账和需要按月结计发生额的收入、费用等明细账,每月结账时,先在最后一笔经济业务下面画通栏单红线,然后结出本月发生额和余额,在摘要栏内注明"本月合计"字样,并在下面通栏画一条单红线。

（3）需要结计本年累计发生额的某些明细账户,每月结账时,应在"本月合计"行下结出自年初起至本月末止的累计发生额,登记在月份发生额下面,在摘要栏内注明"本年累计"字样,并在下面划通栏单红线。12月月末的"本年累计"就是全年累计发生额,即"本年合计"。

（4）总账账户平时只需结出月末余额。年终结账时,将所有总账账户结出全年发生额和年末余额,在摘要栏内注明"本年合计"字样,并在合计数下通栏画一条双红线。

（5）年度终了结账时,有余额的账户,要将其余额结转下一会计年度,并在摘要栏注明"结转下年"字样;在下一会计年度新建有关会计账簿的第一行余额栏内填写上年结转的余额,并在摘要栏注明"上年结转"字样。上述结账方法举例如表8-16所示。

表 8-16　总分类账

会计科目:生产成本　　　　　　　　　　　　　　　　　　　　　　　　总第12页　分第1页

20×9年 月	日	凭证字号	摘要	借方	贷方	借或贷	余额
1	1		上年结转			借	1 2 0 0 0 0 0
		略					
1	31		本月合计	4 0 0 0 0 0 0	3 0 0 0 0 0 0	借	2 2 0 0 0 0 0
		略					
12	31		本月合计	3 0 0 0 0 0 0	2 5 0 0 0 0 0	借	1 5 0 0 0 0 0
12	31		本季合计	1 3 0 0 0 0 0	7 0 0 0 0 0	借	1 5 0 0 0 0 0
12	31		本年累计	2 6 0 0 0 0 0	2 4 5 0 0 0 0	借	1 5 0 0 0 0 0
			结转下年				

注:单粗线表示单红线(月、季结),双粗线表示双红线(年结)。

第五节　会计账簿的更换与保管

一、会计账簿的更换

账簿的更换是指在会计年度终了时,将上年度的账簿更换为次年度的新账簿。在每一会计年度结束,新一会计年度开始时,应按会计制度的规定,更换一次总账、日记账和大部分明细账。变动较小的部分明细账还可以继续使用,年初可以不必更换账簿,如固定资产明细账或固定资产卡号以及备查账簿等。

更换账簿时,应将上年度各账户的余额直接记入新年度相应的账簿中,并在旧账簿中各账户年终余额的摘要栏内加盖"结转下年"戳记。同时,在新账簿中相关账户的第一行摘要栏内加盖"上年结转"戳记,并在余额栏内记入上年余额。

二、会计账簿的保管

会计档案包括会计凭证、会计账簿、财务会计报告和采用磁带、磁盘、光盘、微缩胶片等介质存储的会计数据、会计软件资料以及其他会计资料。所以,会计账簿是会计工作的重要历史资料,也是重要的会计档案,在经营管理中具有重要的作用。因此,各单位都应按照我国《会计档案管理办法》的规定,加强对会计账簿的管理,做好会计账簿的保管工作。会计账簿日常应由各自分管的记账人员专门保管,未经单位领导和会计负责人或有关人员批准,不许非经管人员翻阅、查看、摘抄和复制。会计账簿除非特殊需要或司法介入要求,一般不允许携带外出。

年度终了必须更换新的账簿。一般来说,总分类账、日记账和多数明细分类账应每年更换一次,但有些财产物资明细和债权债务明细账,由于材料品种、规格和往来单位较多,更换新账时重抄一遍工作量较大,因此,可以跨年度使用,不必每年更换一次。各种备查簿也可以连续使用。对于已被更换和使用过的账簿,各单位必须进行必要的整理后移交档案管理部门。会计账簿在归档前,应将各种活页式和卡片式账簿连同账簿启用和经管人员一览表一起装订成册,加上封面;同时应将各种会计账簿统一编号,编制归档账簿目录,然后移交档案部门保管。

会计账簿和会计凭证、会计报表都是重要的会计档案,各单位必须按照《会计档案管理办法》的保存年限进行保管,不得丢失和随意销毁。对于保存期满可以销毁的账簿,必须填写清单,按规定程序报经批准后,在专人监督下才能销毁。有关企业会计账簿的保管期限(自年度终了后第一天算起)如表 8-17 所示。

表 8-17　企业会计账簿保管期限表

账簿名称	保管期限	备　注
日记账	15 年	
其中:库存现金和银行存款日记账	25 年	
总分类账(包括日记总账)	15 年	
明细分类账	15 年	
固定资产卡片	5 年	自固定资产清理后算起
备查账簿	15 年	

本章小结

设置会计账簿是会计核算的重要环节之一。本章讲述了为什么设置会计账簿,应设置哪些会计账簿,重点说明总分类账、明细分类账、特种日记账等会计账簿的设置和登记方法及登记账簿的原则。为了保证会计账簿记录的真实、正确、可靠,在结账之前,需要对账,对账的内容有账证核对、账账核对和账实核对。为了编制会计报表,在一定时期结束时(如年末、季末或年末),需要进行结账,即结出本期发生额和期末余额。同时本章还介绍了错账更正的划线更正法、红字更正法和补充登记法,以及会计账簿的更换与保管规则等。本章内容主要以手工记账为介绍内容。

记账凭证填制
登账和结账说明

关键术语

会计账簿	accounting book	序时账簿	chronological book
普通日记账	general journal	特种日记账	special journal
总分类账簿	general ledger	明细分类账簿	subsidiary ledger
备查账簿	reference book		
划线更正法	correct by drawing a straight line		
红字更正法	correct by using red ink	补充登记法	correct by extra recording
对账	check account	结账	close account

思考题

1. 什么叫会计账簿？设置会计账簿有哪些意义？
2. 会计账簿有几种分类方法？请简要阐述。
3. 简要说明特种日记账、总分类账、明细分类账的格式及特点？
4. 登记会计账簿有哪些规则？会计人员应该如何进行错账更正？
5. 什么是对账和结账？应该如何进行对账和结账？
6. 简要说明会计账簿更换与保管的方法。

自测题

一、单项选择题

1. 必须逐日逐笔登记的会计账簿是（　　）。
   A. 明细分类账　　　　　B. 总分类账　　　　　C. 日记账　　　　　D. 备查账

2. 不能作为银行存款日记账登记依据的是（　　）。
   A. 库存现金收款凭证　　　　　　　　　B. 部分库存现金付款凭证
   C. 银行存款收款凭证　　　　　　　　　D. 银行存款付款凭证

3. 可以采用三栏式的明细账是（　　）。
   A. 原材料明细账　　　　　　　　　　　B. 制造费用明细账
   C. 固定资产明细账　　　　　　　　　　D. 预收账款明细账

4. 结账前发现账簿的文字或数字发生错误，但凭证没有错误，可以采用的错账更正方法是（　　）。
   A. 划线更正法　　　　B. 红字更正法　　　　C. 补充登记法　　　D. 可以更换账簿

5. 以下属于对账中账证核对的内容是（　　）。
   A. 银行存款日记账的账面余额与开户银行账目定期核对
   B. 银行存款总分类账户的期末余额与银行存款日记账的期末余额核对
   C. 库存现金日记账与某日收款凭证核对
   D. 总分类账户的期末余额与明细分类账的期末余额核对

6. 下列关于从银行提取库存现金业务的做法中，正确的是（　　）。
   A. 根据库存现金收款凭证登记银行存款日记账
   B. 根据库存现金收款凭证登记库存现金日记账
   C. 根据银行存款付款凭证和库存现金收款凭证登记库存现金日记账和银行存款日记账
   D. 根据银行存款付款凭证登记库存现金日记账和银行存款日记账

7. 在不设借贷等栏的多栏式账页中，（　　）登记减少数。
   A. 用负数　　　　　　B. 用红字　　　　　C. 用蓝字　　　　D. 专设一栏

8. 结账时，应当划通栏双红线的情形是（　　）。
   A. 12月月末结出全年累计发生额后

B. 各月月末结出本年累计发生额后

C. 结出本季累计发生额后

D. 现金日记账每天结账时

9. 下列选项中,关于账账核对的内容表述不正确的是(　　)。

　　A. 总分类账簿之间的核对

　　B. 总分类账簿与备查账簿之间的核对

　　C. 总分类账簿与所属明细账簿之间的核对

　　D. 总分类账簿与序时账簿之间的核对

10. 对"开出现金支票支付生产车间水电费51 000元"这项业务,若发生记账错误,下列做法中正确的是(　　)。

　　A. 若编记账凭证时无误,账簿记录中将51 000元误记为15 000元,应采用补充登记法予以更正

　　B. 若编记账凭证时将51 000元误记为510 000元,会计科目正确,且已登记入账,应采用划线更正法予以更正

　　C. 若编记账凭证时将贷方科目记为"库存现金",金额记为15 000元,且已登记入账,应采用补充登记法予以更正

　　D. 若编记账凭证时将借方科目记为"管理费用"且已登记入账,应采用红字更正法予以更正

二、多项选择题

1. 任何企事业单位都必须设置的账簿有(　　)。

　　A. 日记账　　　　　　B. 辅助账簿　　　　　C. 总分类账簿　　　D. 备查账簿

　　E. 明细分类账

2. 下列账簿必须采用订本式账簿的是(　　)。

　　A. 明细分类账　　　　B. 总分类账　　　　　C. 库存现金日记账

　　D. 银行存款日记账　　E. 备查账

3. 下列各项账簿中,可以采用多栏式明细账的是(　　)。

　　A. 生产成本　　　　　B. 销售费用　　　　　C. 原材料　　　　D. 应付账款

　　E. 制造费用

4. 明细分类账可以采用的格式有(　　)。

　　A. 三栏式账簿　　　　B. 多栏式账簿　　　　C. 数量金额式账簿

　　D. 订本式账簿　　　　E. 备查账簿

5. 下列情况,可以使用红色墨水记账的有(　　)。

　　A. 按照红字冲账的记账凭证,冲销错误记录

　　B. 在不设借贷的多栏式账页中,登记减少数

　　C. 在三栏式账户的余额前,如未印明余额方向的,在余额栏内登记负数余额

　　D. 进行年结、月结时画线

　　E. 补充登记时

6. 下列有关现金日记账的格式和登记方法的说法中,正确的有(　　)。

　　A. 现金日记账必须使用订本账

B. 对于从银行提取现金的业务,应根据有关现金收款凭证登记

C. 现金余额的计算公式为:本日余额＝上日余额＋本日收入－本日支出

D. "年""月""日""凭证号数""摘要""对方科目"均按现金收款凭证、现金付款凭证以及银行存款付款凭证逐日逐笔序时登记

7. 下列各种账簿中,属于必须逐日结出余额的有( )。

A. 库存现金总账　　　　　　　　　　B. 银行存款总账

C. 库存现金日记账　　　　　　　　　D. 银行存款日记账

8. 下列关于总分类账格式的说法中,正确的有( )。

A. 总分类账最常用的格式为三栏式,设置借方、贷方和余额三个基本金额栏目

B. 所有单位都要设置总分类账

C. 总分类账必须采用订本式账簿

D. 总分类账是根据总账科目或明细科目开设账页

9. 下列各种工作的错误,应当用红字更正法予以更正的是( )。

A. 在登记账簿时将 256 元误记为 265 元,记账凭证正确无误。

B. 在填制记账凭证时,误将"应收账款"科目填写"应付账款",并已登记入账

C. 在填制记账凭证时,误将 3 000 元填作 300 元,尚未入账

D. 记账凭证中的借贷方向用错,并已入账

10. 关于会计账簿的更换,正确的说法有( )。

A. 会计账簿的更换通常在新会计年度建账时进行

B. 总账、日记账和多数明细账应每年更换一次

C. 变动较小的部分明细账可以连续使用

D. 各种备查账簿可以连续使用

三、判断题

1. 在特殊情况下各单位也可以采用银行对账单来代替银行存款日记账。　　　　( )

2. 总分类账可以采用订本式账簿,账页格式一般为多栏式。　　　　　　　　( )

3. 所有的总分类账和明细分类账都是根据记账凭证来登记的。　　　　　　　( )

4. 某会计人员在填制记账凭证时,误将 6 500 元记为 5 600 元,并已登记入账。月末结账前发现错误,更正时应采用划线更正法。　　　　　　　　　　　　　　　　( )

5. 会计账簿是重要的经济档案和历史资料,必须长期保存,不得销毁。　　　　( )

6. 现金日记账是用来核算和监督现金每天的收入、支出和结存情况的账簿,其格式有三栏式和多栏式两种。无论采用三栏式还是多栏式,都必须使用订本式。　　　　( )

7. 由于编制的记账凭证会计科目错误,导致账簿记录错误,更正时,可以将错误的会计科目划红线注销,然后,在划线上方填写正确的会计科目。　　　　　　　　( )

8. 登记账簿时,发生的空行、空页一定要补充书写,不得注销。　　　　　　　( )

9. 每一账页登记完毕结转下页时,应当结出本页合计数及余额,写在本页最后一行和下页第一行有关栏内,并在摘要栏内注明"过次页"和"承前页"字样。　　　　　( )

10. 现金和银行存款日记账月末结账时一般只需在最后一笔业务下通栏划单红线即可。

（　　）

练习题

资料:某企业将账簿记录与记账凭证进行核对时,发现下列经济业务内容的账簿记录有误:

(1) 签发转账支票 3 000 元预付本季度办公用房租金。原编记账凭证的会计分录为:

借:应付账款——房租金   3 000

    贷:银行存款   3 000

(2) 结转本月实际完工产品的生产成本 49 000 元。原编记账凭证的会计分录为:

借:库存商品——A 产品   94 000

    贷:生产成本——A 产品   94 000

(3) 购入甲材料一批,计货款 6 780 元(含增值税 13%)。原编记账凭证的会计分录为:

借:物资采购——甲材料   6 780

    贷:银行存款   6 780

(4) 计提本月生产车间固定资产折旧费 4 100 元。原编记账凭证的会计分录为:

借:管理费用——折旧费   1 400

    贷:累计折旧   1 400

(5) 结算本月应付职工工资,其中生产工人工资为 14 000 元,管理人员工资为 3 400 元。原编记账凭证的会计分录为:

借:生产成本——A 产品   1 400

    管理费用——工资费用   340

    贷:应付职工薪酬——工资   1 740

要求:将上列各项经济业务的错误记录,分别以适当的错账更正方法予以更正。

第九章

财产清查

学习目标

　　财产清查是企事业单位检查本单位财产物资账实相符情况的重要手段,也是重要的会计核算方法。通过本章的学习,要求理解财产清查的内涵和意义;了解财产清查的分类和程序,掌握不同财产物资的清查方法及清查结果的财务处理;掌握银行存款余额调节表的编制。

导入案例

　　由于公司业务员嗜好赌博,竟然利用自己保管用户扣款储蓄卡的便利,擅自挪用数十万元客户汇入的还贷资金用于赌博。20×8 年 4 月 16 日,福建省建瓯市检察院以职务侵占罪依法批准逮捕了犯罪嫌疑人留某。

　　留某在 20×7 年 5 月和 8 月先后受聘担任建瓯市一家汽贸集团及其子公司的业务员,主要从事为购车用户按揭贷款和保管用户扣款储蓄卡工作。任职期间,她利用职务之便,先后多次将母公司 11 名客户汇入工行储蓄卡账户上的还贷资金 9.8 万余元和子公司 42 名客户汇入工行储蓄卡账户上的还贷资金 36 万余元挪用,用于赌博挥霍一空。被所在公司发现后,留某潜逃。20×8 年 3 月,被网上追逃的留某在厦门市一家酒店登记入住后,被当地警方抓获。

　　(资料来源:检察日报,http://newspaper.jcrb.com/html/2012-04/22/content_97584.htm.)

　　思考:这说明企业在管理上存在什么问题? 如何防范?

第一节　财产清查概述

一、财产清查的概念

　　企业的各项财产包括货币资金、存货、固定资产和各项债权。各项财产物资的增减变动和结存情况都是通过账簿记录如实地加以反映。为了保证账簿记录的正确性,必须对财产物资进行定期或不定期地清点和审查工作,即财产清查。

　　财产清查是指通过对各项财产物资、货币资金和往来账项的实地盘点、核对和查询,来确定其账面结存数额与实际结存数额是否一致,以保证账实相符的一种会计专门方法。

　　在实际工作中,由于各种原因,财产物资的账簿记录与其实际结存数有时不相符。一般说来,造成账实不符主要有以下几方面的原因：

（1）财产物资在保管中有时会发生自然损耗。

（2）财产物资在保管中有时会发生因水灾、火灾、风灾等自然灾害造成的非正常损失。

（3）收发错误。在财产物资的收发过程中,有时可能发生错收、错付、计量检验不准确等情况,从而使原始凭证填列的数字与实际情况不相符。

（4）因财产物资的各种管理制度尚未建立或健全,或者财产物资管理人员玩忽职守所造成的财产物资的破损、变质或短缺。

（5）会计记账工作或计算上可能出现的差错。

（6）不法分子的贪污盗窃、营私舞弊等。

除上述原因所造成的财产物资在数量、质量上的账实不符以外,还存在各种隐性的账实不符情况。对这些隐性的账实不符情况,也应进行认真清查。例如,由于企业经营管理不善,或由于企业外部环境的变化,所产生的某些财产物资虽然数量上账实相符,但已明显地产生了价值的贬低;再如有些应收款项因长期未经清偿而变为呆账或坏账等。

二、财产清查的意义

财产清查是一种重要的会计核算方法和内部控制制度,不仅有利于保护财产物资的安全完整,加强资源的管理,提高财产物资的利用效率,同时有利于账实相符的真正实现,对于保证会计信息的真实性和可靠性具有非常重要的意义。

（1）保护财产的安全和完整。通过财产清查,可以查明企业的财产物资是否完整,有无缺损、霉变现象,以便加强管理,堵塞漏洞。企业应当建立实物资产管理的岗位责任制度,对实物资产的验收入库、领用、发出、盘点、保管及处置等关键环节进行控制,防止各种实物资产被盗、毁损和流失;改进各项财产管理工作,建立、健全各级责任制,以确保财产物资的安全和完整。

（2）促进企业加速资金周转。通过财产清查,特别是对债权债务的清查,可以促进其及时结算,及时发现坏账并予以处理。同时还可以查明企业的财产物资有无过多积压、占用不合理的情况,从而促使企业管理当局尽早采取措施处理,促进企业加速资金周转,提高资金使用效率。

（3）提高会计核算资料的质量,保证会计核算资料的真实可靠。通过财产清查,确定出各项财产物资、货币资金及债权债务的实存数,并与账存数进行对比,找出两者的差异,确定盘盈、盘亏,并及时调整账簿记录,做到账实相符,以保证账簿记录的真实性,为决策提供真实、可靠的会计信息。

（4）加强财产物资保管人员的责任感,保证财经纪律和结算纪律的执行。通过财产清查,可及时发现贪污盗窃、挪用公款等犯罪行为;查明各项资金使用是否合理,促使经办人员自觉遵守结算纪律和国家财政、信贷的有关规定,加强保管人员的岗位责任感。

三、财产清查的种类

财产清查按照不同的标准有不同的分类。

（一）按照财产清查的对象和范围的不同分类

1. 全面清查

全面清查就是对属于本单位或存放在本单位的所有财产物资、货币资金和各项债权债务进行全面盘点和核对。对资产负债表所列项目，要逐一盘点、核对。全面清查的内容多，范围广，一般出现以下情况就必须进行一次全面清查：

（1）年终决算之前，要进行一次全面清查。

（2）单位撤销、合并或者改变其隶属关系时，要进行一次全面清查，以明确经济责任。

（3）开展资产评估、清产核资等专项经济活动，需要进行全面清查，摸清家底，以便有针对性地组织资金供应。

2. 局部清查

局部清查就是根据管理的需要或依据有关规定，对部分财产物资、债权债务进行盘点和核对。通常情况下，对于流动性较大的材料物资，除年度清查外，年内还要轮流盘点或重点抽查；对于贵重物资，每月都应清查盘点一次；对于现金，应由出纳人员当日清点核对；对于银行存款，每月要同银行核对一次；对于各种应收账款，每年至少核对一至两次。

（二）按照清查时间的不同分类

1. 定期清查

定期清查就是按事先的计划安排时间对财产物资、债权债务进行的清查。一般是放在年度、季度、月份、每日结账时进行。例如，每日结账时，要对库存现金进行账实核对；每月结账时，要对银行存款日记账进行对账。定期清查可以是全面清查，也可以是局部清查。

2. 不定期清查

不定期清查是事先并无计划安排，而是根据实际需要所进行的临时性清查。通常在出现以下几种情况时，就需要开展不定期检查。

（1）更换现金出纳和财产物资保管人员时，应对相关的出纳人员和实物保管人员进行清查以分清经济责任。

（2）当发生意外损失和非常灾害时，应对单位所受损失的相关财产物资进行清算，以查明损失情况。

（3）当企业关、停、并、转、清产核资、破产清算时，应对相关单位的各项财产物资、货币资金、债权、债务进行及时清查，以摸清家底。

不定期清查，可以是局部清查，也可以是全面清查。

四、财产清查前的准备工作

财产清查是一项非常复杂、细致的工作，它不仅是会计部门的一项重要任务，而且是各个财产物资经营部门的一项重要职责。为了妥善地做好财产清查工作，使它发挥应有的积极作用，必须在清查前，特别是全面清查以前，协调各方面力量，做好充分准备，成立清查组织。由于全面清查，涉及面较广，工作量较大，必须成立专门的清查组织，具体负责财产清查的组织和管理。清查组织应由会计、业务、仓储等相关业务部门的人员组成，并由相关的主管人员负责清查组织的各项工作。

其次，还应该做好业务准备工作。为做好财产清查工作，会计部门以及相关业务部门应在清查组织的指导下，做好各项相关的业务准备工作，重点是做好以下三方面工作：

（1）会计部门应在财产清查之前，将有关账簿登记齐全，结出余额，做好账簿准备，为账实核对提供正确的账簿资料。

（2）财产物资的保管使用等相关业务部门，应登记好所经管的全部财产物资明细账，并结出余额。将所保管以及所用的各种财产物资归位整理好，贴上标签，标明品种、规格和结存数量，以便盘点核对。

（3）准备好各种计量器具和清查登记用的清单、表册。通常有"盘存表""实存账存对照表""未达账项登记表"等。

在完成以上各项准备工作以后，就应该由清查人员依据清查对象的特点，预先确定的清查目的，采用合适的清查方法，实施财产清查和盘点。

第二节　财产清查的内容与方法

财产清查是一项涉及面广、工作量大的工作，为了保证财产清查工作的质量，提高工作效率，达到财产清查的目的，确定各项财产清查的方法是很有必要的。

一、货币资金的清查

货币资金的清查包括对库存现金、银行存款和其他货币资金的清查。

（一）库存现金的清查

库存现金的清查的基本方法是实地盘点法，即确定库存现金的实存数，再与库存现金日记账的账面余额核对，以查明盈亏情况。在进行库存现金清查时，为了明确经济责任，出纳员必须在场。在清查过程中不能用白条抵库，即不能用不具有法律效力的借条、收据等抵充库存现金。现金盘点后，应根据盘点的结果及时与库存现金日记账核对，并填制"库存现金盘点报告表"。库存现金盘点报告表也是重要的原始凭证，它既起"盘存单"的作用，又起"实存账存对比表"的作用，"库存现金盘点报告表"应由盘点人员和出纳员共同签章方能生效，其格式见表9-1。

表9-1　库存现金盘点报告表

单位名称：　　　　　　　　　　　　　年　月　日

实存金额	账存金额	实存与账存对比		备　注
		盘盈	盘亏	

盘点人签章：　　　　　　　　　　　　　　　　　　出纳员签章：

（二）银行存款的清查

银行存款的清查，是采用与开户银行核对账目的方法进行的，即将本单位的银行存款日记账与开户银行转来的对账单逐笔进行核对。如果双方账目不一致，其主要原因有两个：一是双方账可能发生不正常的错账、漏账；二是存在未达账项。

未达账项，是指企业和银行之间由于记账时间不一致而发生的一方已经入账，而另一方尚未入账的事项。未达账项一般分为以下四种情况：

（1）企业已收款记账，银行未收款未记账的款项；

（2）企业已付款记账，银行未付款未记账的款项；

（3）银行已收款记账，企业未收款未记账的款项；

（4）银行已付款记账，企业未付款未记账的款项。

上述任何一种未达账项都会使企业银行存款日记账的余额与银行对账单的余额不符。所以在与银行对账时，应查明是否存在未达账项。如果存在未达账项，就应该编制银行存款余额调节表，据以调节双方的账面余额，然后验证经过调节的双方余额是否相等。

编制银行存款余额调节表的步骤如下：

（1）根据经济业务、结算凭证的种类、号码和金额等资料逐日逐笔核对银行存款日记账和银行对账单。凡双方都有记录的，用铅笔在金额旁打上记号"√"。

（2）找出未达账项（即银行存款日记账和银行对账单中没有打"√"的款项）。

（3）将日记账和对账单的月末余额及找出的未达账项填入"银行存款余额调节表"，并计算出调整后的余额。

（4）调整平衡的银行存款余额调节表，经主管会计签章后呈报开户银行。

银行存款余额调节表的编制是以双方余额为基础，各自分别加上对方已收款入账而己方尚未入账的数额，减少对方已付款入账而己方尚未入账的数额。其计算公式如下：

企业银行存款日记账余额＋银行已收企业未收款－银行已付企业未付款＝银行对账单存款余额＋企业已收银行未收款－企业已付银行未付款

银行存款余额调节表的作用：

（1）仅仅是加强管理的一种手段，是一种对账记录或对账，它不是原始凭证，更不是记账凭证，因此，不能根据银行存款余额调节表中的未达账项来调整银行存款账面记录，未达账项只有在收到有关凭证后才能进行有关账务处理。

（2）调节后的余额如果相等，通常说明企业和银行的记录一般没有错误，该余额通常为企业可以运用的银行存款实有款。

（3）调节后的余额如果不相等，通常说明一方或双方记账有误，需进一步追查，查明原因后予以更正和处理。

【例 9－1】 甲公司 20×9 年 3 月 31 日银行存款日记账的账面余额为 54 000 元，银行转来对账单的余额为 83 000 元。经逐笔核对，发现以下未达账项：

（1）企业送存转账支票 60 000 元，并已登记银行存款增加，但银行尚未记账。

（2）企业开出转账支票 45 000 元，但持票单位尚未到银行办理转账，银行尚未记账。

（3）企业委托银行代收某公司购货款 48 000 元，银行已收妥并登记入账，但企业尚未收到收款通知，尚未记账。

（4）银行代企业支付电话费 4 000 元，银行已登记企业银行存款减少，但企业未收到银行付款通知，尚未记账。

根据上述资料，编制"银行存款余额调节表"（见表 9－2）。

表 9-2　银行存款余额调节表

20×9 年 3 月 31 日　　　　　　　　　　　　　　　　　　　单位:元

项　目	金　额	项　目	金　额
企业银行存款日记账余额	54 000	银行对账单余额	83 000
加:银行已收、企业未收款	48 000	加:企业已收、银行未收款	60 000
减:银行已付、企业未付款	4 000	减:企业已付、银行未付款	45 000
调节后的存款余额	98 000	调节后的存款余额	98 000

上述银行存款清查方法,也适用于银行借款的清查。

二、实物资产的清查

实物资产是指具有实物形态的各种财产,包括原材料、在产品、产成品、低值易耗品、包装物和固定资产等。

(一) 实物资产的盘存制度

实物资产的盘存制度,有永续盘存制和实地盘存制两种。

1. 永续盘存制

永续盘存制是指平时对各项实物资产的增加数和减少数都必须根据有关凭证连续记入有关账簿,并随时结出账面结存数额。在永续盘存制下,期末资产的结存数量计算公式如下:

期末结存数量＝期初结存数量＋本期增加数量－本期减少数量

【例 9-2】　2 月 1 日长城公司库存的产成品 600 件,2 月 16 日售出 350 件,2 月 25 日经验收完工入库的产成品为 150 件,2 月 26 日公司因盗窃丢失产成品 80 件,求期末库存的产成品数量。

期末库存的产成品数量＝600－350＋150－80＝320(件)

在永续盘存制下,通过及时地在账面上登记实物资产的收入和发出,可以随时得出余额,管理上比较严密,但由于自然损耗、计量差错、管理疏漏等各种主客观原因的存在,依然会出现账实不相符的情况。因此,采用"永续盘存制"的企业,需要对各项财产、物资进行清查盘点,以查明账实是否相符,并查实账实不符的原因。

永续盘存制的优点是核算手续比较严密,能及时反映各项财产的收、发、结存情况,有利于加强对各项财产物资的管理,保护资产的安全与完整;其缺点是核算工作量大。这种盘存制度为各企业单位广泛采用。

2. 实地盘存制

实地盘存制指平时只根据凭证登记财产物资的增加数,而不登记减少数,至月末结账时,根据实地盘点的实存数来倒算出本月的减少数,再据以登记有关账簿的一种盘存制度。计算公式如下:

本期减少数＝账面期初余额＋本期增加数－期末实际结存数

【例 9-3】　2 月 1 日长城公司库存产成品 600 件,2 月 25 日经验收完工入库的产成品150 件,期末实地盘点库存的产成品数量为 320 件,求如果长城公司采用实地盘存制则本期销售多少件产成品?

本期减少(销售)数＝600＋150－320＝430(件)

在实地盘存制下,对各项实物资产进行盘点的结果,只是作为登记实物资产减少的依据,而不能用来核对账实是否相符。

实地盘存制的优点是核算工作比较简单,工作量较小。其缺点是,手续不够严密,不能通过账簿随时反映和监督各项实物的收、发、结存情况。它以存计销或以存计耗倒算发出成本,必然会将由于管理不善而导致的贪污、盗窃和非正常损耗全部混入发出的销售或生产成本中,这既会导致成本核算的不合理、不准确,也不利于实物资产的日常管理和控制。因此,只有小型企业、经营鲜活商品的零售企业等不能办理出库手续、商品质量不稳定的个别企业采用。

(二)实物资产的清查方法

不同规格、品种的实物资产,由于其实物形态、体积、重量、存放方式等方面各有不同,因而对其采用的清查也有所不同。常用的实物资产的清查方法有:

(1)实地盘点法,即通过点数、过磅等方法来确定实物资产实存数量的一种方法。这种方法适用于包装好的原材料、产成品和商品及机器设备等的清查。

(2)抽样盘点法,即对清查中包装完整的商品、物资按大件清点,并抽查细点的一种方法。

(3)技术推算法,即利用技术方法对财产的实存数进行推算的一种方法。这种方法适用于一些散装、成堆或点数、过磅有困难的实物资产的清查。

在清查过程中,实物负责人必须在场并参加盘点,以明确经济责任。清查盘点结果,应如实登记在"盘存单"上并由盘点人和实物负责人签章,"盘存单"格式如表9-3所示。为查明实存数与账存数是否一致,应根据"盘存单"和账簿记录编制"实存账存对比表"(见表9-4),填列账实不符的财产物资,作为分析差异原因和经济责任的依据。

表9-3 盘存单

单位名称: 编号:

盘点时间: 财产类别: 存放地点:

编　号	名　称	计量单位	数　量	单　价	金　额	备　注

盘点人签章: 实物保管人签章:

表9-4 实存账存对比表

单位名称: 年　月　日

编号	类别及名称	计量单位	单价	实　存		账　存		差异				备注
								盘盈		盘亏		
				数量	金额	数量	金额	数量	金额	数量	金额	

主管人员: 会计: 制表:

三、往来款项的清查

往来款项主要包括应收款、应付款、暂收款等款项。各种结算往来款项一般采取"询证核对法"进行清查,即通过函件同经济往来单位核对账目的方法。清查单位按每一个经济往来单位编制"往来款项对账单"(一式两份,其中一份作为回执联)送往各经济往来单位。对方经过核对相符后,在回联单盖公章退回,表示已核对;如果经核对数字不相符,对方应在回联单上注明情况,或另抄对账单退回本单位,进一步查明原因,再行核对,直到相符为止。"往来款项对账单"的格式和内容见如下:

往来款项对账单(对账联)

××单位:

你单位20×9年11月16日到我厂购甲产品1 000件,已付货款4 000元,尚有4 000元货款未付,请核对后将回联单寄回。

清查单位(盖章)
20×9年×月×日

沿此虚线裁开,将以下回联寄回!

- -

往来款项对账单(回执联)

××清查单位:

你单位寄来的"往来款项对账单"已经收到,经核对相符(或不符,应注明具体内容和金额)。

××单位(盖章)
20×9年×月×日

第三节　财产清查结果的处理

财产清查结果的处理是指对清查过程中发现的账面结存数和实际结存数不相符的情况进行的有关会计处理。企业对财产清查的结果,应当按照国家有关会计准则、制度的规定进行认真处理。财产清查中发现的盘盈和盘亏等问题,应在核实数字后,按照规定的程序上报,经研究批准后再行处理。

一、财产清查结果的处理的基本程序

(一)核准金额,查明原因

财产清查的结果通常填列在"实存账存对比表"等有关表中。在进行有关的处理之前,应对这些原始凭证中所记录的货币资金、财产物资及债权债务的盈亏数字进行全面的核实,并对各项差异产生的原因进行分析,提出处理意见,报送有关领导和部门批准。

(二)调整账簿记录,做到账实相符

在核准金额、查明原因的基础上,可根据"实存账存对比表"等原始凭证编制记账凭证,并据以登记入账,调整各项财产物资、货币资金、债权债务的账面结存数,使之与实际结存数相符。

(三)报请批准,并进行相应的账务处理

在有关部门和领导对所呈报的财产清查结果提出处理意见后,企业应严格按照批复意见编制有关记账凭证,进行批准后的账务处理。对因不同原因造成的财产损失应做出相应的会计处理;对因个人原因造成的损失应追究个人的责任。

二、财产清查结果的账务处理方法

财产清查的结果有以下三种情况:第一,实存数大于账存数,即盘盈;第二,实存数小于账存数,即盘亏;第三,实存数等于账存数,即账实相符。当财产物资账实不符,或发生变质、毁损的情况时,要进行处理。在处理时应设置"待处理财产损溢"账户,该账户的借方登记各种财产物资的盘亏、毁损及企业按照规定程序批准的盘盈转销数;贷方登记各种财产物资的盘盈数及按时规定程序批准的盘亏毁损转销数。该账户属于双重性质账户,下设"待处理固定资产损溢"和"待处理流动资产损溢"两个明细科目进行核算。"待处理财产损溢"账户的一般结构如下:

待处理财产损溢

财产清查中发现的盘亏和毁损数额	批准转销的盘亏毁损数
批准转销的盘盈数	财产清查中发现的盘盈数
借方余额:尚待处理的净损失	贷方余额:尚待处理的净溢余

(一)库存现金清查的核算

库存现金清查中发现现金短缺或盈余时,除了设法查明原因外,还应及时根据"库存现金盘点报告单"进行会计处理。

【例9-4】 清查库存现金时,发现实存数大于账面余额100元。批准前其会计处理如下:

借:库存现金   100
  贷:待处理财产损溢——待处理流动资产损溢   100
若经反复核查,属于应支付给有关人员或单位的,则应
借:待处理财产损溢——待处理流动资产损溢   100
  贷:其他应付款——某某个人或单位   100
若经反复核查,未查明原因,报经批准转作营业外收入:
借:待处理财产损溢——待处理流动资产损溢   100
  贷:营业外收入   100
【例9-5】 库存现金清查时,发现库存现金短缺80元,会计分录为:
借:待处理财产损溢——待处理流动资产损溢   80
  贷:库存现金   80
若属于出纳人员的责任时,应由出纳人员赔偿。会计分录为:
借:其他应收款——×××   80
  贷:待处理财产损溢——待处理流动资产损溢   80
当出纳人员交回赔款时,会计分录为:
借:库存现金   80

贷:其他应收款——×××	80

若属于无法查明的其他原因,应作为管理费用处理。

借:管理费用	80
贷:待处理财产损溢——待处理流动资产损溢	80

(二)实物资产清查的核算

当流动资产盘盈时,经批准后通常冲减"管理费用"账户。当流动资产出现盘亏或毁损时,批准以前应先记入"待处理财产损溢"账户的借方,同时记入有关账户的贷方。批准后,再根据造成亏损的原因,分别以下情况进行账务处理:

(1)属于管理不善、收发计量不准、自然损耗产生的定额内的合理损耗,经批准后即可记入管理费用。

(2)属于因责任人过失而产生的损耗应记入"其他应收款",由责任人负责赔偿。

(3)属于非常损失所造成的短缺、毁损,扣除保险公司赔款和残料价值后,应记入营业外支出。

【例 9-6】 某企业盘亏 A 材料 100 千克,单价 50 元。批准前,会计处理如下:

借:待处理财产损溢	5 000
贷:原材料	5 000

经查属于合理损耗,记入管理费用。

借:管理费用	5 000
贷:待处理财产损溢	5 000

若经查属于保管员责任,则

借:其他应收款——×××	5 000
贷:待处理财产损溢	5 000

若经查明,属于非常事故造成的损失,保险公司应赔偿 2 000 元,则

借:其他应收款——保险公司	2 000
营业外支出	3 000
贷:待处理财产损溢	5 000

根据《企业会计准则第 28 号——会计政策、会计估计变更和差错更正》规定,盘盈固定资产作为前期差错进行处理,记入"以前年度损益调整"科目。对于盘亏、毁损的固定资产,按账面原值与折旧额之差借记"待处理财产损溢";报经批准后,按其原价扣除累计折旧、变价收入和过失人及保险公司赔款后的余额记入营业外支出。

【例 9-7】 某企业在财产清查中发现丢失一台设备,原价为 30 000 元,已提折旧12 000 元。

批准前会计分录:

借:待处理财产损溢——待处理固定资产损溢	18 000
累计折旧	12 000
贷:固定资产	30 000

经批准转销,会计分录如下:

借:营业外支出	18 000
贷:待处理财产损溢——待处理固定资产损溢	18 000

【例9-8】 某企业在财产清查中发现账外设备一台,估计重估价值为20 000元,估计已提折旧4 000元。该企业适用的所得税率为25%,按净利润的10%计提法定盈余公积。

批准前会计分录:

借:固定资产 16 000

  贷:以前年度损益调整 16 000

批准后会计分录:

计算应交纳的所得税费用,应交所得税额=16 000×25%=4 000(元),会计分录如下:

借:以前年度损益调整 4 000

  贷:应交税费——应交所得税 4 000

补提盈余公积

借:以前年度损益调整 1 200

  贷:盈余公积 1 200

调整利润分配

借:以前年度损益调整 10 800

  贷:利润分配——未分配利润 10 800

案　例

顾强大学毕业后在一家规模不大的私营企业上班,负责仓库物资的保管工作。该企业是一个高档保温瓶厂,由于企业的管理人员都是老板的家人或亲戚,规章制度缺失,管理较混乱。某一天,市场部负责人张宇(老板的侄子)想从仓库拿几个保温瓶回家用。顾强性格外向,喜欢社交,一直想到市场部工作,张宇也几次想调他到市场部做助理。顾强一看是张总,二话没说,给他几个。期末盘存库存的商品时,顾强将张宇拿走的几个保温瓶,都算入本期销售的商品数量中。

要求:(1) 请判断该企业库存商品采用的是哪种盘存制度。

(2) 如果你是顾强,会怎么做?

(3) 你对提高该企业的管理水平有何建议?

本章小结

财产清查是指通过对各项财产物资、货币资金和往来账项的实地盘点、核对和查询,来确定其账面结存数额与实际结存数额是否一致,以保证账实相符的一种会计专门方法。

财产清查是一种重要的会计核算方法和内部控制制度,不仅有利于保护财产物资的安全完整,加强资源的管理,提高财产物资的利用效率,同时有利于账实相符的真正实现,对于保证会计信息的真实性和可靠性具有非常重要的意义。按照财产清查的对象和范围的不同,可分为全面清查和局部清查;按财产清查的时间不同,可分为定期清查和不定期清查。

财产清查盘存制度有永续盘存制和实地盘存制两种。对于财产物资的盘盈、盘亏和毁损通过"待处理财产损溢"账户进行会计处理。

关键术语

财产清查	physical inventory	全面清查	complete check
局部清查	partial check	定期清查	periodic checking method
未达账项	account in transit	永续盘存制	perpetual inventory system
实地盘存制	periodic inventory system		
待处理财产损溢	wait deal assets loss or income		

思考题

1. 什么是财产清查？财产清查有何意义？
2. 哪些因素会造成各项财产账面数与实际数不一致？
3. 财产清查如何分类？对不同的财产物资应采用什么样的清查方法？
4. 什么是未达账项？未达账项有哪几种情况？
5. 如何编制银行存款余额调节表？
6. 永续盘存制与实地盘存制有何区别？其优缺点分别是什么？
7. 试说明"待处理财产损溢"账户的用途和结构。

自测题

一、单项选择题

1. 年终决算前进行的财产清查属于( )。
   A. 局部清查和定期清查   B. 全面清查和定期清查
   C. 全面清查和不定期清查   D. 局部清查和不定期清查

2. 对于盘亏、毁损的存货，经批准后进行账务处理时，不可能涉及的借方账户是( )。
   A. 其他应收款   B. 营业外支出
   C. 营业外收入   D. 原材料

3. 一般来说，单位撤销合并或改变隶属关系时，要进行( )。
   A. 全面清查   B. 局部清查
   C. 定期清查   D. 技术推算盘点

4. "待处理财产损溢"科目未转销的借方余额表示( )。
   A. 等待处理的财产盘盈
   B. 等待处理的财产盘亏
   C. 尚待批准处理的财产盘盈数大于尚待批准处理的财产盘亏和毁损数的差额
   D. 尚待批准处理的财产盘盈数小于尚待批准处理的财产盘亏和毁损数的差额

5. 企业存货盘亏，属于一般经营损失，应该在批准处理后( )。
   A. 记入管理费用   B. 记入营业外支出
   C. 记入销售费用   D. 记入生产成本

6. 对各项财产的增减变化,根据会计凭证连续记载并随时结出余额的制度是(   )。

 A. 实地盘存制   B. 应收应付制   C. 永续盘存制   D. 实收实付制

7. 清查中发现财产短缺的原因是由于工作中的收发差错,应记入(   )。

 A. 管理费用   B. 其他应收款   C. 营业外支出   D. 生产成本

8. 对所有的财产进行全面盘点和核对是(   )。

 A. 定期清查   B. 局部清查   C. 全面清查   D. 不定期清查

9. 因更换出纳员而对现金进行盘点和核对,属于(   )。

 A. 全面清查和不定期清查   B. 全面清查和定期清查

 C. 局部清查和不定期清查   D. 局部清查和定期清查

10. 对现金和实物进行清查应采用的方法是(   )。

 A. 实地盘点   B. 永续盘存   C. 盘存计耗   D. 询证核对

二、多项选择题

1. 财产清查按清查的时间不同分为(   )。

 A. 内部清查   B. 定期清查   C. 不定期清查   D. 外部清查

2. 实地盘点法可用于(   )清查。

 A. 实物   B. 库存现金   C. 银行存款   D. 往来款项

3. 全面清查的范围通常包括(   )。

 A. 库存现金、银行存款等货币资金

 B. 材料、在产品、半成品、产成品、固定资产等实物资产

 C. 应收应付款、预收预会计款等往来结算款项

 D. 有价证券、专项物资等其他各项财产物资等

4. 银行存款的清查,需将(   )进行相互逐笔核对。

 A. 银行存款总账   B. 银行对账单

 C. 银行存款日记账   D. 支票登记簿

5. 未达账项包括(   )。

 A. 企业已记收,银行未记收的款

 B. 企业已记付,银行未记付的款项

 C. 银行已记收,企业未记收的款项

 D. 银行已记付,企业未记付的款项

6. 下列清查事项中,属于不定期清查的有(   )。

 A. 发生意外灾害   B. 清产核资前

 C. 临时性检查   D. 货币资金的检查

7. 应记入"待处理财产损溢"账户借方核算的有(   )。

 A. 盘亏的财产物资数额   B. 盘盈财产物资的转销数额

 C. 盘盈的财产物资数额   D. 盘亏财产物资的转销数额

8. 库存现金清查的内容主要包括(   )。

 A. 是否有未达账项   B. 是否有白条顶库

 C. 是否超限额留存现金   D. 是否坐支现金

9. 盘亏的存货在处理时,应分别情况记入( )账户。

A. 营业外收入   B. 财务费用   C. 管理费用   D. 其他应收款

10. 造成账实不符的原因包括( )。

A. 储存中发生自然损耗   B. 财产物资收发计量错误

C. 财产物资的毁损、被盗   D. 账簿的漏记、重记

三、判断题

1. 在企业撤销或兼并时,要对企业的部分财产进行重点清查。 ( )

2. 银行存款的清查应采取与开户银行核对账目的方法进行。 ( )

3. 财会部门对清查财产中发现的差异,应及时进行账簿记录的调整。 ( )

4. 造成账实不符的原因主要是登账错误。 ( )

5. 未达账项只在企业与银行之间发生,企业与其他单位之间不会发生。 ( )

6. 对在银行存款清查时出现的未达账项,可编制银行存款余额调节表来调整,编制好的银行存款余额调节表是调节账面余额的原始凭证。 ( )

7. 技术推算盘点适用范围广,清查质量高,工作量大,所以适用于任何资产的清查。 ( )

8. "实存账存对比表"是根据财产清查"盘存单"和账簿记录编制的,应该由盘点人和实物保管人共同签字。 ( )

9. 采用先进先出法,在物价上涨时,会过低估计企业的当期利润和库存存货价值;反之,会高估企业存货价值和当期利润。 ( )

10. 实地盘存制是指平时根据会计凭证在账簿中登记各种财产的增加数和减少数,在期末时再通过盘点实物,来确定各种财产的数量,并据以确定账实是否相符的一种盘存制度。 ( )

练习题

一、练习财产清查结果的处理。

资料:天津市双强离合器有限公司 20×9 年 7 月 31 日进行财产清查,结果如下:

(1) 原材料 A 盘点盈余 2 吨,每吨账面价值 1 560 元;

(2) 原材料 B 盘点短缺 860 公斤,每公斤单位成本 5 元;

(3) 各类配件共短缺 1 655 件,生产成本总计 8 600 元。

经分析,原材料 A 盈余是由于平时出入库计量不准确所造成的;原材料 B 对存放要求比较严格,容易自然受损,其短缺纯属自然损耗;各类配件的短缺是仓库管理人员监守自盗所致。

要求:对上述财产清查情况进行相应的会计处理。

二、某企业年终进行财务清查时发现问题如下:

(1) 盘盈设备一台,重置完全价值 7 000 元,估计现值 5 000 元。

(2) 盘亏甲材料 100 公斤,价值 700 元,其中 20 公斤为收发计量的错误引起,其余的原因待查,建议查明原因后列入管理费用。

(3) 盘盈乙材料 400 公斤,价值 400 元,其中有 200 公斤是企业转产后剩余材料,另外 200 公斤是因日常收发计量器具误差造成的。

上列盘盈、盘亏的损失,报经上级批准处理意见如下:

（1）盘盈可继续使用，作为营业外收入处理。

（2）计量上的差错作调整管理费用处理，尚未查明原因的材料损失不同意列入管理费用，应继续追查原因，明确经济责任。

（3）转产后的剩余材料做退库处理，调整管理费用。

要求：根据以上的资料编制有关的会计分录。

三、某企业20×9年6月30日银行存款日记账的账面余额为48 200元，银行对账单上的余额为47 500元，经核对，发现有下列未达账项：

（1）6月29日，企业销售产品收到转账支票一张计2 300元，企业已登记入账，银行尚未入账。

（2）6月28日，企业支付销售产品收到转账支票一张计1 700元，企业已登记入账，银行尚未入账。

（3）6月30日银行代企业支付水电费1 000元，银行已登记入账，企业尚未入账。

（4）6月30日，银行收到企业委托收款900元，银行已登记入账，企业尚未入账。

要求：根据以上内容编制银行存款余额调节表。

第十章

财务会计报告

学习目标

本章主要介绍财务会计报告的种类及编制方法。通过本章的学习,应使学生了解财务会计报告的基本含义,了解会计报表的分类,熟练掌握各种主要会计报表的编制方法,领悟会计报表之间的关系。

导入案例

KA 公司是一家商贸公司,设有库存会计,专门负责核算库存状况。KA 设立库存会计主要是为了防损——存货不被侵吞,现金不被侵吞。KA 公司经营一段时间之后,在某一次经营会议上,相关工作人员提出如下问题:

(1)没有货卖:一方面是居高不下的库存,一方面销售部门苦恼是没有货卖;老总很困惑,销售很委屈。

(2)赚钱的单品销量可悲,不赚钱的销量非常之好,销售提成非常可观,公司业绩非常可悲。

KA 之所以存在这些乱象,是因为:

(1)进货随意,进什么,卖什么,全凭感觉说了算,没有能够积累对畅销产品的属性识别的经验。而进货随意的后果是,产品积压、缺货成本高,很难提供客户最需要的产品。

(2)销售部门只销售哪些公司毛利水平低的产品,销售部门之间相互竞争抢夺市场短缺的产品,公司整体财务绩效表现有限。

在一家公司的经营过程中,应该及时取得产品的进销存数据,了解企业的经营过程,评估经营者的经营业绩,并对企业将来的发展做出必要的指导。有了这些资料,经营者可以分清责任,寻找不足,改善管理,提高绩效。

第一节 财务会计报告概述

一、财务会计报告的概念与作用

财务报告是指对外提供的反映企业某一特定日期财务状况和某一特定会计期间经营成果、现金流量等会计信息的文件。财务报告是会计核算过程中最后提出的结果,也是会计核算工作的阶段性总结。

编制财务报告是为了满足各利益相关者对财务信息的要求，为其进行经济决策提供依据。其中，利益相关者包括投资者、债权人、政府、管理者以及其他使用者。企业编制财务报告的作用体现在如下几方面：

（1）向投资者提供企业经营状况及盈利能力的信息；

（2）向债权人提供企业偿债能力的会计信息；

（3）向财政、税务等政府部门提供企业的经营业绩和遵守国家有关法规情况的会计信息；

（4）向内部职工提供企业获利能力、支付能力的会计信息。

二、财务会计报告的分类与构成

财务报告是反映企业财务状况、经营成果和现金流量等信息的最常见的载体。财务报表中，资产负债表、利润表、所有者权益变动表和现金流量表四张财务报表通过货币计量的信息反映了企业的财务状况、经营成果和现金流量，而财务报表附注是对资产负债表、利润表、所有者权益变动表和现金流量表等报表中列示项目的文字描述或明细资料，以及对未能在这些报表中列示的项目的说明等。财务报表是财务报告的核心，是将财务信息传递给企业外界报表使用者的主要手段，但除了财务报表反映的信息以外，财务报告还包含了报表附注和很多其他应当在财务报告中披露的相关信息和资料，如财务指标分析信息、财务预测信息、经济环境对企业经营成果和财务状况的影响、管理层对企业业绩的说明及评价等。这些其他信息也构成了企业财务报告的重要组成部分。

通常，财务报告可以根据需要，按照不同的标准进行分类。

（一）中期财务报告和年度财务报告

财务报告按照编报时间，可以分为中期财务报告（月度、季度和半年度）和年度财务报告。其中，月报要求简明扼要、及时反映；年报要求揭示完整、反映全面；季报和半年度报告介于月报和年报之间。

（二）静态财务报告和动态财务报告

财务报告按照反映的内容，可以分为静态财务报告和动态财务报告。静态财务报告是指反映企业特定时点上有关资产、负债和所有者权益情况的财务报表，一般应根据各个账户的"期末余额"填列，如资产负债表；动态财务报表是指反映企业一定时期内资金耗费和收回情况以及经营成果的财务报表，一般应根据有关账户的"发生额"填列，如利润表、现金流量表和所有者权益变动表。

（三）个别财务报告和合并财务报告

财务报告按照各自项目所反映的数字内容，可以分为个别财务报告和合并财务报告。个别财务报告各项目数字所反映的内容，仅仅包括企业本身的财务数字；合并财务报告是由母公司编制的，一般包括所有控股子公司财务报告的有关数字，可以向财务报告使用者提供公司集团总体的财务状况和经营成果。

（四）内部财务报告和外部财务报告

财务报告按照服务对象，可以分为内部财务报告和外部财务报告。内部财务报告是指为适应企业内部经营管理需要而编制的不对外公开的报表。它没有统一的格式和指标体系；外部财务报告是只企业向外提供的、供政府部门、其他企业和个人使用的报表。它有统一的格式和指标体系。

三、财务会计报告的编制要求

企业编制财务报告,应当以真实的交易、事项以及完整、准确的账簿记录等资料为依据,并遵循国家统一的会计准则规定的编制基础、编制依据、编制原则和方法。

（1）便于理解,是财务报告提供的财务信息应清晰易懂,为使用者所理解。

（2）真实可靠,是指财务报告所提供的财务信息应如实反映企业的经营活动和财务状况。

（3）相关可比,是指财务报告提供的财务信息必须与使用者的决策需要相关联并具有可比性。

（4）全面完整,是指财务报告应当全面反映企业的财务状况和经营成果,反映企业经营活动的全貌。

（5）编报及时,是指企业的财务报告应及时编制和报送。

第二节　资产负债表

一、资产负债表的内容

资产负债表是反映企业在某一特定日期的财务状况的财务报表。它是根据资产、负债和所有者权益之间的相互关系,按照一定的分类标准和一定的顺序,把企业在一定日期的资产、负债、所有者权益各项目予以适当排列并对日常活动中形成的大量数据进行高度浓缩整理后编制而成的。它表明企业在某一特定日期所拥有或控制的经济资源、所承担的现有义务和所有者对净资产的要求权。

（1）通过编制资产负债表,可以提供某一日期资产的总额,表明企业拥有或控制的经济资源及其分布情况,是分析企业生产经营能力的重要资料;

（2）通过资产负债表,可以反映某一日期的负债总额以及结构,表明企业未来需要多少资产或劳务清偿债务;

（3）通过资产负债表,可以反映所有者权益的情况,表明投资者在企业资产中所占的份额,了解权益的结构情况;

（4）资产负债表还能够提供进行财务分析的基本资料,通过资产负债表可以计算流动比率、速动比率,以了解企业的短期偿债能力。

二、资产负债表的结构与格式

资产负债表主要由表首标题和报表主体两部分构成。表首标题列示资产负债表的名称、编制单位、编制日期和货币单位等;报表主体列示资产、负债和所有者权益各项目的年初和期末数,是资产负债表的主要部分。

资产负债表的格式,目前国际上流行的主要有报告式和账户式两种。

（1）报告式资产负债表,是将资产负债表的项目自上而下垂直分列的顺序排列,首先列示资产的数额,然后列示负债的数额,最后再列示所有者权益的数额。其格式见表 10-1。

表 10-1　报告式资产负债表(简式)

资产＝负债＋所有者权益	资产－负债＝所有者权益
资　产	资　产
…	…
资产总计	资产总计
负　债	负　债
…	…
负债合计	负债合计
所有者权益	所有者权益
…	…
所有者权益合计	所有者权益合计负债及所有者权益总计

(2)账户式资产负债表,是以"资产＝负债＋所有者权益"这一基本等式为基础编制的,其中,资产项目列在报表的左方,负债和所有者权益项目列示在报表的右方,从而使资产负债表左右两边平衡。账户式资产负债表能够较好地将形式和内容统一起来,揭示了各项目之间内在的勾稽关系,较为直观,也便于对会计报表进行结构分析。我国会计准则规定,企业的资产负债表采用账户式。其格式见表 10-2。

表 10-2　账户式资产负债表(简式)

项　　目	金　额	项　　目	金　额
资产		负债	
流动资产		流动负债	
货币资金		…	
…		非流动负债	
非流动资产		…	
债券投资		负债合计	
…		所有者权益(或股东权益)	
		实收资本(或股本)	
		…	
		所有者权益(或股东权益)合计	
资产总计		负债和所有者权益(或股东权益)总计	

三、资产负债表的编制方法

企业在是编制资产负债表之前,应先根据总分类账的期末余额编制账户余额试算平衡表,对日常账簿记录的正确性进行复核、检查,在试算平衡以后,再根据"账户余额试算平衡表"和有关明细分类账,正式编制资产负债表。

资产负债表中"年初数"栏内各项数字,应根据上年末资产负债表"期末数"栏内所列数字填列,如果本年度资产负债表规定的各个项目的名称和内容同上年度不一致,则应对上年年末资产负债表各项目的名称和数字按照本年度的规定进行调整,填入表中的"年初数"栏内。

(一)资产负债表中"期末数"的填列方法

表中"期末数"栏内各项数字的填列,主要资料来源本本年度日常会计核算的账簿记录。

由于资产负债表主要反映企业在报告期末资产、负债和所有者权益情况,即提供某一时点的静态指标,所以它主要根据总分类账簿或明细分类账簿记录中的期末余额填列。其具体填列方法有以下几种情况:

(1) 直接根据有关总分类账户的期末余额填列。最典型的有"短期借款""应付票据""应付职工薪酬"等项目。

(2) 根据有关总分类账户的期末余额计算填列。例如,货币资金项目应根据"库存现金""银行存款""其他货币资金"三个账户借方余额之和填列;存货项目应根据"在途物资""原材料""生产成本"(在产品)、"库存商品""低值易耗品"等总分类账户的期末借方余额之和填列。

(3) 资产类项目中的某些项目需要将资产账户与有关备抵账户抵销后,在报表上揭示其净额,以提供较多的会计信息。例如,资产负债表中的"应收账款"项目,应当根据"应收账款"科目的余额减去"坏账准备"科目余额后的净额填列。"固定资产"项目应当根据"固定资产"科目的余额减去"累计折旧""固定资产减值准备"备抵科目余额后的净额填列。

(4) 根据使用者需要和管理当局的自愿披露程度,有些报表项目可能不是来自总分类账而是来自明细账的期末余额。例如,"应收账款"项目,需要根据"应收账款"和"预收账款"两个科目所属的相关明细科目的期末贷方余额计算填列。

(5) 根据总账科目和明细科目余额分析计算填列。例如,"长期借款"项目,需要根据"长期借款"总账科目余额扣除"长期借款"科目所属的明细科目中将在1年内到期且企业不能自主地将清偿义务展期的长期借款后的余额计算填列。

(二) 资产负债表项目具体填列方法

现以我国资产负债表项目为例,将本教材涉及的资产负债表各项目的填列方法说明如下:

(1) "货币资金"项目,应根据"库存现金""银行存款""其他货币资金"科目的期末余额合计数填列。

(2) "应收票据"项目,反映企业因销售商品、提供服务等收到的商业汇票,包括银行承兑汇票和商业承兑汇票。该项目应根据"应收票据"科目的期末余额,减去"坏账准备"科目中相关坏账准备期末余额后的金额分析填列。

(3) "应收账款"项目,企业因销售商品、提供服务等经营活动应收取的款项。该项目应根据"应收账款"科目的期末余额,减去"坏账准备"科目中相关坏账准备期末余额后的金额分析填列。如"应收账款"科目所属明细科目期末有贷方余额,应在资产负债表"预收账款"项目内填列。

(4) "其他应收款"项目,应根据"应收利息""应收股利"和"其他应收款"科目的期末余额合计数,减去"坏账准备"科目中相关坏账准备期末余额后的金额填列。

(5) "预付账款"项目,反映企业按照购货合同规定预付给供应单位的款项,应根据"预付账款"和"应付账款"科目所属各明细科目的期末借方余额合计数,减去与预付账款相关的、坏账准备期末余额后的金额填列。如"预付账款"科目所属有关明细科目期末有贷方余额的,应在资产负债表"应付账款"项目内填列。

(6) "存货"项目,反映企业期末在库、在途和在加工中的各项存货的可变现净值。

本项目应根据"在途物资""原材料""周转材料""库存商品""委托加工物资""委托代销商品""生产成本"等科目的期末余额合计,减去"委托代销商品款""存货跌价准备"科目期末余额后的金额填列。材料采用计划成本核算,以及库存商品采用计划成本或售价核算的企业,还应按加或减材料成本差异、商品进销差价后的金额填列。

（7）"固定资产"，反映企业的各种固定资产减去累计折旧和减值准备后的净额。

本项目应根据"固定资产"科目的期末余额，减去"累计折旧"和"固定资产减值准备"科目的期末余额后的金额填列。

（8）"在建工程"项目，反映企业尚未达到预定可使用状态的在建工程的期末账面价值和企业为在建工程准备的各种物资的期末账面价值。该项目应根据"在建工程"科目的期末余额，减去"在建工程减值准备"科目的期末余额后的金额，以及"工程物资"科目的期末余额，减去"工程物资减值准备"科目的期末余额后的金额填列。

（9）"短期借款"项目，反映企业向银行或其他金融机构借入的期限在1年以下（含1年）的各种借款。本项目应根据"短期借款"科目的期末余额填列。

（10）"应付票据"项目，反映企业因购买材料、商品和接受服务等开出、承兑的商业汇票，包括银行承兑汇票和商业承兑汇票。该项目应根据"应付票据"科目的期末余额填列。

（11）"应付账款"项目，企业因购买材料、商品和接受服务等经营活动应支付的款项。该项目应根据"应付账款"和"预付账款"科目所属各有关明细科目的期末贷方余额合计填列；如"应付账款"科目所属各明细科目期末有借方余额的，应在资产负债表"预付账款"项目填列。

（12）"其他应付款"项目，应根据"应付利息""应付股利"和"其他应付款"科目的期末余额合计数填列。

（13）"预收账款"项目，反映企业按照购货合同规定预收购买单位的款项，应根据"预收账款"和"应收账款"科目所属各有关明细科目的期末贷方余额合计填列。如"预收账款"科目所属有关明细科目有借方余额的，应在本表"应收账款"项目内填列。

（14）"应付职工薪酬"项目，反映企业根据有关规定应付给职工的工资、职工福利、社会保险费、住房公积金、工费经费、职工教育经费、非货币性福利、辞退福利等各种薪酬。外商投资企业按规定从净利润中提取的职工奖励及福利基金，也在本项目列示。

（15）"应交税费"项目，反映企业按照税法等规定计算应缴纳的各种税费，包括增值税、消费税、所得税、资源税、土地增值税、城市维护建设税、房产税、土地使用税、车船使用税、教育费附加、矿产资源补偿费等。企业代扣代缴的个人所得税等，也通过本科目列示。

本项目应根据"应交税费"科目的期末贷方余额填列；如"应交税费"科目期末为借方余额，以"—"号填列。

（16）"长期借款"项目，反映企业向银行或其他金融机构借入的期限在1年以上（不含1年）的各项借款，应根据"长期借款"科目的期末余额填列。

（17）"实收资本（或股本）"项目，反映企业投资者实际投入的资本（或股本）总额，本项目应根据"实收资本"（或"股本"）科目的期末余额填列。

（18）"资本公积"项目，反映企业资本公积的期末余额，本项目应根据"资本公积"科目的期末余额填列。

（19）"盈余公积"项目，反映企业盈余公积的期末余额，应根据"盈余公积"科目的期末余额填列。

（20）"未分配利润"项目，反映企业尚未分配的利润。本项目应根据"本年利润"科目和"利润分配"科目的余额计算填列。为弥补的亏损，在本项目内以"—"号填列。

20×9年度最新资产负债表的标准格式见表10-3。

表 10 - 3 资产负债表

会企 01 表

编制单位： 年 月 日 单位:元

资 产	期末余额	年初余额	负债和所有者权益 （或股东权益）	期末余额	年初余额
流动资产：			流动负债：		
货币资金			短期借款		
交易性金融资产			交易性金融负债		
衍生金融资产			衍生金融负债		
应收票据			应付票据		
应收账款			应付账款		
应收款项融资			预收款项		
预付款项			合同负债		
其他应收款			应付职工薪酬		
存货			应交税费		
…			其他应付款		
其他流动资产			…		
流动资产合计			其他流动负债		
非流动资产：			流动负债合计		
债权投资			非流动负债：		
其他债权投资			长期借款		
长期应收款			应付债券		
长期股权投资			其中:优先股		
其他权益工具投资			永续债		
其他非流动金融资产			租赁负债		
投资性房地产			长期应付款		
固定资产			预计负债		
在建工程			递延收益		
…			递延所得税负债		
使用权资产			其他非流动负债		
无形资产			非流动负债合计		
开发支出			负债合计		
商誉			所有者权益(或股东权益)：		

续 表

资 产	期末余额	年初余额	负债和所有者权益 (或股东权益)	期末余额	年初余额
长期待摊费用			实收资本(或股本)		
递延所得税资产			其他权益工具		
其他非流动资产			其中:优先股		
非流动资产合计			永续债		
			资本公积		
			减:库存股		
			其他综合收益		
			专项储备		
			盈余公积		
			未分配利润		
			所有者权益 (或股东权益)合计		
资产总计			负债和所有者权益 (或股东权益)总计		

四、资产负债表举例说明

华诚公司为增值税一般纳税人,在20×9年12月该公司期初相关账户余额见表10-4。

表10-4 期初相关账户余额

账户名称	借方余额	账户名称	贷方余额
库存现金	30 000.00	短期借款	200 000.00
银行存款	510 000.00	应付账款	366 000.00
应收账款	250 000.00	其他应付款	140 000.00
预付账款	150 000.00	坏账准备	2 000.00
其他应收款	20 000.00	累计折旧	60 000.00
在途物资	350 000.00	应付职工薪酬	107 500.00
原材料	510 000.00	存货跌价准备	10 000.00
周转材料	130 000.00	应交税费	60 500.00
库存商品	1 200 000.00	长期借款	400 000.00

续　表

账户名称	借方余额	账户名称	贷方余额
固定资产	5 500 000.00	实收资本	4 050 000.00
在建工程	300 000.00	盈余公积	1 000 000.00
		未分配利润	1 700 000.00
		本年利润	854 000.00
合计	8 950 000.00	合计	8 950 000.00

该公司 12 月份发生以下业务：

（1）购入原材料一批，用银行存款支付货款 400 000 元，增值税进项税额 52 000 元，款项已付，材料未验收入库。

（2）购入不需要安装的设备一台，价款 350 000 元，增值进项税 45 500 元，供应方代垫包装费、运费等合计 2 500 元，款未付。设备已交付使用。

（3）销售产品一批，销售不含税价款 2 000 000 元，增值销项税额 260 000 元，款项已存入银行。

（4）从银行借入 3 年期借款 500 000 元，借款已入银行账户。

（5）分配应支付的职工工资 400 000 元（不包括在建工程应负担的工资 300 000 元），其中，生产人员工资 320 000 元，车间管理人员工资 30 000 元，行政管理部门人员工资 50 000 元。

（6）基本生产车间领用原材料 800 000 元，领用低值易耗品 60 000 元。

（7）在途材料到货入库一批，实际成本 350 000 元。

（8）收到应收账款 20 000 元，存入银行。

（9）用银行存款支付基本生产车间固定资产修理费 50 000 元。

（10）用银行存款支付产品展览费 20 000 元。

（11）计提固定资产折旧 120 000 元，其中，记入制造费用 90 000 元，管理费用 30 000 元。首次计提固定资产减值准备 10 000 元。

（12）结转本期制造费用。

（13）计算并结转本期完工产品成本 1 342 000 元。

（14）公司本期产品销售应缴纳的城建税为 5 000 元。

（15）用银行存款缴纳增值税 30 000 元，城建税 5 000 元。

（16）用银行存款偿还本期的短期借款利息 20 000 元。

（17）结转本期产品销售成本 1 740 000 元。

（18）结转各损益类账户。

（19）计算并结转本年应交所得税（税率 25%）。

（20）结转本年利润。

（一）会计分录

（1）借：在途物资　　　　　　　　　　　　　　400 000
　　　应交税费——应交增值税（进项税额）　　 52 000
　　　贷：银行存款　　　　　　　　　　　　　　　　 452 000

(2) 借:固定资产   352 500

  应交税费——应交增值税(进项税额) 45 500

   贷:应付账款   398 000

(3) 借:银行存款   2 260 000

   贷:主营业务收入   2 000 000

    应交税费——应交增值税(销项税额) 260 000

(4) 借:银行存款   500 000

   贷:长期借款   500 000

(5) 借:生产成本——直接人工   320 000

  制造费用——人工费   30 000

  管理费用   50 000

  在建工程   300 000

   贷:应付职工薪酬——应付工资   700 000

(6) 借:生产成本——直接材料   860 000

   贷:原材料   800 000

    周转材料——低值易耗品   60 000

(7) 借:原材料   350 000

   贷:在途物资   350 000

(8) 借:银行存款   20 000

   贷:应收账款   20 000

(9) 借:制造费用——修理费   50 000

   贷:银行存款   50 000

(10) 借:销售费用——展览费   20 000

   贷:银行存款   20 000

(11) 借:制造费用——折旧费   90 000

  管理费用   30 000

   贷:累计折旧   120 000

  借:资产减值损失   10 000

   贷:固定资产减值准备   10 000

(12) 借:生产成本——制造费用   170 000

   贷:制造费用   170 000

(13) 借:库存商品   1 342 000

   贷:生产成本   1 342 000

(14) 借:税金及附加   5 000

   贷:应交税费——城建税   5 000

(15) 借:应交税费——应交增值税(已交税金) 30 000

      ——城建税   5 000

   贷:银行存款   35 000

(16) 借:财务费用——利息支出   20 000

   贷:银行存款   20 000

（17）借：主营业务成本　　　　　　　　　　　　1 740 000

　　　　贷：库存商品　　　　　　　　　　　　　　　　　1 740 000

（18）借：本年利润　　　　　　　　　　　　　　1 875 000

　　　　贷：主营业务成本　　　　　　　　　　　　　　　1 740 000

　　　　　　税金及附加　　　　　　　　　　　　　　　　　　5 000

　　　　　　管理费用　　　　　　　　　　　　　　　　　　80 000

　　　　　　销售费用　　　　　　　　　　　　　　　　　　20 000

　　　　　　财务费用　　　　　　　　　　　　　　　　　　20 000

　　　　　　资产减值损失　　　　　　　　　　　　　　　　10 000

　　借：主营业务收入　　　　　　　　　　　　　2 000 000

　　　　贷：本年利润　　　　　　　　　　　　　　　　　2 000 000

（19）借：所得税费用　　　　　　　　　　　　　　　31 250

　　　　贷：应交税费——应交所得税　　　　　　　　　　　31 250

　　借：本年利润　　　　　　　　　　　　　　　　　31 250

　　　　贷：所得税费用　　　　　　　　　　　　　　　　　31 250

（20）借：本年利润　　　　　　　　　　　　　　　947 750

　　　　贷：利润分配——未分配利润　　　　　　　　　　　947 750

（二）登记总分类账

库存现金

期初余额	30 000		
本期发生额	0	本期发生额	0
期末余额	30 000		

银行存款

期初余额	510 000		
本期增加		本期减少	
(3)	2 260 000	(1)	452 000
(4)	500 000	(9)	50 000
(8)	20 000	(10)	20 000
		(15)	35 000
		(16)	20 000
本期发生额	2 780 000	本期发生额	577 000
期末余额	2 713 000		

应收账款

期初余额	250 000		
本期增加		本期减少	
		(8)	20 000
本期发生额	0	本期发生额	20 000
期末余额	230 000		

预付账款

期初余额	150 000		
本期发生额	0	本期发生额	0
期末余额	150 000		

其他应收款

期初余额	20 000		
本期发生额	0	本期发生额	0
期末余额	20 000		

坏账准备

		期初余额	2 000
本期发生额	0	本期发生额	0
		期末余额	2 000

在途物资

期初余额	350 000		
本期增加		本期减少	
(1)	400 000	(7)	350 000
本期发生额	400 000	本期发生额	350 000
期末余额	400 000		

原材料

期初余额	510 000		
本期增加		本期减少	
(7)	350 000	(6)	800 000
本期发生额	350 000	本期发生额	800 000
期末余额	60 000		

周转材料

期初余额	130 000		
本期增加		本期减少	
		(6)	60 000
本期发生额	0	本期发生额	60 000
期末余额	70 000		

库存商品

期初余额	1 200 000		
本期增加		本期减少	
(13)	1 342 000	(17)	1 740 000
本期发生额	1 342 000	本期发生额	1 740 000
期末余额	802 000		

存货跌价准备

		期初余额	10 000
本期发生额	0	本期发生额	0
		期末余额	10 000

生产成本

期初余额	0		
本期增加		本期减少	
(5)	320 000	(13)	1 342 000
(6)	860 000		
(12)	170 000		
本期发生额	1 350 000	本期发生额	1 342 000
期末余额	8 000		

制造费用

本期增加		本期减少	
(5)	30 000	(12)	170 000
(9)	50 000		
(11)	90 000		
本期发生额	170 000	本期发生额	170 000

固定资产

期初余额	5 500 000		
本期增加		本期减少	
(2)	352 500	(5)	300 000
本期发生额	352 500	本期发生额	0
期末余额	5 852 500		

在建工程

期初余额	300 000		
本期增加		本期减少	
本期发生额	300 000	本期发生额	0
期末余额	600 000		

累计折旧

		期初余额	60 000
本期增加		本期减少	
		(11)	120 000
本期发生额	0	本期发生额	120 000
		期末余额	180 000

固定资产减值准备

		期初余额	0
本期增加		本期减少	
		(11)	10 000
本期发生额	0	本期发生额	10 000
		期末余额	10 000

短期借款

		期初余额	200 000
本期发生额	0	本期发生额	0
		期末余额	200 000

长期借款

		期初余额	400 000
本期增加		本期减少	
		(4)	500 000
本期发生额	0	本期发生额	500 000
		期末余额	900 000

应付账款

		期初余额	366 000
本期增加		本期减少	
		(2)	398 000
本期发生额	0	本期发生额	398 000
		期末余额	764 000

其他应付款

		期初余额	140 000
本期发生额	0	本期发生额	0
		期末余额	140 000

应付职工薪酬

		期初余额	107 500
本期增加		本期减少	
		(5)	700 000
本期发生额	0	本期发生额	700 000
		期末余额	807 500

应交税费

		期初余额	60 500
本期增加		本期减少	
(1)	52 000	(3)	260 000
(2)	45 500	(14)	5 000
(15)	5 000	(19)	31 250
(15)	30 000		
本期发生额	132 500	本期发生额	296 250
		期末余额	224 250

实收资本

		期初余额	4 050 000
本期发生额	0	本期发生额	0
		期末余额	4 050 000

盈余公积

		期初余额	1 000 000
本期发生额	0	本期发生额	0
		期末余额	1 000 000

本年利润

		期初余额	854 000
本期增加		本期减少	
(18)	1 875 000	(19)	2 000 000
(19)	31 250		
(20)	947 750		
本期发生额	2 854 000	本期发生额	2 000 000
		期末余额	0

利润分配

		期初余额	1 700 000
本期增加		本期减少	
		(20)	947 750
本期发生额	0	本期发生额	947 750
		期末余额	2 647 750

主营业务收入

本期增加		本期减少	
(18)	2 000 000	(3)	2 000 000
本期发生额	2 000 000	本期发生额	2 000 000

主营业务成本

本期增加		本期减少	
(17)	1 740 000	(18)	1 740 000
本期发生额	1 740 000	本期发生额	1 740 000

<table>
<tr><td colspan="2" align="center">税金及附加</td><td colspan="2" align="center">销售费用</td></tr>
<tr><td>本期增加</td><td>本期减少</td><td>本期增加</td><td>本期减少</td></tr>
<tr><td>(14)   5 000</td><td>(18)   5 000</td><td>(10) 20 000</td><td>(18) 20 000</td></tr>
<tr><td>本期发生额 5 000</td><td>本期发生额 5 000</td><td>本期发生额 20 000</td><td>本期发生额 20 000</td></tr>
</table>

<table>
<tr><td colspan="2" align="center">管理费用</td><td colspan="2" align="center">财务费用</td></tr>
<tr><td>本期增加</td><td>本期减少</td><td>本期增加</td><td>本期减少</td></tr>
<tr><td>(5)   50 000</td><td>(18) 80 000</td><td>(16) 20 000</td><td>(18) 20 000</td></tr>
<tr><td>(11)   30 000</td><td></td><td>本期发生额 20 000</td><td>本期发生额 20 000</td></tr>
<tr><td>本期发生额 80 000</td><td>本期发生额 80 000</td><td></td><td></td></tr>
</table>

<table>
<tr><td colspan="2" align="center">所得税</td></tr>
<tr><td>本期增加</td><td>本期减少</td></tr>
<tr><td>(19) 31 250</td><td>(19) 31 250</td></tr>
<tr><td>本期发生额 31 250</td><td>本期发生额 31 250</td></tr>
</table>

（三）编制试算平衡表

根据上述资料登记入账后,得出的该公司 20×9 年 12 月 31 日的试算平衡如表 10-5 所示。

表 10-5　试算平衡表

账户名称	期初余额		本期发生额		期末余额	
	借方	贷方	借方	贷方	借方	贷方
库存现金	30 000				30 000	
银行存款	510 000		2 780 000	577 000	2 713 000	
应收账款	250 000			20 000	230 000	
预付账款	150 000				150 000	
其他应收款	20 000				20 000	
在途物资	350 000		400 000	350 000	400 000	
原材料	510 000		350 000	800 000	60 000	
周转材料	130 000			60 000	70 000	
库存商品	1 200 000		1 342 000	1 740 000	802 000	
固定资产	5 500 000		352 500		5 852 500	
在建工程	300 000		300 000		600 000	
制造费用			170 000	170 000		
生产成本			1 350 000	1 342 000	8 000	
资产减值损失			10 000	10 000		
短期借款		200 000				200 000
应付账款		366 000		398 000		764 000
其他应付款		140 000				140 000
坏账准备		2 000				2 000
累计折旧		60 000		120 000		180 000
应付职工薪酬		107 500		700 000		807 500

续　表

账户名称	期初余额		本期发生额		期末余额	
	借方	贷方	借方	贷方	借方	贷方
应交税费		60 500	132 500	296 250		224 250
长期借款		400 000		500 000		900 000
固定资产减值准备				10 000		10 000
存货跌价准备		10 000				10 000
实收资本		4 050 000				4 050 000
盈余公积		1 000 000				1 000 000
未分配利润		1 700 000		947 750		2 647 750
本年利润		854 000	2 854 000	2 000 000		0
主营业务收入			2 000 000	2 000 000		
主营业务成本			1 740 000	1 740 000		
所得税费用			31 250	31 250		
税金及附加			5 000	5 000		
管理费用			80 000	80 000		
销售费用			20 000	20 000		
财务费用			20 000	20 000		
合计	8 950 000	8 950 000	13 937 250	13 937 250	10 935 500	10 935 500

（四）编制资产负债表

编制 20×9 年 12 月的资产负债表，如表 10-6 所示。

表 10-6　资产负债表

编制单位：华诚公司　　　　　　　　　20×9 年 12 月 31 日　　　　　　　　　　单位：元

资　产	期初数	期末数	负债及所有者权益	期初数	期末数
流动资产：			流动负债：		
货币资金	540 000	2 743 000	短期借款	200 000	200 000
应收账款	248 000	228 000	应付账款	366 000	764 000
预付账款	150 000	150 000	其他应收款	140 000	140 000
其他应收款	20 000	20 000	应交税费	60 500	224 250
存货	2 180 000	1 330 000	应付职工薪酬	107 500	807 500
流动资产合计	3 138 000	4 471 000	流动负债合计	874 000	2 135 750
非流动资产：			非流动负债：		
固定资产	5 440 000	5 662 500	长期借款	400 000	900 000
在建工程	300 000	642 000	非流动负债合计	400 000	900 000
非流动资产合计	5 740 000	6 262 500	负债合计	1 274 000	3 035 750
			所有者权益：		
			实收资本	4 050 000	4 050 000
			盈余公积	1 000 000	1 000 000

资　产	期初数	期末数	负债及所有者权益	期初数	期末数
			未分配利润	2 554 000	2 647 750
			所有者权益合计	7 604 000	7 697 750
资产总计	8 878 000	10 733 500	负债及所有者权益总计	8 878 000	10 733 500

第三节　利润表

一、利润表的内容

利润表是反映企业在一定会计期间的经营成果的财务报表。利润表把一定时期的营业收入与其同一会计期间相关的营业费用进行配比,以计算出企业一定时期的净利润。通过利润表反映的收入、成本和费用等情况,能够反映企业生产经营的收益情况、成本耗费情况,表明企业生产经营成果;同时,通过利润表提供的不同时期的比较数字(本月数、本年累计数、上年数),可以分析企业今后利润的发展趋势、获利能力,了解投资者投入资本的完整性。由于利润是企业经营业绩的综合体现,又是进行利润分配的主要依据,因此,利润表是财务报表中的主要报表。

二、利润表的格式

利润表一般包括表首和正表两部分。其中,表首概括说明报表名称、编制单位、编制日期、报表编号、货币名称、计量单位;正表是利润表的主体,反映形成经营成果的各个项目和计算过程。正表的格式一般可以分为两种:单步式利润表和多步式利润表。

单步式利润表是将本期所有收入加在一起,然后再将所有费用加在一起,两者相减,得出本期净利润。单步式利润表的优点是:表式简单,便于理解,避免项目分类上的困难。单步式利润表中,对收入和费用一视同仁,不分先后顺序。但单步式利润表无法获得销售毛利、营业利润等中间性信息,不利于前后期相应项目的比较。其格式和内容见表 10-7。

表 10-7　利润表(单步式、简式)

20×9 年度

收入:	
营业收入	
投资收益	
营业外收入	
成本与费用:	
营业成本	
销售费用	
管理费用	
财务费用	
其他费用	
所得税	
净利润	

多步式利润表是通过对当期的收入、费用、支出项目按性质加以归类,按利润形成的主要环节列示一些中间性利润指标,如营业利润、利润总额、净利润,分布计算当期净损益。在我国,利润表一般采用多步式,其格式和内容见表 10-8。

表 10-8 利润表(多步式简式)

20×9 年度

一、营业收入
减:营业成本
税金及附加
销售费用
管理费用
研发费用
财务费用
其中:利息费用
利息支出
加:其他收益
投资收益(损失以"一"号填列)
其中:对联营企业和合营企业的投资收益
净敞口套期收益(损失以"一"号填列)
…
资产处置收益(损失以"一"号填列)
二、营业利润(亏损以"一"号填列)
加:营业外收入
减:营业外支出
三、利润总额(亏损总额以"一"号填列)
减:所得税费用
四、净利润(净亏损以"一"号填列)
(一)持续经营净利润(净亏损以"一"号填列)
(二)终止经营净利润(净亏损以"一"号填列)
五、其他综合收益的税后净额
…
六、综合收益总额
七、每股收益:
(一)基本每股收益
(二)稀释每股收益

三、利润表的编制方法

利润表是根据收入与费用账户的发生额(包括累计数)编制的。利润表建立在下列几个公式的基础上:

$$营业利润=营业收入-营业成本-税金及附加-销售费用-管理费用-财务费用+$$
$$资产减值损失(损失为一)+信用减值损失(损失为一)+其他收益+$$
$$投资收益+公允价值变动收益+资产处置收益$$
$$利润总额=营业利润+营业外收入-营业外支出$$
$$净利润=利润总额-所得税费用$$

对于普通股或潜在普通股已公开交易的企业,以及正处于公开发行普通股或潜在普通股过程中的企业,还应当在利润表中列示每股收益。

结合《企业会计准则第 30 号——财务报表列报》及财会〔2019〕6 号《财政部关于修订印发2019 年度一般企业财务报表格式的通知》的规定,对利润表中基于基础会计业务涉及的各项目的内容及其填列方法进行扼要介绍。

(1)"营业收入"项目,反映企业经营主要业务和其他业务所取得的收入总额。本项目应根据"主营业务收入"和"其他业务收入"科目的发生额分析加总填列。其中,主营业务收入应当是实际已经确定的主营业务净收入,即主营业务收入应当是扣除销售退回、销售折扣与折让等项目以后的净值。

(2)"营业成本"项目,反映企业经营主要业务和其他业务发生的实际成本。本项目应根据"主营业务成本"和"其他业务成本"科目的发生额分析填列。

(3)"税金及附加"项目,反映企业经营业务应负担的消费税、城市维护建设税、资源税、土地增值税和教育费附加等。本项目应根据"税金及附加"科目的发生额分析填列。

(4)"销售费用"项目,反映企业在销售商品过程中发生的包装费、广告费等费用和为销售本企业商品而专设的销售机构的职工薪酬、业务费等经营费用。本项目应根据"销售费用"科目的发生额分析填列。

(5)"管理费用"项目,反映企业为组织和管理企业生产经营所发生的费用,本项目应根据"管理费用"科目的发生额分析填列。

(6)"财务费用"项目,反映企业筹集生产经营所需资金而发生的费用,本项目应根据"财务费用"科目的发生额分析填列。

(7)"资产减值损失"项目,反映企业各项资产如存货、固定资产、无形资产等发生的减值损失。本项目应根据"资产减值损失"科目的发生分析填列。

(8)"营业外收入"项目和"营业外支出"项目,反映企业发生的与其经营无直接关系的各项收入和支出。这两个项目应分别根据"营业外收入"科目和"营业外支出"科目的发生额分析填列。

(9)"所得税费用"项目,反映企业从当期利润中扣除的所得税费用。本项目应根据"所得税费用"科目的发生额分析填列。

20×9 年度最新利润表的标准格式见表 10-9。

表 10-9 利润表

会企 02 表

编制单位:　　　　　　　　　　年　月　　　　　　　　　　单位:元

项　目	本期金额	上期金额
一、营业收入		
减:营业成本		
税金及附加		
销售费用		
管理费用		
研发费用		
财务费用		

续 表

项 目	本期金额	上期金额
其中：利息费用		
利息收入		
加：其他收益（损失以"—"号填列）		
投资收益（损失以"—"号填列		
其中：对联营企业和合营企业的投资收益		
公允价值变动收益（损失以"—"号填列）		
信用减值损失（损失以"—"号填列）		
资产减值损失（损失以"—"号填列）		
资产处置收益（损失以"—"号填列）		
二、营业利润（亏损以"—"号填列）		
加：营业外收入		
减：营业外成本		
三、利润总额（亏损总额以"—"号填列）		
减：所得税费用		
四、净利润（净亏损以"—"号填列）		
（一）持续经营净利润（净亏损以"—"号填列）		
……		
五、其他综合收益的税后净额		
……		
六、综合收益总额		
七、每股收益：		
（一）基本每股收益		
（二）稀释每股收益		

四、利润表编制的举例说明

资料同本章第二节中例题的资料，该公司1—11月份的资料如表10-10所示。

表 10-10 利润表

编制单位： 20×9年11月 单位：元

项 目	本月数	本年累计数
一、营业收入	—	1 700 000.00
减：营业成本	—	650 000.00
税金及附加	—	50 000.00
销售费用	—	150 000.00

续　表

项　目	本月数	本年累计数
财务费用	—	310 000.00
其中:利息费用		310 000.00
管理费用	—	450 000.00
加:其他收益		
资产减值损失(损失以"—"号填列)		−20 000.00
…		
二、营业利润	—	70 000.00
加:营业外收入		—
减:营业外支出		—
三、利润总额	—	70 000.00
减:所得税费用	—	—
四、净利润	—	70 000.00

根据上述资料,编制该公司有关损益类账户的本期发生金额,如表 10-11 所示。

表 10-11　有关损益类账户的本期发生金额

账户名称	本期发生额	
	借方	贷方
主营业务收入		2 000 000
主营业务成本	1 740 000	
所得税费用	31 250	
税金及附加	5 000	
管理费用	80 000	
销售费用	20 000	
财务费用	20 000	

编制公司利润表,如表 10-12 所示。

表 10-12　利润表

编制单位:　　　　　　20×9 年 12 月　　　　　　单位:元

项　目	本月数	本年累计数
一、营业收入	2 000 000.00	3 700 000.00
减:营业成本	1 740 000.00	2 390 000.00
税金及附加	5 000.00	55 000.00
销售费用	20 000.00	170 000.00

续 表

项 目	本月数	本年累计数
财务费用	20 000.00	330 000.00
其中:利息费用	20 000.00	330 000.00
管理费用	80 000.00	530 000.00
加:其他收益		
资产减值损失	-10 000.00	-30 000.00
...		
二、营业利润	125 000.00	195 000.00
加:营业外收入		
减:营业外支出		
三、利润总额	125 000.00	195 000.00
减:所得税费用	31 250.00	31 250.00
四、净利润	93 750.00	163 750.00

第四节 现金流量表

一、现金流量表的概念和作用

(一) 现金流量表的概念

现金流量表是反映企业在一定会计期间现金和现金等价物流入和流出的报表,表明企业获得现金和现金等价物的能力。现金流量表以现金的流入和流出反映企业在一定会计期间内的经营活动、投资活动和筹资活动的动态情况,反映企业现金流入和流出的全貌。

(二) 现金流量表的作用

现金流量表是反映企业会计期间经营活动、投资活动和筹资活动等对现金及现金等价物产生影响的财务报表。通过报告企业现金的来源、运用、净额的增减等信息,有助于信息使用者了解企业的流动性,为信息使用者提供在一定期间内企业的现金来源、用途及现金余额变动的原因等信息。

二、现金流量表的结构

我国《企业会计准则第31号——现金流量表》规定,现金流量表由主表和附表(补充资料)构成。现金流量表的基本格式如表10-13所示。

表 10 - 13　现金流量表

编制单位：　　　　　　　　　　　20××年　　　　　　　　　　　单位：元

项　目	行　数	本年金额	上年金额
一、经营活动产生的现金流量：			
…			
二、投资活动产生的现金流量：			
…			
三、筹资活动产生的现金流量：			
…			
四、汇率变动对现金的影响			
五、现金及现金等价物净增加额			
加：期初现金及现金等价物的余额			
六、期末现金及现金等价物的余额			
补充资料			
1. 将净利润调节为经营活动现金流量：			
…			
2. 不涉及现金收支的重大投资和筹资活动：			
…			
3. 现金及现金等价物净变动情况：			
…			
现金及现金等价物净增加额			

第五节　所有者权益变动表

一、所有者权益变动表概述

《企业会计准则第 30 号——财务报表列报》规定，企业应该提供所有者权益变动表，取代原来作为资产负债表附表提供的"股东权益变动表"。在所有者权益变动表中，企业至少应当单独列示反映下列信息的项目：

（1）净利润；

（2）直接记入所有者权益的利得和损失项目及其总额；

（3）会计政策变更和差错更正的累积影响金额；

（4）所有者投入资本和向所有者分配利润等；

（5）按照规定提取的盈余公积；

（6）实收资本（或股本）、资本公积、盈余公积、未分配利润的期初和期末余额及其调节情况。

二、所有者权益变动表的格式

所有者权益变动表的基本格式如表 10-14 所示。

表 10-14 所有者权益变动表

编制单位： 20××年 单位:元

项 目	本年金额	上年金额
一、上年年末余额	…	…
…		
二、本年年初余额		
…		
三、本年增减变动金额(减少以"—"号填列)		
…		
四、本年年末余额		

本章小结

财务报告,是指对外提供的反映企业某一特定日期财务状况和某一会计期间经营成果、现金流量的文件。编制财务报告有重要的意义。我国现行会计准则规定,企业财务报告主要包括资产负债表、利润表、所有者权益变动表、现金流量表、报表附注等。正确编制资产负债表、利润表和现金流量表,可以为有关方面进行管理和决策提供所需的会计信息。

关键术语

财务报告 financial reports 资产负债表 balance sheet
利润表 income statement

实训题

一、某企业 20×9 年 4 月 30 日有关科目余额见下表。

有关科目余额表

单位:元

科目名称	借方余额	贷方余额
应收账款	65 000	
坏账准备		500
预付账款	30 000	

续 表

科目名称	借方余额	贷方余额
原材料	34 000	
生产成本	56 000	
库存商品	85 000	
利润分配	171 300	
本年利润		210 000

要求：

1. 计算资产负债表上"应收账款"项目的净额；

2. 计算资产负债表上"存货"项目的数额；

3. 计算资产负债表长"未分配利润"项目的数额。

二、某一般纳税企业 20×9 年 8 月发生下列经济业务：

(1) 企业销售甲产品 1 000 件，每件售价 80 元，货款已通过银行收讫。

(2) 企业同城销售给红星厂乙产品 900 件，每件售价 50 元，但货款尚未收到。

(3) 结转已销售甲、乙产品的产品成本，其中，甲产品生产成本 65 400 元，乙产品生产成本 36 000 元。

(4) 以银行存款支付本月销售甲、乙两种产品的销售费用 1 520 元。

(5) 根据规定计算应缴纳城市维护建设税 8 750 元。

(6) 王阳外出归来报销因公务出差的差旅费 350 元(原已预支 400 元)。

(7) 以现金 1 000 元支付厂部办公费。

(8) 企业收到红星厂前欠货款 45 000 元并存入银行。

(9) 没收某单位预期未退回的包装物押金 6 020 元。

(10) 根据上述有关经济业务，结转本期营业收入、营业外收入。

(11) 根据上述有关经济业务，结转本期营业成本、销售费用、税金及附加、管理费用。

(12) 根据本期实现的利润总额，按 25% 的税率计算应交所得税。

(13) 以银行存款上交税金，其中城建税 8 750 元，所得税 5 874 元。

要求：

1. 根据本期发生的经济业务编制会计分录；

2. 编制本期利润表。

会计报表
补充资料

第十一章

会计核算组织程序

学习目标

　　本章主要阐述各种会计核算组织程序的基本理论和具体运用。通过对填制和审核凭证、登记账簿和编制会计报表等会计核算专门方法的结合，形成了各种不同的会计核算组织程序。通过本章的学习，了解各种会计核算组织程序的种类、意义及其异同；理解记账凭证会计核算组织程序的基本原理及其特点；掌握科目汇总表会计核算组织程序的基本原理及其特点，并能够熟练地加以操作运用；熟悉汇总记账凭证会计核算组织程序的基本原理及其特点；了解多栏式日记账会计核算组织程序和日记总账会计核算组织程序的基本原理及其特点；等等。

导入案例

　　谷力是一位刚毕业的会计学专业大学生，被一家小型私人企业聘为会计人员，该企业的会计核算组织程序采用记账凭证会计核算组织程序。两年后，考虑到自己的未来职业发展，谷力跳槽到另一家公司继续从事会计工作，并具体负责登记相关账簿和编制会计报表。在工作中，他仍然按照记账凭证会计核算组织程序进行明细分类账和总分类账的登记工作。由于这家公司的业务量远远超出他以前所在单位的工作量，因此，谷力感到工作效率不高，有些力不从心，每天下班后都感觉到筋疲力尽。请你分析谷力目前遇到的困难，并给他提供一些建议。

第一节　会计核算组织程序概述

一、会计核算组织程序的意义

　　在会计工作中，各种会计凭证、会计账簿以及会计报表之间不是彼此孤立、互不联系的，而是有着密切的内在联系和数字勾稽关系。经济业务发生后，需要通过设置会计科目和会计账户、复式记账、填制和审核会计凭证、登记会计账簿等一系列会计核算方法，对其进行归类、加工整理、汇总综合，在会计账簿中形成比较完整的核算资料，最后将会计账簿资料通过编制会计报表形成系统的会计指标体系，才能取得有用的会计信息。每一个单位都应根据实际情况，按照一定的形式将各种会计核算方法紧密地结合起来，形成一个科学合理的会计核算组织程序。

会计核算组织程序也称账务处理程序,是指会计凭证、账簿组织、记账程序和记账方法有机结合的方式。包括会计凭证和会计账簿的种类、格式,会计凭证与会计账簿之间的联系方法,由填制和取得原始凭证到编制记账凭证,登记日记账、明细分类账和总分类账,编制会计报表的工作程序和方法等构成。

科学合理地选择适用于本单位的会计核算组织程序,对于有效地组织会计核算工作,保证会计工作质量起着重要的作用。第一,保证会计工作高质量、高效率。因为它能让各种会计核算方法达到良好的协调和配合,使会计数据的整个处理过程有条不紊地进行,保证会计记录正确、及时、完整,并迅速形成决策有用的会计信息,大大提高了会计核算质量和会计工作效率,从而为企业的经营管理提供有用的会计资料。第二,可以减少不必要的核算环节和手续,避免重复,节约会计核算工作成本。第三,会计核算组织程序是进行其他核算工作的基础。因为一个单位采用什么样的会计核算组织程序,对其应采用什么样的会计凭证体系和会计账簿体系等有着较大影响。所以,确定好会计核算组织程序,才能推进其他会计核算工作的顺利进行。

二、设计会计核算组织程序的原则

(1) 要与本单位经济业务的性质、规模大小和业务繁简程度相适应,以利于加强会计核算的分工协作和加强岗位责任制。

(2) 要能正确、及时和完整地提供会计信息,以满足企业经营管理者和其他信息使用者的需要。

(3) 要在保证会计核算工作质量的前提下,尽可能地简化核算手续,节约账务处理的时间及费用,提高核算工作的效率。

三、会计核算组织程序的种类及步骤

我国各经济单位通常采用的主要会计核算组织程序有五种:

(1) 记账凭证会计核算组织程序。

(2) 汇总记账凭证会计核算组织程序。

(3) 科目汇总表会计核算组织程序。

(4) 多栏式日记账会计核算组织程序。

(5) 日记总账会计核算组织程序。

各种会计核算组织程序既有共同点,又都有各自的特点和内容。其不同之处主要表现在登记总分类账的依据和方法不同。其共同之处在于:都要根据原始凭证编制记账凭证,根据原始凭证和记账凭证登记日记账和明细分类账,在账证、账账核对相符的基础上,根据会计账簿记录编制会计报表。上述程序可以总结简化为"证—账—表"的账务处理过程,也是会计核算组织程序的基本步骤。上述五种会计核算组织程序中,前三种会计核算组织程序的应用较为普遍。

第二节 记账凭证会计核算组织程序

一、记账凭证会计核算组织程序的内容

(一) 记账凭证会计核算组织程序的定义及其证账设置

记账凭证会计核算组织程序,是指经济业务发生后,根据所填制的记账凭证直接逐笔登记总分类账,并定期编制会计报表的一种会计核算组织程序。它是一种最基本的会计核算组织程序,包括会计核算组织程序的一般内容,其他会计核算组织程序基本上是在这种会计核算组织程序的基础上发展或改变而形成的。

在记账凭证会计核算组织程序中,记账凭证可采用一种通用记账凭证的格式,也可以采用收款凭证、付款凭证和转账凭证三种并存的专用记账凭证格式。设置的会计账簿一般包括库存现金日记账、银行存款日记账、总分类账和明细分类账。其中,库存现金日记账和银行存款日记账一般采用三栏式格式;总分类账一般按规定的会计科目开设账页,格式一般也采用三栏式;明细分类账则应根据各单位管理上的需要,格式可采用三栏式、多栏式或数量金额式等。

(二) 记账凭证会计核算组织程序的基本步骤

在记账凭证会计核算组织程序下,对经济业务进行会计核算组织程序大体要经过以下六个步骤:

(1) 根据原始凭证或原始凭证汇总表填制各种记账凭证(收款凭证、付款凭证和转账凭证)。

(2) 根据收款凭证和付款凭证逐笔登记库存现金日记账和银行存款日记账。

(3) 根据记账凭证并结合原始凭证或原始凭证汇总表逐笔登记各种明细分类账。

(4) 根据各种记账凭证逐笔登记总分类账。

(5) 月终,将库存现金日记账,银行存款日记账的余额以及各种明细分类账的余额或余额合计数,分别与总分类账中有关账户的余额核对相符。

(6) 月终,根据核对无误的总分类账和各种明细分类账的记录编制会计报表。

记账凭证会计核算组织程序的基本步骤如图 11-1 所示。

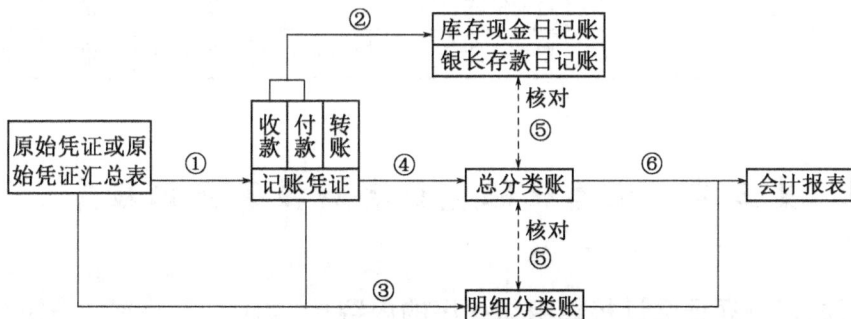

图 11-1 记账凭证会计核算组织程序

（三）记账凭证会计核算组织程序的优缺点和适用范围

记账凭证会计核算组织程序直接根据各种记账凭证逐笔登记总分类账，程序简单明了，易于理解和掌握，账户之间的对应关系清晰，总分类账上能够比较详细地反映经济业务的发生情况。其缺点是对发生的每一笔经济业务都要根据记账凭证逐笔对总分类账进行登记，工作量较大，特别是与库存现金、银行存款日记账明显地存在重复登记的现象，账页耗用多。在应用记账凭证会计核算组织程序时，为了减少登记总分类账的工作量，简化会计核算手续，应将同类经济业务的原始凭证汇总编制成汇总原始凭证，再根据汇总原始凭证填制记账凭证。记账凭证会计核算组织程序一般只适用于规模较小、经济业务量比较少、会计凭证不多的单位。

二、记账凭证会计核算组织程序的举例说明

下面沿用第十章第二节华诚公司的会计资料，说明记账凭证会计核算组织程序如何根据记账凭证直接逐笔登记总分类账。其中，记账凭证由华诚公司的会计分录替代，时间省略，凭证按照专用会计凭证进行编号，登记总分类账过程如表 11-1 所示（仅以银行存款为例，其他总分类账从略）。

表 11-1　总分类账

会计科目：银行存款

| 20×9年 | | 凭　证 | | 摘　要 | 借　方 | 贷　方 | 借或贷 | 余　额 |
月	日	种类	号数					
12	1			月初余额			借	510 000
		银付	1	购入原材料		452 000	借	58 000
		银收	1	销售产品	2 260 000		借	2 318 000
		银收	2	借入 3 年期借款	500 000		借	2 818 000
		银收	3	收回应收款	20 000		借	2 798 000
		银付	2	付车间设备修理费		50 000	借	2 748 000
		银付	3	支付产品展览费		20 000	借	2 728 000
		银付	4	上交增值税和城建税		35 000	借	2 693 000
		银付	5	归还短期借款利息		20 000	借	2 673 000
	31			本月合计	2 780 000	577 000	借	2 713 000

第三节　汇总记账凭证会计核算组织程序

一、汇总记账凭证会计核算组织程序的内容

（一）汇总记账凭证会计核算组织程序的定义及其证账设置

汇总记账凭证会计核算组织程序，是一种根据记账凭证定期编制汇总记账凭证，并据以登

记总分类账的会计核算组织程序。其主要特点是,首先定期(一般为每五天或每旬)地将收款凭证、付款凭证和转账凭证分别汇总编制成汇总收款凭证、汇总付款凭证和汇总转账凭证,然后根据这些汇总记账凭证登记各有关总分类账。

采用汇总记账凭证会计核算组织程序时,需要设置的凭证除了一般意义上的收款、付款和转账凭证三种专用凭证外,还应该包括汇总收款凭证、汇总付款凭证和汇总转账凭证三种汇总记账凭证。由于汇总记账凭证是根据各种记账凭证填制的,格式也应与记账凭证一样,采用专用格式的凭证,而不宜采用通用格式的凭证。对于汇总记账凭证,库存现金、银行存款的汇总收款凭证应分别以库存现金和银行存款账户的借方来设置;库存现金、银行存款的汇总付款凭证应分别以库存现金和银行存款账户的贷方来设置;汇总转账凭证则应按照有关账户的贷方设置。

汇总记账凭证会计核算组织程序所设置的账簿仍包括库存现金日记账、银行存款日记账,各种明细分类账和总分类账三种。库存现金日记账、银行存款日记账和总分类账的格式一般采用三栏式;明细分类账则也应根据单位的经营管理上的需要来设置,可选用三栏式、多栏式或数量金额式的账页。

(二) 汇总记账凭证会计核算组织程序的基本步骤

在汇总记账凭证会计核算组织程序下,对经济业务进行账务处理的程序大体要经过以下七个步骤:

(1) 根据有关的原始凭证或原始凭证汇总表填制收款凭证、付款凭证和转账凭证。

(2) 根据收款凭证、付款凭证逐日逐笔登记库存现金日记账和银行存款日记账。

(3) 根据收款凭证、付款凭证和转账凭证以及所附的原始凭证或原始凭证汇总表登记各种明细分类账。

(4) 根据一定时期内的全部记账凭证定期(一般每隔五天、每旬或半月)汇总编制汇总收款凭证、汇总付款凭证和汇总转账凭证。

(5) 根据定期编制的各种汇总记账凭证登记有关总分类账户。

(6) 月终,将库存现金日记账,银行存款日记账的余额及各种明细分类账户的余额或余额的合计数,分别与总分类账中的有关账户余额核对相符。

(7) 月终,根据核对无误的总分类账和各种明细分类账的资料编制会计报表。

汇总记账凭证会计核算组织程序的基本步骤如图 11-2 所示。

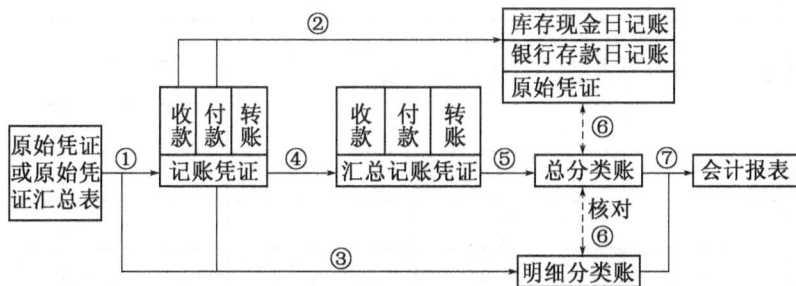

图 11-2 汇总记账凭证会计核算组织程序

(三) 汇总记账凭证的编制方法

汇总记账凭证是根据日常会计核算组织程序中所填制的收款凭证、付款凭证和转账凭证,按照其种类,采用一定的方法定期汇总编制而成的一种记账凭证,包括汇总收款凭证、汇总付款凭证和汇总转账凭证三种类型。其作用虽然与科目汇总表相似,都须依据各种记账凭证定期汇总编制,但它们的结构和填制的方法却有所不同。

汇总收款凭证和汇总付款凭证应根据收款凭证、付款凭证按照库存现金、银行存款账户分别定期汇总编制。库存现金、银行存款的汇总收款凭证应根据库存现金、银行存款的收款凭证,分别以库存现金、银行存款账户的借方设置,然后再按照其对应的贷方账户归类汇总;库存现金、银行存款的汇总付款凭证则应根据库存现金、银行存款的付款凭证,分别以库存现金、银行存款账户的贷方设置,并按其对应的借方账户归类汇总。为了避免遗漏汇总和重复汇总,汇总转账凭证一般应按照每一个账户的贷方分别设置,并根据转账凭证按其对应的借方账户进行归类,且定期汇总填制。为了便于填制汇总转账凭证,减少汇总工作量,企业平时在填制转账凭证时,应该尽量编制"一借一贷""一贷多借"的会计分录,不要编制"一借多贷"的会计分录,以使账户的对应关系保持一个贷方账户同一个或几个借方账户相对应。汇总收款凭证、汇总付款凭证和汇总转账凭证的格式分别如表 11 - 2~表 11 - 4 所示。

表 11 - 2　汇总收款凭证

借方科目：　　　　　　　　　　　　　　　　年　月　日　　　　　　　　　　　　　　汇收第　　号

| 贷方科目 | 金　额 | | | | 总账账页 | |
	1—10 日 第　号~第　号	11—20 日 第　号~第　号	21—31 日 第　号~第　号	合　计	借　方	贷　方
合　计						

会计主管　　　　记账　　　　审核　　　　出纳　　　　制单

表 11 - 3　汇总付款凭证

贷方科目：　　　　　　　　　　　　　　　　年　月　日　　　　　　　　　　　　　　汇付第　　号

| 借方科目 | 金　额 | | | | 总账账页 | |
	1—10 日 第　号~第　号	11—20 日 第　号~第　号	21—31 日 第　号~第　号	合　计	借　方	贷　方
合　计						

会计主管　　　　记账　　　　审核　　　　出纳　　　　制单

表 11 - 4 汇总转账凭证

贷方科目：　　　　　　　　　　　　　　　　年　月　日　　　　　　　　　　　　　　　汇转第　　号

借方科目	金　额				总账账页	
	1—10 日 第　号～第　号	11—20 日 第　号～第　号	21—31 日 第　号～第　号	合　计	借　方	贷　方
合　计						

会计主管　　　　　记账　　　　　审核　　　　　出纳　　　　　制单

（四）汇总记账凭证会计核算组织程序的优缺点和适用范围

汇总记账凭证会计核算组织程序定期根据各种汇总记账凭证登记总分类账，大大简化了总分类账的登记手续，从而节约了会计核算工作中的人力和物力投入，使企业在信息的提供方面更加符合效益大于成本的原则。尤其在经济业务繁多的大中型企事业单位，更加容易发挥它的分析和简化作用。此外，汇总记账凭证在进行账户归类汇总时能保持原有会计账户之间的对应关系，以反映出各种经济业务的来龙去脉，便于企业对经济业务进行分析、检查和查找错账。当然，汇总记账凭证的编制在一定程度上加大了会计核算工作的工作量，并且在编制汇总记账凭证的过程中，常常容易发生遗漏或重复。由于汇总记账凭证会计核算组织程序具有能够清晰地反映账户之间的对应关系和减清登记总分类账的工作量等优点，所以它一般适用于规模较大、经济业务比较复杂、专用记账凭证使用量也比较多的企事业单位。

二、汇总记账凭证会计核算组织程序的举例说明

下面仍沿用第十章第二节华诚公司的会计资料，说明汇总记账凭证会计核算组织程序如何对记账凭证定期（每隔半个月）编制汇总记账凭证，然后据以登记总分类账。其中，记账凭证由华诚公司的会计分录替代，业务 1～业务 10 为上半月，其他为下半月，编制汇总记账凭证的结果如表 11 - 5、表 11 - 6 所示（仅以银行存款汇总收款凭证、银行存款汇总付款凭证为例，其他汇总记账凭证从略）。

表 11 - 5 汇总收款凭证

借方科目：银行存款　　　　　　　　　　　　　　　　　　　　　　　　　　　　　　　汇收字第 1 号

贷方科目	金　额			总账账页	
	1—15 日 第　号～第　号	16—31 日 第　号～第　号	合　计	借　方	贷　方
主营业务收入	2 000 000		2 000 000		
应交税费	260 000		260 000		
长期借款	500 000		500 000		
应收账款	20 000		20 000		
合　计	2 780 000		2 780 000		

财务主管　　　　　记账　　　　　审核　　　　　出纳　　　　　制单

表 11-6 汇总付款凭证

贷方科目:银行存款   汇付字第 1 号

借方科目	金　额			总账账页	
	1—15 日 第　号~第　号	16—31 日 第　号~第　号	合　计	借　方	贷　方
在途物资	400 000		400 000		
应交税费	52 000		52 000		
销售费用	20 000		20 000		
应交税费		30 000	30 000		
应交税费		5 000	5 000		
财务费用		20 000	20 000		
合　计	522 000	55 000	577 000		

财务主管　　记账　　审核　　出纳　　制单

根据汇总记账凭证登记总分类账的过程如表 11-7 所示(仅以银行存款为例,其他总分类账从略)。

表 11-7 总分类账

会计科目:银行存款

20×9年		凭证		摘　要	对方科目	借　方	贷　方	借或贷	余　额
月	日	种类	号数						
12	1			月初余额				借	510 000
	15	汇收	1	略	主营业务收入	2 000 000			
					应交税费	260 000			
					长期借款	500 000			
					应收账款	20 000		借	3 290 000
	31	汇付	1	略	在途物资		400 000		
					应交税费		52 000		
					销售费用		20 000	借	2 768 000
	31	汇付	1	略	应交税费		30 000		
					应交税费		5 000		
					财务费用		20 000	借	2 713 000
	31			本月合计		2 780 000	577 000	借	2 713 000

第四节　科目汇总表会计核算组织程序

一、科目汇总表会计核算组织程序的内容

(一) 科目汇总表会计核算组织程序的定义及其证账设置

科目汇总表会计核算组织程序,又称记账凭证汇总表会计核算组织程序,是根据记账凭证定期编制科目汇总表,并据以登记总分类账的一种会计核算组织程序。这种会计核算组织程序是在记账凭证会计核算组织程序的基础上,针对记账凭证数量多,登记总分类账工作量大,不宜采用记账凭证会计核算组织程序的情况而发展形成的。其主要特点是,先定期(一般为每隔五天或每旬或半个月)地将会计期间内全部的记账凭证汇总编制成科目汇总表,然后根据科目汇总表登记总分类账。

与前两种会计核算组织程序基本相同,采用科目汇总表会计,核算组织程序时,仍应设置收款、付款和转账等专用记账凭证。为方便相同科目的汇总,减少发生汇总差错,平时填制的记账凭证可采用单式记账凭证。为了定期根据记账凭证进行汇总,应另设"科目汇总表"。此外,还应设置库存现金、银行存款日记账,各种总分类账和明细分类账。库存现金日记账、银行存款日记账一般采用三栏式的账页;由于据以登记总分类账的科目汇总表只汇总填列各科目的借方发生额和贷方发生额,而不反映它们对应关系,所以总分类账一般采用不设"对方科目"的三栏式账页;各种明细分类账应根据各企事业单位的实际情况及管理上的需要来设置,可采用三栏式、数量金额式或多栏式的账页。

(二) 科目汇总表会计核算组织程序的基本步骤

在科目汇总表会计核算组织程序下,对经济业务进行账务处理的程序大体要经过以下七个步骤:

(1) 根据原始凭证或原始凭证汇总表填制收款、付款、转账等记账凭证。

(2) 根据收款、付款凭证逐笔登记库存现金日记账和银行存款日记账。

(3) 根据各种记账凭证及其所附的原始凭证或原始凭证汇总表登记各种明细分类账。

(4) 根据一定时期内的全部记账凭证定期编制科目汇总表。

(5) 根据定期编制的科目汇总表登记总分类账。

(6) 月终,库存现金日记账,银行存款日记账的余额和各种明细分类账户余额或余额的合计数,应分别与对应的总分类账户的余额核对相符。

(7) 月终,根据核对无误的总分类账和各种明细分类账的记录编制会计报表。

科目汇总表会计核算组织程序的基本步骤如图 11 - 3 所示。

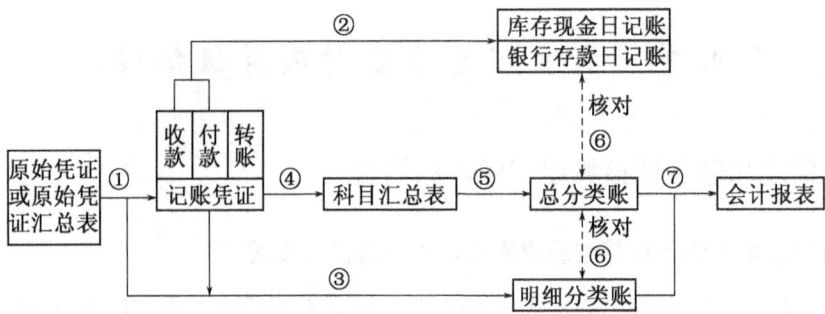

图 11 - 3　科目汇总表会计核算组织程序

(三) 科目汇总表的编制方法

科目汇总表,又称记账凭证汇总表,是根据一定时期内所有的收款凭证、付款凭证和转账凭证,按照相同的会计科目进行归类,定期(一般每隔五天或每旬)汇总编制的一种表格。科目汇总表虽然与本章第三节介绍的汇总记账凭证相似,都须依据各种记账凭证定期汇总编制,但它们的结构和填制的方法却有所不同。

科目汇总表的编制一般采用"两次归类汇总法",即分别归类计算出全部记账凭证的会计科目的借方发生额合计数和贷方发生额合计数后,再分别填列在科目汇总表中相应会计科目栏的借方(发生额)和贷方(发生额)中。对于库存现金账户和银行存款账户,也可根据库存现金日记账和银行存款日记账的本期收支数填列。此外,由于借贷记账法的记账规则是"有借必有贷,借贷必相等",所以在科目汇总表内,全部借方发生额合计数与贷方发生额合计数一定会相等。登记总分类账时,只需要根据科目汇总表中各个会计科目的本期借方发生额和贷方发生额,分次或月末一次记入总分类账的相应账户的借方或贷方即可。

科目汇总表常见的格式如表 11 - 8、表 11 - 9 所示。

表 11 - 8　科目汇总表

年　月　日—　　日　　　　　　　　　　　　　　　科汇第　　号

会计科目	借方发生额	√	贷方发生额	√
合　计				

表 11-9　科目汇总表

年　　月　　　　　　　　　　　　　　　　　　　　科汇第　　号

会计科目	1—10 日		11—20 日		21—30 日	
	借方	贷方	借方	贷方	借方	贷方
合　计						

（四）科目汇总表会计核算组织程序的优缺点和适用范围

与汇总记账凭证会计核算组织程序相同,采用科目汇总表会计核算组织程序也能够降低了登记总分类账的工作量,并且汇总的方法简便易行,通俗易懂,还能对所有的账户起到试算平衡的作用。然而,科目汇总表会计核算组织程序中不能反映账户之间的对应关系,以及各种经济业务的来龙去脉,所以不便于分析和检查企业发生的各项经济业务。由于具有上述优点,科目汇总表会计核算组织程序在实际会计实务工作中应用范围比较广泛,尤其适用于经营规模较大,经济业务比较复杂、记账凭证使用量也比较多的企事业单位。

二、科目汇总表会计核算组织程序的举例说明

下面仍沿用第十章第二节华诚公司的会计资料,说明科目汇总表会计核算组织程序如何采用全部汇总的方法对记账凭证定期(每隔半个月)编制科目汇总表,然后根据科目汇总表登记总分类账。其中,记账凭证由第十章第二节华诚公司的会计分录替代,业务 1~业务 10 为上半月,其他为下半月,编制科目汇总表的结果和登记总分类账的过程分别如表 11-10、表 11-11 所示(总分类账仅以银行存款为例,其他总分类账从略)。

表 11-10　科目汇总表

20×9 年 12 月　　　　　　　　　　　　　　　　　　　科汇第 1 号

会计科目	1—15 日		16—31 日	
	借方	贷方	借方	贷方
银行存款	2 780 000	522 000		55 000
应收账款		20 000		
在途物资	400 000	350 000		
原材料	350 000	800 000		
周转材料		60 000		
库存商品			1 342 000	1 740 000
固定资产	352 500			
累计折旧				120 000

会计科目	1—15 日		16—31 日	
	借方	贷方	借方	贷方
固定资产减值准备				10 000
资产减值损失			10 000	10 000
在建工程	300 000			
应付账款		398 000		
应付职工薪酬		700 000		
应交税费	97 500	260 000	35 000	36 250
长期借款		500 000		
生产成本	1 180 000		170 000	1 342 000
制造费用	80 000		90 000	170 000
利润分配				947 750
本年利润			2 854 000	2 000 000
主营业务收入		2 000 000	2 000 000	
主营业务成本			1 740 000	1 740 000
税金及附加			5 000	5 000
资产减值损失			10 000	10 000
管理费用	50 000		30 000	80 000
销售费用	20 000			20 000
财务费用			20 000	20 000
所得税费用			31 250	31 250
合　计	5 610 000	5 610 000	8 337 250	8 337 250

表 11 - 11　总分类账

会计科目:银行存款

20×9 年		凭　证		摘　要	借　方	贷　方	借或贷	余　额
月	日	种类	号数					
12	1			月初余额			借	510 000
	15	科汇	1	略	2 780 000	522 000	借	2 768 000
	31	科汇	1	略		55 000	借	2 713 000
	31			本月合计	2 780 000	577 000	借	2 713 000

第五节 多栏式日记账会计核算组织程序

一、多栏式日记账会计核算组织程序的定义及其证账设置

多栏式日记账会计核算组织程序,是指根据多栏式库存现金日记账、多栏式银行存款日记账和转账凭证登记总分类账的一种会计核算组织程序。其主要特点是首先根据收款凭证、付款凭证逐日逐笔登记多栏式库存现金、银行存款日记账,然后据以登记总分类账;对于转账业务不多的单位,可以根据转账凭证逐笔登记总分类账,也可以根据转账凭证填制转账凭证科目汇总表登记总分类账。

采用多栏式日记账会计核算组织程序时,需设置的凭证也应包括收款凭证、付款凭证和转账凭证等专用记账凭证。此外,还应设置多栏式库存现金日记账、多栏式银行存款日记账、明细分类账和总分类账。其中,库存现金日记账和银行存款日记账中如需要设置专栏的对应账户较多时,可以分别设置库存库存现金收入、库存库存现金支出,银行存款收入、银行存款支出等四本特种日记账。总分类账可以按全部账户开设账页,这种总分类账称为汇总式总账,其账页格式一般采用三栏式。明细分类账的设置与前几种会计核算组织程序一样。多栏式银行存款日记账常见的格式如表 11 - 12 所示。

表 11 - 12 多栏式银行存款日记账

20×9年		凭证		摘 要	贷方科目	收入合计	借方科目			支出合计	余 额
月	日	种类	号数								

二、多栏式日记账会计核算组织程序的基本步骤

在多栏式日记账会计核算组织程序下,对经济业务进行会计核算大体要经过以下六个步骤:

(1) 根据原始凭证或原始凭证汇总表填制收款凭证、付款凭证和转账凭证;

(2) 根据收款凭证、付款凭证逐笔登记多栏式库存现金日记账和多栏式银行存款日记账;

(3) 根据各种专用记账凭证及其所附的原始凭证或原始凭证汇总表,或根据转账凭证定期编制转账凭证汇总表后再登记各种明细分类账;

(4) 根据多栏式库存现金日记账和多栏式银行存款日记账登记相关的总分类账户,同时根据转账凭证汇总表(或转账凭证)登记有关总分类账户;

（5）月终，将各种明细分类账的余额分别与对应总分类账户中有关账户余额的余额进行核对相符。

（6）月终，根据核对无误的总分类账和明细分类账编制会计报表。

多栏式日记账会计核算组织程序的基本步骤如图11-4所示。

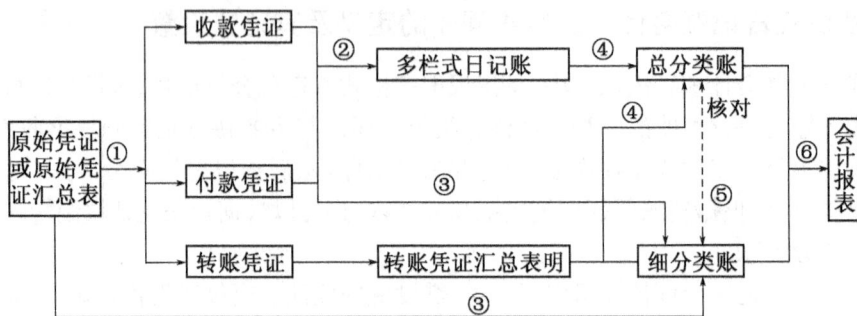

图 11-4　多栏式日记账会计核算组织程序

三、多栏式日记账会计核算组织程序的优缺点

多栏式日记账会计核算组织程序的优点是，由于收款业务、付款业务都是通过多栏式日记账汇总后登记总分类账的，因此在一定程度上提高了核算资料的清晰性，同时又简化了凭证归类和总分类账的登账工作。其缺点则是在经营规模较大、经济业务量较多的企事业单位，日记账的专栏栏次势必较多，账页过于庞大，不便于记账。所以，这种会计核算组织程序一般适用于经营规模较小，经济业务比较简单，使用会计科目不多，但收付款业务较多的企事业单位。

第六节　日记总账会计核算组织程序

一、日记总账会计核算组织程序的定义及其证账设置

日记总账会计核算组织程序是指经济业务发生后，根据所填制的记账凭证直接登记日记总账，并据以定期编制会计报表的一种会计核算组织程序。其特点是总账采用的是日记账和总分类账相结合的方式。

采用日记总账会计核算组织程序时，记账凭证可采用通用记账凭证的格式，也可以采用收款凭证、付款凭证和转账凭证并存的专用记账凭证格式。设置的会计账簿体系一般包括库存现金日记账、银行存款日记账、各种明细分类账和日记总账。其中，库存现金日记账和银行存款日记账一般采用三栏式格式，明细分类账的格式可根据各企事业单位的实际情况及管理的要求设置，可采用三栏式、多栏式或数量金额式的账页。日记总账是把日记账和分类账结合在一起的联合账簿，是将全部账户都集中在一张账页上，以记账凭证为依据，对所发生的全部经济业务进行序时登记，月末将每个账户借、贷方登记的金额分别合计，并计算出每个账户的月末余额。

上述格式中的"发生额"属于序时性质的记录，而按科目分设的借方和贷方栏则属于分类

性质的记录。对于收、付款业务和转账业务,都应分别根据收款凭证、付款凭证和转账凭证逐日逐笔登记日记总账,对每一笔经济业务的金额在记入日记总账"发生额"栏内的同时,还应分别登记在同一行的不同账户的借方栏和贷方栏内,月末分别结出各栏次的合计数,计算各账户的月末借方和贷方余额,进行账簿记录的核对工作。主要核对"发生额"本月合计数,与全部账户借方发生额或贷方发生额合计数是否相符;各账户借方金额合计数应与各账户的贷方金额合计数是否相符。日记总账的常见格式如表 11 - 13 所示。

表 11 - 13　日记总账

年		凭证		摘要	发生额	库存现金		银行存款		应收账款		其他应收款		原材料		库存商品		固定资产	
月	日	字	号			借方	贷方	借方	贷方	借方	贷方	借方	贷方	借方	贷方	借方	贷方	借方	贷方
				合计															

二、日记总账会计核算组织程序的基本步骤

在日记总账会计核算组织程序下,对经济业务进行会计核算大体要经过以下六个步骤:
(1) 根据原始凭证或原始凭证汇总表填制收款凭证、付款凭证和转账凭证;
(2) 根据收款凭证和付款凭证逐日逐笔登记库存现金日记账和银行存款日记账;
(3) 根据各种记账凭证及其所附的原始凭证或原始凭证汇总表登记各种明细分类账;
(4) 根据收款凭证、付款凭证和转账凭证登记日记总账;
(5) 月终,将日记总账的余额与相对应的现金日记账、银行存款日记账和各明细分类账的有关账户余额核对相符;
(6) 月终,根据核对无误的日记总账和明细分类账编制会计报表。
日记总账会计核算组织程序的基本步骤如图 11 - 5 所示。

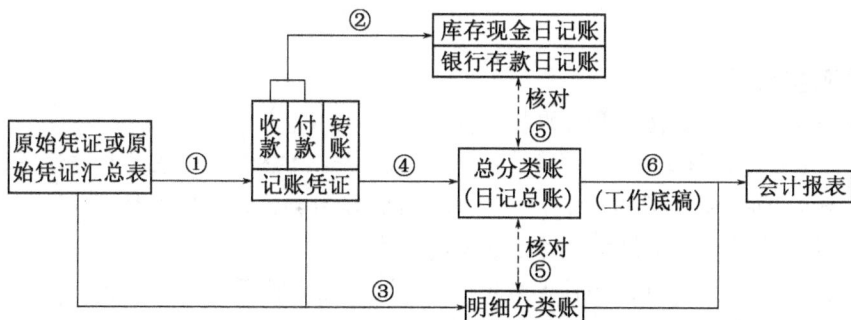

图 11 - 5　日记总账会计核算组织程序

三、日记总账会计核算组织程序的优缺点和适应范围

日记总账会计核算组织程序的主要优点是简便易行。但日记总账只能登记少数账户的发

生额,否则账页过长,不便于记账和查阅。因此,这种会计核算组织程序只适应于业务简单、使用账户很少的单位的企事业单位。

本章小结

目前在会计实践中,采用的会计核算组织程序主要有:记账凭证会计核算组织程序、汇总记账凭证会计核算组织程序、科目汇总表会计核算组织程序、多栏式日记账会计核算组织程序和日记总账会计核算组织程序。其中,前三种程序应用较为普遍。各种会计核算组织程序既有共同点,又都有各自的特点、内容、优缺点和适用范围。

关键术语

会计核算组织程序 accounting procedure

记账凭证会计核算组织程序 accounting procedure using vouchers

汇总记账凭证会计核算组织程序 accounting procedure using summary vouchers

科目汇总表会计核算组织程序 accounting procedure using categorized accounts summary

多栏式日记账会计核算组织程序 accounting procedure using columnar journal

日记总账会计核算组织程序 accounting procedure using journal ledger

思考题

1. 什么是会计核算组织程序? 科学组织会计核算组织程序有何意义?
2. 试比较分析各种会计核算组织程序的特点、基本步骤、优缺点和适用范围。
3. 简述汇总记账凭证的编制方法。
4. 简述科目汇总表的编制方法。

自测题

一、单项选择题

1. 各种会计核算组织程序之间的区别在于(　　)。
   A. 总分类账的格式不同　　　　　　　B. 登记总分类账的程序和方法不同
   C. 会计凭证的种类不同　　　　　　　D. 编制会计报表的依据不同
2. 记账凭证会计核算组织程序登记总分类账的依据是(　　)。
   A. 原始凭证　　　B. 科目汇总表　　　C. 汇总记账凭证　　D. 记账凭证
3. 编制科目汇总表的直接依据是(　　)。
   A. 原始凭证　　　B. 记账凭证　　　C. 原始凭证汇总表　D. 汇总记账凭证
4. 科目汇总表会计核算组织程序与汇总记账凭证会计核算组织程序的主要相同之处是(　　)。
   A. 登记总分类账的依据相同　　　　　B. 记账凭证汇总的方法相同

C. 都反映账户之间的对应关系　　　　D. 都需要对记账凭证的资料进行汇总

5. 科目汇总表会计核算组织程序的优点是( )。

    A. 便于分析经济业务的来龙去脉　　　B. 便于查对账目

    C. 可以减少登记总账的工作量　　　　D. 总分类账的记录较为详细

6. 会计核算组织程序中最基本、最简单的会计核算组织程序是( )。

    A. 记账凭证会计核算组织程序　　　　B. 科目汇总表会计核算组织程序

    C. 汇总记账凭证会计核算组织程序　　D. 多栏式日记账会计核算组织程序

7. 记账凭证会计核算组织程序的主要缺点是( )。

    A. 登记总分类账的工作量较大　　　　B. 不便于会计合理分工

    C. 不能体现账户的对应关系　　　　　D. 方法不易掌握

8. 在汇总记账凭证会计核算组织程序中,填制的汇总转账凭证时,科目的对应关系一般是( )。

    A. 一个借方科目同一个贷方科目相对应

    B. 一个借方科目同几个贷方科目相对应

    C. 一个贷方科目同几个借方科目相对应

    D. 几个借方科目同几个贷方科目相对应

9. 汇总记账凭证会计核算组织程序下,总分类账账页格式一般采用( )。

    A. 三栏式　　　　B. 数量金额式　　　　C. 多栏式　　　　D. 上述都可以

10. 不能够简化登记总分类账工作量的会计核算组织程序是( )。

    A. 记账凭证会计核算组织程序　　　　B. 科目汇总表会计核算组织程序

    C. 汇总记账凭证会计核算组织程序　　D. 多栏式日记账会计核算组织程序

二、多项选择题

1. 在所有的会计核算组织程序中,共同的程序包括( )。

    A. 均应编制会计报表　　　　　　　　B. 均应填制记账凭证

    C. 均应填制汇总记账凭证　　　　　　D. 均应设置特种日记账

    E. 均应设置总分类账

2. 记账凭证会计核算组织程序需要设置的凭证有( )。

    A. 收款凭证　　　　B. 科目汇总表　　　　C. 付款凭证　　　　D. 转账凭证

    E. 汇总转账凭证

3. 各种会计核算组织程序虽有不同,但它们也有许多共同之处( )。

    A. 根据原始凭证编制记账凭证

    B. 根据记账凭证或原始凭证登记明细账

    C. 根据总账、明细账和有关资料编制会计报表

    D. 根据收、付款凭证登记库存库存现金、银行存款日记账

    E. 根据账簿记录编制会计报表

4. 科目汇总表会计核算组织程序的优点有( )。

    A. 减少记账的工作量　　　　　　　　B. 可以起到试算平衡的作用

    C. 可以反映会计科目的对应关系　　　D. 便于查对账目的正确与否

    E. 前面所有的选项

5. 各种会计核算组织程序中,各种明细账登记的依据是(   )。
    A. 原始凭证   B. 原始凭证汇总表
    C. 收款凭证   D. 付款凭证
    E. 转账凭证

6. 关于记账凭证会计核算组织程序,下列说法正确的是(   )。
    A. 根据记账凭证逐笔登记总分类账,是最基本的会计核算组织程序
    B. 简单明了,易于理解,总分类账可以较详细地反映经济业务的发生情况
    C. 登记总分类账的工作量较大
    D. 适用于规模较大、经济业务量较多的单位
    E. 上述都正确

7. 记账凭证不需要汇总直接登记总分类账的会计核算组织程序有(   )。
    A. 科目汇总表会计核算组织程序
    B. 汇总记账凭证会计核算组织程序
    C. 多栏式日记账会计核算组织程序
    D. 记账凭证会计核算组织程序
    E. 上述都正确

8. 记账凭证会计核算组织程序的优点有(   )。
    A. 简化了总分类账的登记手续   B. 能反映账户之间的对应关系
    C. 便于企业对经济业务进行分析、检查 D. 编制汇总转账凭证的工作量较小
    E. 前面所有的选项

9. 登记总分类账的依据可以是(   )
    A. 记账凭证   B. 汇总记账凭证
    C. 特种日记账   D. 科目汇总表
    E. 原始凭证

10. 在多栏式日记账会计核算组织程序中,可作为登记总分类账依据的有(   )。
    A. 多栏式日记账   B. 原始凭证
    C. 转账凭证   D. 原始凭证汇总表
    E. 转账凭证汇总表

三、判断题

1. 企事业单位采用何种会计核算组织程序,应根据各单位规模大小、业务繁简、经营业务特点而定。   (   )
2. 各种会计核算组织程序之间的主要区别在于编制会计报表的依据和方法不同。   (   )
3. 汇总记账凭证可以明确反映账户之间的对应关系。   (   )
4. 科目汇总表与汇总记账凭证相似,都须依据各种记账凭证定期汇总编制,它们的结构和填制的方法也相同。   (   )
5. 汇总记账凭证和科目汇总表都是登记会计账簿的依据。   (   )
6. 在记账凭证会计核算组织程序中,记账凭证可采用一种通用记账凭证的格式。(   )
7. 记账凭证会计核算组织程序一般只适用于规模较大的企事业单位。   (   )
8. 汇总记账凭证会计核算组织程序中,汇总转账凭证一般应按每一借方科目分别设置,

并按贷方科目归类。　　　　　　　　　　　　　　　　　　　　　　　　　（　　）

9. 为了便于填制汇总转账凭证,减少汇总工作量,企业平时在填制转账凭证时,可以编制"一借多贷"的会计分录。　　　　　　　　　　　　　　　　　　　　　（　　）

10. 多栏式日记账会计核算组织程序在一定程度上加强了核算资料的清晰性,同时又起到了简化总分类账的登记工作量。　　　　　　　　　　　　　　　　　　　（　　）

练习题

资料:某工业企业20×9年6月份1—10日发生下列经济业务:

(1) 1日,从银行提取现金1000元备用。

(2) 2日,华丰厂购进甲材料一批,已验收入库,货款5000元,增值税进项税650元,款项尚未支付。

(3) 2日,销售给向阳工厂A产品一批,货款为10000元,增值税销项税额1300元,款项尚未收到。

(4) 3日,厂部的王凌出差,借支差旅费500元,以库存现金付讫。

(5) 4日,车间领用甲材料一批,其中用于A产品生产3000元,用于车间一般消耗500元。

(6) 5日,销售给华远公司A产品一批,货款为20000元,增值税销项税2600元,款项尚未收到。

(7) 5日,从江南公司购进乙材料一批,货款8000元,增值税进项税1040元,款项尚未支付。

(8) 6日,厂部李青出差,借支差旅费400元,用库存现金付讫。

(9) 7日,以银行存款5650元,偿还前欠华丰工厂的购料款。

(10) 8日,从银行提出现金1000元备用。

(11) 8日,接银行通知,向阳厂汇来前欠货款11300元,已收妥入账。

(12) 8日,车间领用乙材料一批,其中用于A产品5000元,用于车间一般消耗1000元。

(13) 9日,以银行存款9040元,偿还前欠江南公司购料款。

(14) 10日,接银行通知,华远公司汇来前欠货款22600元,已收妥入账。

要求:根据以上经济业务编制记账凭证并编制科目汇总表。

参考文献

［1］全国人民代表大会常务委员会.《中华人民共和国会计法》,2017.

［2］财政部.《会计基础工作规范》(财政部令第98号),2019.

［3］财政部. 企业会计准则(合订本)2019［M］.北京:经济科学出版社,2019.

［4］财政部. 企业会计准则应用指南2019年版［M］.上海:立信会计出版社,2019.

［5］财政部. 财会〔2019〕6号《关于修订印发2019年度一般企业财务报表格式的通知》.2019.

［6］财政部　税务总局　海关总署公告2019年第39号《关于深化增值税改革有关政策的公告》(即增值税改革细则),2019.

［7］财政部. 增值税会计处理规定.2016.

［8］严行方. 会计简史［M］.上海:上海财经大学出版社,2017.

［9］文硕. 西方会计史:会计发展的五次浪潮［M］.北京:经济科学出版社,2012.

［10］朱小平,周华,秦玉熙. 初级会计学［M］.第九版.北京:中国人民大学出版社,2019.

［11］国注册会计师协会. 会计［M］.北京:经济科学出版社2019.

［12］陈国辉,迟旭升. 基础会计［M］.大连:东北财经大学出版社,2018.

［13］陈文铭. 基础会计习题与案例［M］.第6版.东北财经大学出版社,2018.

［14］财政部会计资格评价中心.初级会计实务［M］.北京:经济科学出版社,2018.

［15］财政部会计资格评价中心.经济法基础［M］.北京:经济科学出版社,2018.

［16］梁文涛,耿红玉.税法［M］.北京:中国人民大学出版社,2019.

［17］杨幼珠,李雄伟.基础会计学［M］.南京:南京大学出版社,2015.

［18］张捷,刘英明.基础会计［M］.第2版.北京:中国人民大学出版社,2019.

［19］吴水澎. 会计学原理［M］.北京:经济科学出版社,2011.

［20］约翰·J.怀尔德,等. 会计学原理［M］.第19版.崔学刚,译.北京:中国人民大学出版2012.